Buchungstatsachen

Systematik der Buchführung

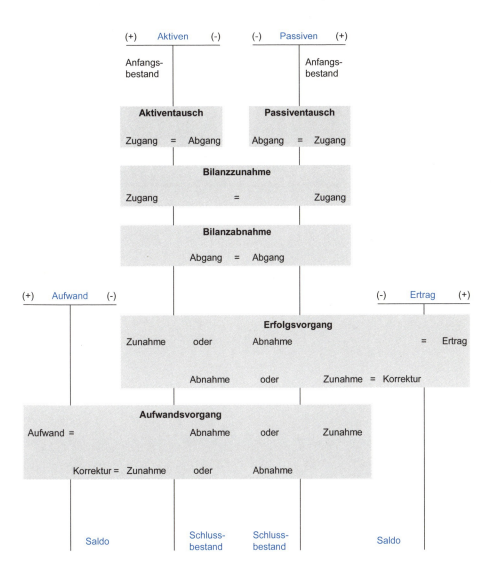

Conrad Meyer Finanzielles Rechnungswesen

Finanzielles Rechnungswesen

Einführung mit Beispielen und Aufgaben

Prof. Dr. Conrad Meyer

Schriftenreihe
der Treuhand-Kammer
Band 182

Die Deutsche Bibliothek – CIP-Einheitsaufnahme

Alle Rechte, auch die des Nachdrucks von Auszügen, vorbehalten. Jede Verwertung ist ohne Zustimmung des Verlags unzulässig. Dies gilt insbesondere für Vervielfältigungen, Übersetzungen, Mikroverfilmungen und die Einspeicherung und Verarbeitung in elektronische Systeme.

Copyright © 2008
Treuhand-Kammer
Limmatquai 120, 8001 Zürich

ISBN 978-3-908159-79-7

Druck: Fotorotar AG, 8132 Egg/Zürich

Vorwort

Die Aus- und Weiterbildung von Studierenden und Praktikern in Fragen des finanziellen Rechnungswesens ist seit einigen Jahren eines meiner schönsten «Hobbys». Das hat verschiedene Gründe: Zunächst einmal bin ich an der Universität Zürich dafür verantwortlich, die Studierenden in die Geheimnisse des Rechnungswesens einzuführen. Parallel dazu erfolgt eine intensive Auseinandersetzung mit der Materie im Rahmen zahlreicher Seminarien für Bank- und Industrieunternehmen, aber auch der Management Weiterbildung an der Universität Zürich. Ein zentrales Anliegen all dieser Aktivitäten ist es, das Rechnungswesen aus einer modernen Perspektive zu verstehen und möglichst illustrativ – aus Sicht der Benützerinnen und Benützer – zu vermitteln. Gerade in der heutigen Zeit, in der immer wieder Unternehmen durch eine problematische Rechnungslegung erschüttert werden, ist klar geworden, dass eine glaubwürdige Rechnungslegung zu einer anspruchsvollen Thematik herangewachsen ist, die nicht unterschätzt werden darf. Für unternehmensinterne Entscheidungsträgerinnen und -träger (Management, Verwaltungsrat), aber auch für die Wirtschaftsprüfung, Analyse- und Ratingagenturen, die Wirtschaftsberichterstattung oder auch für Investierende spielt das Rechnungswesen eine wichtige Rolle. Eine sachgerechte Interpretation der Daten setzt allerdings seriöse Grundkenntnisse voraus; gerade in diesem Bereich versucht die vorliegende Publikation, eine Lücke zu schliessen.

Das Lehrbuch gliedert sich in folgende Hauptbereiche:

- Kapitel 1 - 8 präsentieren Wesen, Zweck und Bedeutung des finanziellen Rechnungswesens. Grosses Gewicht wird der konsistenten Darstellung der inneren Zusammenhänge zwischen Buchungstatsachen, Konten sowie Bilanz und Erfolgsrechnung aus der Perspektive eines Gesamtkonzepts beigemessen. Gleichzeitig wird aber auch immer wieder betont, dass im Rahmen der Rechnungslegung gewisse Handlungs- und Ermessensspielräume bestehen. Dieser Freiraum ist durch die Anwendung glaubwürdiger Methoden z.B. bezüglich Bewertung, Periodisierung und Darstellung zu schliessen.

- Kapitel 9 und 10 umfassen eine Einführung in die Analyse der Daten des finanziellen Rechnungswesens. Dazu gehören die Erarbeitung und Interpretation einer Geldflussrechnung als dritter Bestandteil des Jahresabschlusses sowie eine konsequente Beurteilung der Abschlussdaten aus den Perspektiven der Rentabilität, der Liquidität, der Vermögensstruktur, des Finanzierungsrisikos sowie der Einschätzung durch den Kapitalmarkt.

- Kapitel 11 und 12 zeigen, dass die Unternehmen bei der Handhabung des finanziellen Rechnungswesens nicht frei sind. Zunächst einmal sind je nach Rechtsform des Unternehmens die Bestimmungen des Obligationenrechts zur kaufmännischen Buchführung sowie die aktienrechtlichen Vorschriften zu beachten. Gezeigt werden die aktuellen schweizerischen Regelungen sowie die Bestimmungen der Entwürfe für ein neues Aktien- und Rechnungslegungsrecht. Aus Sicht einer modernen Rechnungslegung mit hoher Aussagekraft immer wichtiger wird eine Rechnungslegung auf Basis eines anerkannten Accountingstandards. Es wird ein Überblick gegeben zu den wichtigsten nationalen und internationalen Regelwerken.

– Das Buch wird abgerundet durch 32 Fallstudien zum finanziellen Rechnungswesen, die eine Repetition und Vertiefung der Materie erlauben. Dabei sind alle Fallstudien gleich aufgebaut. Sie umfassen neben der Ausgangslage eine Aufgabenstellung mit strukturierten Lösungsblättern für das Selbststudium sowie einen detaillierten Lösungsvorschlag.

Das vorliegende Lehrbuch dürfte neben den Studierenden an Universitäten und Fachhochschulen mit Sicherheit auch Praktikerinnen und Praktiker ansprechen, die sich im Bereiche des finanziellen Rechnungswesens eine solide Basis aneignen möchten. Auf eine theoretisch konsistente und gleichzeitig praxisgerechte Präsentation der Materie wird deshalb grosses Gewicht gelegt.

Es ist mir ein Anliegen, all jenen, die zum Gelingen der Publikation beigetragen haben, bestens zu danken. In erster Linie gehören dazu die Mitarbeiterinnen und Mitarbeiter meines Lehrstuhls am Institut für Rechnungswesen und Controlling der Universität Zürich. Ihre wertvolle Unterstützung bei der Gestaltung des Lehrbuchs war eine unabdingbare Voraussetzung. Besonders erwähnen möchte ich Frau Simone Weiss. Sie hat den wesentlichen Teil der Arbeit geleistet.

Zürich, im August 2008　　　　　　　　　　　　　　　　　　　　Conrad Meyer

Inhaltsverzeichnis

Vorwort			5
Abbildungsverzeichnis			11
1	**Grundlagen**		**15**
	1.1	Einleitung	15
	1.2	Das Konto als Basis des Rechnungswesens	20
	1.3	Buchungstatsachen	24
2	**Bilanz**		**27**
	2.1	Aktiv- und Passivkonten	27
	2.2	Buchungsvorgänge innerhalb der Bilanz	32
	2.3	Aufbau und Struktur der Bilanz	36
3	**Erfolgsrechnung**		**45**
	3.1	Ertrags- und Aufwandskonten	45
	3.2	Inhalt und Aufbau der Erfolgsrechnung	49
	3.3	Erläuterung einzelner Erfolgsrechnungspositionen	54
4	**Konzept der doppelten Buchhaltung**		**57**
	4.1	Kontensystem	57
	4.2	Kontenführung	59
	4.3	Abschluss	66
5	**Führen der Warenkonten**		**69**
	5.1	Grundproblematik	69
	5.2	Methoden zur Führung der Warenkonten	72
	5.3	Ermittlung des Inventarbestands	76

6	**Periodenabgrenzung**	**81**
	6.1 Grundproblematik	81
	6.2 Transitorische Aktiven	82
	6.3 Transitorische Passiven	85
7	**Bewertung**	**91**
	7.1 Grundproblematik	91
	7.2 Bewertung und Abschreibung der Aktiven	94
	7.3 Bewertung der Passiven	105
8	**Ausgewählte Fragen der Rechnungsführung**	**109**
	8.1 Führen der Wertschriftenkonten	109
	8.2 Führen der Immobilienkonten	117
	8.3 Stille Reserven	124
9	**Geldflussrechnung**	**127**
	9.1 Wesen und Bedeutung der Geldflussrechnung	127
	9.2 Erstellen der Geldflussrechnung	132
	9.3 Illustration der Geldflussrechnung	134
10	**Kennzahlenanalyse**	**145**
	10.1 Wesen und Bedeutung der Kennzahlenanalyse	145
	10.2 Analyse der Rentabilität, Liquidität und Vermögensstruktur	149
	10.3 Analyse des Finanzierungsrisikos und Einschätzung durch den Kapitalmarkt	157
11	**Gesetzliche Bestimmungen zur Rechnungsführung und Rechnungslegung**	**161**
	11.1 Gesetzliche Regelung der Rechnungslegung in der Schweiz	161
	11.2 Revisionsbestrebungen gesetzlicher Regelungen	166
	11.3 Grundsätze ordnungsmässiger Rechnungslegung	168

12	**Nationale und internationale Accountingstandards**	**175**
12.1	Einleitung	175
12.2	Swiss GAAP FER als nationaler Accountingstandard	176
12.3	International Financial Reporting Standards (IFRS)	182
13	**Fallstudien zu den Grundlagen des finanziellen Rechnungswesens**	**187**
13.1	Führen des Kontos «Kasse»	187
13.2	Führen des Kontos «Debitoren»	189
13.3	Führen des Kontos «Kreditoren»	191
13.4	Gliederung der Bilanz	193
13.5	Erarbeitung einer Bilanz	195
13.6	Buchungssätze innerhalb der Bilanz	198
13.7	Gliederung der Erfolgsrechnung	200
13.8	Buchungssätze inklusive Erfolgsrechnung	202
13.9	Konzept der doppelten Buchhaltung	207
14	**Fallstudien zu zentralen Fragen des finanziellen Rechnungswesens**	**217**
14.1	Wertefluss im Warenverkehr	217
14.2	Führen der Warenkonten nach der exakten Methode	218
14.3	Führen der Warenkonten nach der Praktiker-Methode	221
14.4	Transitorische Positionen	224
14.5	Transitorische Positionen und Zahlungsströme	227
14.6	Buchungssätze zu den transitorischen Positionen	229
14.7	Bewertung der Debitoren	231
14.8	Abschreibung von Aktiven	233
14.9	Bewertung der Rückstellungen	237
14.10	Gesamtfallstudie zu zentralen Fragen des Rechnungswesens	238

15 Fallstudien zu ausgewählten weiteren Fragen des finanziellen Rechnungswesens — **249**

    15.1   Führen der Wertschriftenkonten — 249

    15.2   Führen der Immobilienkonten — 256

    15.3   Stille Reserven in Bilanzen — 258

    15.4   Stille Reserven in Bilanz und Erfolgsrechnung — 260

    15.5   Bereinigung eines Abschlusses — 263

    15.6   Geldwirksamkeit von Buchungstatsachen — 269

    15.7   Abgrenzung von Aufwendungen und Ausgaben — 271

    15.8   Buchungstatsachen und Geldflussrechnung — 274

    15.9   Erstellen einer Geldflussrechnung — 278

    15.10   Analyse eines Abschlusses — 290

    15.11   Bewertungsvorschriften für Aktiengesellschaften — 301

    15.12   Gewinnverteilung einer Aktiengesellschaft — 306

16 Gesamtfallstudie zum finanziellen Rechnungswesen — **311**

Anhang — **341**

Glossar — **347**

Fachausdrücke finanzielles Rechnungswesen — **361**

Einführende Literatur zum finanziellen Rechnungswesen — **379**

Stichwortverzeichnis — **383**

Vom gleichen Autor — **391**

Abbildungsverzeichnis

Abbildung 1/1:	Das Unternehmen als Netzwerk von Verträgen	16
Abbildung 1/2:	Konto als Basis des Rechnungswesens	21
Abbildung 1/3:	Aufbau des Kontos	21
Abbildung 1/4:	Beispiel zum Führen der Konten	22
Abbildung 1/5:	Beispiel zur buchmässigen Darstellung	23
Abbildung 1/6:	Beispiel zur staffelmässigen Darstellung	24
Abbildung 2/1:	Systematik zur Führung der Aktivkonten	29
Abbildung 2/2:	Beispiel eines Aktivkontos	29
Abbildung 2/3:	Systematik zur Führung der Passivkonten	30
Abbildung 2/4:	Beispiel eines Passivkontos	31
Abbildung 2/5:	Beispiel eines Kontos mit wechselndem Kreditverhältnis	31
Abbildung 2/6:	Beispiel einer Eröffnungsbilanz	32
Abbildung 2/7:	Eröffnung der Aktiv- und Passivkonten	33
Abbildung 2/8:	Aufbau des Buchungssatzes	33
Abbildung 2/9:	Gliederung der Bilanz	37
Abbildung 2/10:	Konsolidierte Bilanz der Lindt & Sprüngli	38
Abbildung 2/11:	Gründungsbilanz	42
Abbildung 3/1:	Systematik zur Führung der Ertragskonten	46
Abbildung 3/2:	Systematik zur Führung der Aufwandskonten	48
Abbildung 3/3:	Gewinn- bzw. Verlustausweis in der Erfolgsrechnung	49
Abbildung 3/4:	Gliederung der Erfolgsrechnung	50
Abbildung 3/5:	Erfolgsrechnung in Staffel- oder Berichtsform	52
Abbildung 3/6:	Erfolgsrechnung in Kontoform	53
Abbildung 3/7:	Konsolidierte Erfolgsrechnung der Lindt & Sprüngli pro 2007	54
Abbildung 4/1:	Buchungsregeln für Aktiv- und Passivkonten	57
Abbildung 4/2:	Buchungsregeln für Aufwands- und Ertragskonten	58
Abbildung 4/3:	Systematik der Buchführung	59
Abbildung 4/4:	Beispiel eines Journals	60

Abbildung 4/5:	Beispiel eines Hauptbuchs	60
Abbildung 4/6:	Eröffnungsbilanz	61
Abbildung 4/7:	Journal zur Illustration der Kontenführung	62
Abbildung 4/8:	Kontenführung	63
Abbildung 4/9:	Doppelte Erfolgsermittlung	64
Abbildung 4/10:	Zusammenhänge der doppelten Buchhaltung	65
Abbildung 4/11:	Abschluss in Tabellenform	67
Abbildung 4/12:	Behandlung des Periodenerfolgs	68
Abbildung 5/1:	Illustration zum Warenfluss	69
Abbildung 5/2:	Kontenführung nach der exakten Methode	70
Abbildung 5/3:	Kontenführung nach der Praktiker-Methode	71
Abbildung 5/4:	Methoden zur Führung der Warenkonten	73
Abbildung 5/5:	Gemischtes Warenkonto	74
Abbildung 5/6:	Dreigeteiltes Warenkonto	75
Abbildung 5/7:	Dreigeteiltes Warenkonto mit Soll-Endbeständen	76
Abbildung 5/8:	Beispiel Wareneinkäufe	77
Abbildung 5/9:	Durchschnittspreis-Methode	79
Abbildung 6/1:	Beispiel Aufwandsvortrag	83
Abbildung 6/2:	Beispiel Ertragsnachtrag	84
Abbildung 6/3:	Beispiel Aufwandsnachtrag	86
Abbildung 6/4:	Beispiel Ertragsvortrag	87
Abbildung 7/1:	Übersicht Bewertungsansätze	92
Abbildung 7/2:	Beispiel zu Fortführungswerten	93
Abbildung 7/3:	Beispiel zu Anschaffungs- und Herstellungskosten	93
Abbildung 7/4:	Beispiel zum Niederstwertprinzip	94
Abbildung 7/5:	Beispiel zur Bewertung der Debitoren	95
Abbildung 7/6:	Beispiel zur Wertvermehrung	97
Abbildung 7/7:	Direkte Methode mit linearer Abschreibung	101
Abbildung 7/8:	Direkte Methode mit degressiver Abschreibung	102
Abbildung 7/9:	Indirekte Methode mit linearer Abschreibung	102

Abbildungsverzeichnis

Abbildung 7/10:	Indirekte Methode mit degressiver Abschreibung	103
Abbildung 7/11:	Bilanzierung des Delkrederes und der Wertberichtigungen	103
Abbildung 7/12:	Finanzierung durch Abschreibung	104
Abbildung 7/13:	Effekt der Abschreibungen auf die Bilanz	104
Abbildung 7/14:	Verbuchung Garantierückstellungen	106
Abbildung 8/1:	Methoden zur Verbuchung des Wertschriftenverkehrs	111
Abbildung 8/2:	Verbuchung auf der Basis der Endbeträge der Bankabrechnungen	113
Abbildung 8/3:	Verbuchung auf Basis der Kurswerte	114
Abbildung 8/4:	Verbuchung auf Basis der Einstandswerte	115
Abbildung 8/5:	Kontenschema Immobilien	118
Abbildung 8/6:	Kontenschema Hypothekarschulden	119
Abbildung 8/7:	Kontenschema Immobilienaufwand	119
Abbildung 8/8:	Abgrenzung Wertvermehrung	120
Abbildung 8/9:	Aktivierung Immobilienaufwand	120
Abbildung 8/10:	Kontenschema Immobilienertrag	121
Abbildung 8/11:	Beispiel Immobilienkauf	122
Abbildung 8/12:	Stille Reserven	124
Abbildung 8/13:	Beispiel zu stillen Reserven	126
Abbildung 9/1:	Zusammenhang zwischen Bilanz, Erfolgsrechnung und Geldflussrechnung	127
Abbildung 9/2:	Fonds «Flüssige Mittel»	129
Abbildung 9/3:	Fonds «Netto-Flüssige Mittel»	129
Abbildung 9/4:	Gliederung der Geldflussrechnung	131
Abbildung 9/5:	Liquiditätsnachweis	132
Abbildung 9/6:	Quellen des Geldflusses	133
Abbildung 9/7:	Direkte und indirekte Ermittlung des Cash Flows aus Betriebstätigkeit	134
Abbildung 9/8:	Bilanz der «Oechsle AG»	135
Abbildung 9/9:	Erfolgsrechnung der «Oechsle AG»	135
Abbildung 9/10:	Liquiditätsnachweis der «Oechsle AG»	136

Abbildung 9/11:	Schematische Herleitung der Geldflussrechnung der «Oechsle AG» mit direktem Cash Flow	138
Abbildung 9/12:	Geldflussrechnung 20.1 der «Oechsle AG» mit direktem Ausweis des Cash Flows aus Betriebstätigkeit	139
Abbildung 9/13:	Schematische Herleitung der Geldflussrechnung der «Oechsle AG» mit indirektem Cash Flow	142
Abbildung 9/14:	Geldflussrechnung 20.1 der «Oechsle AG» mit indirektem Ausweis des Cash Flows aus Betriebstätigkeit	143
Abbildung 10/1:	Framework zur Abschlussanalyse und Unternehmensbewertung	146
Abbildung 10/2:	Bilanz der «Oechsle AG»	147
Abbildung 10/3:	Erfolgsrechnung der «Oechsle AG»	148
Abbildung 10/4:	Übersicht zur Kennzahlenanalyse	149
Abbildung 11/1:	Aufbau des Jahresabschlusses nach Aktienrecht	162
Abbildung 11/2:	Gliederung der Erfolgsrechnung nach Aktienrecht	164
Abbildung 11/3:	Gliederung der Bilanz nach Aktienrecht	165
Abbildung 12/1:	Übersicht zu den nationalen und internationalen Regelwerken	175
Abbildung 12/2:	Organisation der Swiss GAAP FER	177
Abbildung 12/3:	Kriterien für die Anwendung der Kern-FER	178
Abbildung 12/4:	Modularer Aufbau der Swiss GAAP FER	179
Abbildung 12/5:	Fachempfehlungen zur Rechnungslegung Swiss GAAP FER	181
Abbildung 12/6:	Institutionen der International Accounting Standards Committee Foundation	182
Abbildung 12/7:	Übersicht zu den Standards des IASB per 1. Januar 2008	184

1 Grundlagen

1.1 Einleitung

- **Bedeutung des finanziellen Rechnungswesens**

Unternehmen können als Netzwerk verschiedener Verträge rational handelnder Agenten (Stakeholder) interpretiert werden (vgl. Abb. 1/1).

Beispiele solcher Verträge sind:
- Einkauf von Rohmaterialien und Halbfabrikaten aufgrund von Verträgen mit Lieferanten
- Verkauf von Produkten und Dienstleistungen aufgrund von Verträgen mit Kunden
- Entlöhnung der Mitarbeitenden aufgrund der Anstellungsverträge
- Benützung von Geschäftsräumlichkeiten aufgrund von Eigentums- oder Mietverträgen
- Verzinsung von Kapitalien auf Basis von Darlehensverträgen
- Auftrag an eine Werbeagentur zur Vermarktung von Produkten.

Jeder Stakeholder entscheidet vor dem Hintergrund seiner individuellen Ziele, Fähigkeiten und Alternativen, auf welche Engagements er sich einlassen will. Wird ein Vertrag abgeschlossen, verpflichten sich die beteiligten Parteien zu einem Leistungstausch.

Typische Beispiele solcher Engagements sind:
- Das Management verpflichtet sich, gegen eine leistungsorientierte Entschädigung wohl definierte Ziele des Unternehmens zu erreichen
- Mitarbeitende erklären sich bei entsprechender Entlöhnung bereit, ihr Wissen und Können zur Verfügung zu stellen
- Kunden erhalten als Gegenleistung für ihr Entgelt Produkte
- Aktionäre engagieren sich an einem Unternehmen und verlangen eine risikogerechte Entschädigung ihres Kapitals.

Die ökonomischen Auswirkungen der im Rahmen dieser komplexen Netzwerke gefällten Entscheidungen werden durch das finanzielle Rechnungswesen abgebildet. Dessen Daten übernehmen die Rolle eines Vermittlers zwischen den Akteuren und bilden eine wesentliche Voraussetzung für das wirtschaftliche Handeln und einen effizienten Ressourceneinsatz.

Abbildung 1/1:   Das Unternehmen als Netzwerk von Verträgen

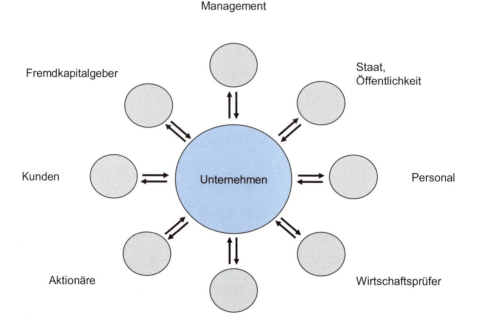

Quelle: In Anlehnung an Sunder S. (1997): „Theory of Accounting and Control", South-Western College Publishing Cincinnati, Ohio 1997, S. 15.

In diesem Sinn kann das finanzielle Rechnungswesen äusserst vielfältig eingesetzt werden:

- als analytisches Werkzeug zur Überprüfung der operativen Leistungskraft eines Unternehmens
- als Mass zur Beurteilung des Managements
- als Entscheidungshilfe bei der Frage neu einzuführender Produkte
- als Orientierungshilfe für die Zuordnung von Aufgaben, Mitteln und Kompetenzen
- als Frühwarnindikator für künftige Chancen und Risiken
- als Prognoseinstrument zur Abschätzung zukünftiger Entwicklungen
- als Ausgangslage für die Beurteilung der Vermögens-, Finanz- und Ertragslage.

Eine Wahrnehmung dieser Chancen des finanziellen Rechnungswesens setzt gewisse Grundkenntnisse voraus. Aktionäre, Verwaltungsräte, das Management, Finanzanalytiker, Wirtschaftsjournalisten, Wirtschaftsprüfer und Gläubiger – um nur einige wenige Beispiele zu nennen – sind deshalb gut beraten, die Geheimnisse des finanziellen Rechnungswesens erschliessen zu können.

Diese Publikation soll dazu einen Beitrag leisten. Zu den wesentlichen Zielen gehören:

– Kennen lernen und richtiges Anwenden der Grundbegriffe des finanziellen Rechnungswesens
– Verstehen der logischen Zusammenhänge eines theoretisch konsistenten Buchführungssystems
– Verstehen von Bilanzen, Erfolgsrechnungen und Geldflussrechnungen als Bestandteile des finanziellen Rechnungswesens
– Interpretieren der Abschlussinformationen von Unternehmen
– Kennen lernen und Verstehen der wichtigsten Normen zur Rechnungsführung und Rechnungslegung.

Im Mittelpunkt der Ausführungen stehen neben der unabdingbaren Vermittlung technischer Grundlagen vor allem Fragen der konkreten, sachgerechten Anwendung des Rechnungswesens. Das zentrale Anliegen ist dabei immer die Gewährleistung einer hohen Aussagekraft der generierten Informationen.

- **Zweck und Gliederung des Rechnungswesens**

Ein modern verstandenes Rechnungswesen erfüllt eine Reihe wichtiger Aufgaben. Dazu gehören:

– *Rechenschaftsablage:* Eine der zentralen Aufgaben des finanziellen Rechnungswesens besteht darin, regelmässig über die Vermögens-, Finanz- und Ertragslage Auskunft zu geben. Insbesondere ist zu berichten, wie während einzelnen Perioden gewirtschaftet wurde, d.h. wie sich die finanziellen Konsequenzen der eingegangenen Verträge ausgewirkt haben. In diesem Sinne dient das Rechnungswesen als Rechenschaftsablage des Verwaltungsrats und der Geschäftsleitung gegenüber den Aktionären, Gläubigern, Angestellten, der Revisionsstelle, den Finanzanalytikern, den staatlichen Behörden und der Öffentlichkeit.

– *Planungsfunktion:* Jedes aktiv geführte Unternehmen setzt sich strategische Ziele, erarbeitet strategische Massnahmenpläne und hat über den strategischen Mitteleinsatz zu befinden. Das Rechnungswesen ist in der Lage, die ökonomischen Konsequenzen dieser Pläne systematisch zu erfassen und abzubilden.

Gleichzeitig werden die Voraussetzungen geschaffen, um in Szenarien zu denken und verschiedene mögliche Optionen aufgrund quantitativer Daten prüfen und vergleichen zu können.

- *Entscheidungs- und Steuerungsfunktion:* Die Realisierung der strategischen und operativen Ziele und Massnahmen erfordert konkrete Entscheidungen. Auch in dieser Phase bildet das Rechnungswesen als Führungsinstrument eine wichtige Hilfe. Die Evaluation neuer Produkte, die Erschliessung zusätzlicher Kundensegmente, die Umsetzung von Investitionsvorhaben, der Kauf und Verkauf von Unternehmen usw. sind nicht denkbar ohne Daten des finanziellen Rechnungswesens.

- *Kontrollfunktion:* Die ökonomischen Auswirkungen der gefällten Entscheidungen bedürfen einer permanenten Kontrolle. Nur so kann rechtzeitig erkannt werden, ob die gesteckten Ziele auch effektiv erreicht werden. Unternehmensintern bilden laufende Soll-Ist-Analysen den wesentlichen Baustein zur kritischen Begleitung der Aktivitäten. Aus externer Sicht trägt vor allem die Wirtschaftsprüfung die Verantwortung für eine gesetzeskonforme Berichterstattung des Unternehmens gegenüber aussenstehenden Stakeholdern.

- *Gläubigerschutz:* Jedes Unternehmen benötigt zur Finanzierung der Aktivitäten Kapital. Neben den Beiträgen der Eigenkapitalgeber (z.B. Aktionäre) finanzieren sich Unternehmen durch weitere Mittel, die Dritte (z.B. Banken) zur Verfügung stellen. Der Gesetzgeber versucht, die Interessen der Fremdkapitalgeber zu schützen, indem er durch handelsrechtliche Bestimmungen sicherstellt, dass Unternehmen periodisch über ihre Vermögens-, Finanz- und Ertragslage berichten. Diese beschränken sich in der Regel auf die Vorgabe von Mindestanforderungen, welche zwingend einzuhalten sind.

- *Memorandum:* Als Tagebuch, in dem alle quantifizierbaren Vorgänge festgehalten werden, wird dem Rechnungswesen die Funktion eines Gedächtnisses der Firma übertragen. Erfasst werden sowohl die finanziellen Konsequenzen der Verträge mit Dritten als auch allfällige Transaktionen innerhalb des Unternehmens. Dank dieser durch das Rechnungswesen gespeicherten Daten ist es z.B. möglich, detaillierte Angaben über die Verzinsung der eingesetzten Kapitalien, die Entwicklung der Kundenbeziehungen, die Rentabilität einzelner Produkte oder die Zu- und Abflüsse flüssiger Mittel zu geben.

- *Rechtshilfe:* Im praktischen Alltag kann es vorkommen, dass vertraglich vereinbarte Dienstleistungen nicht immer zufrieden stellend erfüllt werden. Die dadurch entstehenden Auseinandersetzungen führen oftmals zu gerichtlichen Abklärungen. Im Rahmen der Beweisführung kann das Rechnungswesen wertvolle Informationen bereitstellen.

- *Steuerbasis:* Die Erhebung von Steuern basiert auf finanziellen Eckwerten. Relevant sind z.B. der erzielte Erfolg (Gewinn oder Verlust), das vorhandene Eigenkapital, der realisierte Umsatz sowie das vorhandene Vermögen. Es ist die Aufgabe des Rechnungswesens, die entsprechenden Daten aufzubereiten. Von zentraler Bedeutung ist die Berechnung der geschuldeten Kapital-, Gewinn- und Mehrwertsteuerbeträge.

- *Information der Öffentlichkeit:* Vor allem grössere Unternehmen, die sich in nationalen und internationalen Finanzmärkten bewegen, haben regelmässig eine breite Öffentlichkeit mit glaubwürdigen Abschlussinformationen zu orientieren. Die jährlich und immer häufiger auch quartalsweise publizierten Finanzberichte richten sich sowohl an bisherige als auch an potenzielle Stakeholder.

Das Rechnungswesen lässt sich aus inhaltlicher Sicht in zwei Hauptbereiche, das finanzielle und das betriebliche Rechnungswesen, gliedern. Obwohl aus theoretischer Sicht eine enge Abhängigkeit der beiden Bereiche besteht und sie auch im praktischen Alltag immer näher zusammenrücken, werden sie separat charakterisiert.

- **Finanzielles Rechnungswesen**

Aufgabe des finanziellen Rechnungswesens (Finanzbuchhaltung) ist es, Abschlussinformationen des Unternehmens zuhanden der externen Stakeholder zur Verfügung zu stellen (externe Informationsfunktion). Im Vordergrund steht das Unternehmen oder die Unternehmensgruppe als Ganzes. Zu den wichtigsten Teilbereichen gehören:
- laufende Geschäftsbuchhaltung
- Bilanz als Übersicht zur Vermögens- und Finanzlage
- Erfolgsrechnung als Übersicht zur Ertragslage
- Geldflussrechnung als Übersicht zu den Geldströmen.

Bezüglich der Gestaltung des finanziellen Rechnungswesens ist der Spielraum der Unternehmen eingeschränkt. Sie haben im Minimum die gesetzlichen Auflagen des Handelsrechts zu beachten. In vielen Fällen erklären sie sich aber bereit, weit mehr Information zur Verfügung zu stellen, indem sie die Anforderungen nationaler oder internationaler Accountingstandards erfüllen. Es ist das erklärte Ziel der Regelwerke, die Manipulationsspielräume der Unternehmen bei der Gestaltung der Abschlüsse einzuschränken. Damit soll eine faire Berichterstattung gegenüber Dritten erreicht werden.

Zu den zentralen Zielsetzungen der Accountingstandards gehören:
- Harmonisierung der finanziellen Berichterstattung
- Vermittlung eines den tatsächlichen Verhältnissen entsprechenden Bilds der Vermögens-, Finanz- und Ertragslage
- Bereitstellung entscheidungsrelevanter Informationen für Investoren.

- **Betriebliches Rechnungswesen**

Beim betrieblichen Rechnungswesen (Betriebsbuchhaltung, Betriebsabrechnung, Kostenrechnung) steht die Aufbereitung von Daten auf der Ebene einzelner Produkte und/oder Dienstleistungen im Vordergrund (z.B. Kosten und Erlöse erstellter Produkte bzw. erbrachter Dienstleistungen). Voraussetzung dafür bilden eine Analyse und Abbildung der unternehmensinternen Beziehungen und Abläufe. Die generierten Daten dienen in aller Regel der Fundierung interner Entscheidungen und werden nicht nach aussen kommuniziert (interne Informationsfunktion). Zu den wichtigsten Teilbereichen gehören:

- Kostenartenrechnung (Erfassung und Gliederung der angefallenen Kosten)
- Kostenstellenrechnung (Berechnung und Abbildung der Kosten nach Einheiten)
- Kostenträgerrechnung (Berechnung und Abbildung der Erlöse und Kosten nach Produkten und/oder Dienstleistungen).

Die Unternehmen sind bezüglich des Aufbaus und der Handhabung des betrieblichen Rechnungswesens weitgehend frei. Bei der Gestaltung ihrer Systeme berücksichtigen sie deshalb spezifische betriebliche Eigenheiten.

1.2 Das Konto als Basis des Rechnungswesens

- **Idee der Führung von Konten**

Wie bereits einleitend erwähnt, kann ein Unternehmen als Netzwerk von Verträgen zwischen Stakeholdern verstanden werden. Jeder einzelne dieser Verträge hat ökonomische Konsequenzen für die Beteiligten. Deshalb ist es im Interesse des Unternehmens, die finanziellen Wirkungen systematisch zu erfassen. Aufgrund der Tatsache, dass je nach Grösse eines Unternehmens sehr viele Verträge abgeschlossen werden (in Grossunternehmen Tausende pro Tag), hat die Erfassung des Leistungsaustausches möglichst einfach, logisch und effizient zu erfolgen. Gleichzeitig ist sicherzustellen, dass die erfassten Daten für spezifische Informationsbedürfnisse jederzeit abrufbar sind.

Basis zur Abbildung der finanziellen Konsequenzen der Verträge bilden sogenannte Konten (vgl. Abb. 1/2). Sie bestehen immer aus zwei Spalten, Seiten, Teilen oder Bereichen, die mit «Soll» (linke Seite) bzw. «Haben» (rechte Seite) bezeichnet werden. Diese, ursprünglich aus dem Italienischen abgeleiteten Begriffe haben keine inhaltliche Bedeutung, sie benennen lediglich die jeweilige Seite des Kontos.

Abbildung 1/2: Konto als Basis des Rechnungswesens

Soll	Konto	Haben
linke Seite		rechte Seite

Es hat sich bereits in einem frühen Entwicklungsstadium des Rechnungswesens eingespielt, dass die Anfangsbestände sowie Zugänge von Geld, Sachgütern oder Dienstleistungen auf der linken Seite (Soll) festgehalten werden. Damit ist klar, dass Abgänge sowie Schlussbestände auf der rechten Seite (Haben) einzutragen sind. Nur so resultiert eine logische, konsequente Erfassung der Buchungstatsachen. Gleichzeitig ist das jeweilige Konto durch den Sachverhalt, den es widerspiegeln soll, zu bezeichnen. Für die kontenmässige Erfassung der Bewegungen, z.B. des Bargelds wird in der Regel die Bezeichnung «Kasse» gewählt (vgl. Abb. 1/3).

Abbildung 1/3: Aufbau des Kontos

Soll (+)	Kasse	Haben (-)
Anfangsbestand		Abgänge
Zugänge		Schlussbestand

- **Führen der Konten**

Die einzelnen Konten werden während der Betrachtungsperioden, z.B. ein Jahr, ein Quartal, ein Monat, geführt, d.h. es werden alle für das jeweilige Konto relevanten Buchungstatsachen während des jeweiligen Zeitraums festgehalten.

Das Führen der Konten wird an einem einfachen Beispiel illustriert. Eine Studentin der Wirtschaftsinformatik betreibt ein kleines Software-Beratungsunternehmen. Sie verfügt zu Beginn der Buchführungsperiode (Januar) über Bargeld in der Höhe von 15 000. Im Konto «Kasse» werden diejenigen Buchungstatsachen, die einen Einfluss auf das Bargeld der Unternehmerin haben, festgehalten (vgl. Abb. 1/4).

Die Studentin schliesst folgende Verträge ab:

1) 4.1. Kauf eines Computers gegen Barzahlung 8 000
2) 12.1. Einladung eines potenziellen Kunden zu einem Mittagessen. Barzahlung der Rechnung von 200
3) 18.1. Verkauf einer Software-Lösung an einen Kunden. Der Verkaufspreis von 4 500 wird bar beglichen
4) 30.1. Bezug von 2 000 als Lohn für das Teilzeitengagement

Abbildung 1/4: Beispiel zum Führen der Konten

Soll (+)		Kasse		Haben (-)
AB (Anfangsbestand)	15 000	1) Kauf Computer		8 000
3) Verkauf Software	4 500	2) Einladung Kunde		200
		4) Lohn		2 000
Zwischensumme	19 500	Zwischensumme		10 200
		SB (Schlussbestand)		9 300
Total	19 500	Total		19 500

Das Beispiel zeigt, dass zu Beginn der Periode (1.1.) der Anfangsbestand an Bargeld im Konto «Kasse» auf der Soll-Seite festgehalten wird. Anschliessend erfolgt der Eintrag der weiteren Bargeldtransaktionen unter Angabe der jeweiligen Nummer des Geschäftsfalls auf der Soll- bzw. Haben-Seite. Am Ende der Periode (31.1.) werden die Beträge auf beiden Seiten addiert, und es wird festgestellt, welche Seite des Kontos vor der Saldierung, d.h. dem Eintrag des Schlussbestands, den grösseren Gesamtbetrag aufweist. Im Beispiel ist dies die Soll-Seite mit einer Zwischensumme von 19 500 gegenüber derjenigen der Haben-Seite mit 10 200. Die Differenz der beiden Beträge ergibt den Schlussbestand von 9 300. Er wird auf der Seite mit der tieferen Zwischensumme, d.h. im gezeigten Beispiel auf der Haben-Seite eingetragen. Damit ist das Konto ausgeglichen und beide Seiten des Kontos zeigen den gleichen Betrag von 19 500. Für die nächste Periode (Februar) wird das Konto wieder eröffnet mit dem Anfangsbestand von 9 300 auf der Soll-Seite.

- **Darstellung der Konten**

Die Konten lassen sich grundsätzlich auf drei verschiedene Arten darstellen:
- *Kontenmässige Darstellung:* Das vorgängig gezeigte Beispiel (vgl. Abb. 1/4) entspricht der kontenmässigen Darstellung. Diese Form der Kontenführung eignet sich vor allem für didaktische Zwecke und wird sehr häufig in Lehrbüchern und im Unterricht verwendet. Die Eintragungen in die Konten beschränken sich auf Anfangsbestände, positive und negative Veränderungen, d.h. Eintragungen im Soll bzw. im Haben mit Angabe der Nummer des Geschäftsfalls sowie allfälliger Schlussbestände. Die Vorteile dieser Kontenführung liegen in der Einfachheit der Darstellung, der Begrenzung des Aufwands und der Übersichtlichkeit. Nachteile ergeben sich daraus, dass der Informationsgehalt pro Geschäftsfall minimal und der jeweils aktuelle Kontostand nicht ersichtlich ist. In der praktischen Anwendung werden in der Regel aufwändigere Darstellungsformen gewählt.
- *Buchmässige Darstellung:* Diese Form der Kontenführung erlaubt die Eintragung zahlreicher Daten pro Buchungstatsache (vgl. Abb. 1/5). Es ist insbesondere möglich, einen kurzen Text beizufügen. Ebenfalls wird der jeweils aktuelle Saldo nach jedem Eintrag ausgewiesen. In der praktischen Anwendung – vor allem bei IT-basierten Systemen – kann sich die buchmässige Führung der Konten durchaus als sinnvoll erweisen.

Abbildung 1/5: Beispiel zur buchmässigen Darstellung

		Kasse			
Nr.	Datum	Text	Soll	Haben	Saldo
-	1.1.	Anfangsbestand	15 000		15 000
1	4.1.	Kauf Computer		8 000	7 000
2	12.1.	Einladung Kunde		200	6 800
3	18.1.	Verkauf Software	4 500		11 300
4	30.1.	Lohn Januar		2 000	9 300
-	31.1.	Schlussbestand		9 300	9 300

- *Staffelmässige Darstellung:* Die berichts- oder staffelmässige Kontenführung orientiert sich an der Idee, dass alle Buchungstatsachen als «Milchbüchleinrechnung» fortlaufend erfasst werden (vgl. Abb. 1/6). Diese Abrechnungsart, welche den aktuellen Bestand in den Mittelpunkt rückt, ist eher umständlich und wenig übersichtlich. Sie wird deshalb selten angewendet. Für spezifische Informationszwecke, z.B. den Nachweis des Erfolgs einzelner Geschäftssparten, eignet sich diese Form aber durchaus.

Abbildung 1/6:   Beispiel zur staffelmässigen Darstellung

		Kasse	
Nr.	Datum	Text	Betrag
-	1.1.	Anfangsbestand	15 000
1	4.1.	Kauf Computer	- 8 000
		Bestand per 4.1.	7 000
2	12.1.	Einladung Kunde	- 200
		Bestand per 12.1.	6 800
3	18.1.	Verkauf Software	+ 4 500
		Bestand per 18.1.	11 300
4	30.1.	Lohn Januar	- 2 000
		Bestand per 30.1.	9 300
-	31.1.	Schlussbestand	9 300

1.3 Buchungstatsachen

- **Explizite Verträge**

Es ist die Aufgabe des Rechnungswesens, die finanziellen Konsequenzen der abgeschlossenen Verträge zu erfassen und abzubilden. Beispiele dazu sind:

– Rechnungen, die beim Verkauf von Produkten erstellt werden
– Gutschriften von Banken für Zahlungen von Kunden
– Entlöhnung von Mitarbeitenden auf der Basis von Arbeitsverträgen
– Kauf von Maschinen, Mobilien usw. gegen Rechnung
– Bezug von Rohmaterial gegen Rechnung.

Gemeinsames Kriterium (aus Sicht des Rechnungswesens) dieser Verträge mit Dritten ist, dass sie zu Veränderungen in den Konten führen. Sie werden deshalb als Buchungstatsachen bezeichnet.

- **Implizite Verträge**

Neben den im Rechnungswesen vergleichsweise einfach zu erfassenden expliziten Verträgen qualifizieren sich auch weitere Sachverhalte als Buchungstatsachen. Basis für deren Erfassung sind keine konkreten vertraglichen Dokumente oder entsprechende Hinweise wie z.B. Rechnungen, Quittungen, mündliche Zustimmung oder Handschlag. Die Buchungstatsachen entstehen vielmehr aus der Verpflichtung des Managements gegenüber Aktionären, dem Verwaltungsrat oder

Dritten, eine Vermögens-, Finanz- und Ertragslage zu zeigen, die den effektiven Tatsachen entspricht. Beispiele dazu sind:

- Während der Periode sind für die Produktion Maschinen, die sich im Eigentum des Unternehmens befinden, genutzt worden. Das Management hat den während der Periode erfolgten Nutzenverzehr zu schätzen und zu erfassen, d.h. die Maschinen abzuschreiben. Nur so können die Aufwendungen für die Produktion vollständig und sachgerecht abgebildet werden.
- Ein Kunde hat Zahlungsprobleme. Er schuldet dem Unternehmen zurzeit einen Betrag von 10 000. Das Management hat zu beurteilen, inwieweit der Kunde in der Zukunft in der Lage sein wird, seine Schulden zu begleichen. Wird die vollständige Zahlung in Frage gestellt, ist eine Wertberichtigung des Guthabens gegenüber dem Kunden vorzunehmen. Der durch die Zahlungsprobleme des Kunden entstandene potenzielle Verlust ist im Rechnungswesen zeitgerecht zu erfassen.
- Die Forschungs- und Entwicklungsabteilung hat ein neues Produkt erarbeitet und dessen Produktion durch die Anmeldung eines Patents schützen lassen. Das Management hat zu entscheiden, wann und in welchem Umfang die Aufwendungen zur Entwicklung des Produkts im Rechnungswesen zu erfassen sind.

Das Erkennen und die Quantifizierung solcher Buchungstatsachen, denen keine mit Dritten abgeschlossenen Verträge zugrunde liegen, bereiten oft Schwierigkeiten. Deshalb ist die kontenmässige Erfassung besonders sorgfältig vorzunehmen und aussagekräftig zu dokumentieren. Nur so kann sichergestellt werden, dass Dritte (z.B. Wirtschaftsprüfende) die gewählten Buchungsverfahren nachvollziehen können.

- **Rechnungswesen und Ermessensspielräume**

In vielen Köpfen besteht die Illusion, dass es sich beim Rechnungswesen um eine exakte Wissenschaft handelt. Diese Ansicht kann nicht geteilt werden. Es bestehen trotz der bestechenden Logik der Buchführungssysteme und der zwangsläufig starken quantitativen Ausprägung grosse Ermessensspielräume. Damit verbunden ist die Gefahr bewusst manipulierter Abschlüsse. Zu den wesentlichen Problembereichen aus dieser Sicht gehören:

- Vor allem bei impliziten Verträgen besteht die Unsicherheit, ob einzelne Sachverhalte überhaupt in den Konten erfasst werden sollen. Beispiele dazu sind: Das Unternehmen erkennt, dass sich die Einkaufspreise für Rohmaterial reduziert haben. Soll nun als Konsequenz dieser Entwicklung der Wert der Lagerbestände, die zu höheren Preisen eingekauft wurden, herabgesetzt werden? Oder es besteht die Gefahr, dass sich Kunden aufgrund der Qualität ausgelieferter Produkte beschweren und Preisabschläge zu gewähren sind. Ist aufgrund dieses Risikos eine Rückstellung zu bilden?

- Eng mit der grundsätzlichen Frage der Erfassung von Sachgütern im Rechnungswesen verbunden ist die Problematik der Bewertung. Soll z.B. für eigene Immobilien, Maschinen, Mobilien von möglichst aktuellen Wertansätzen ausgegangen werden, obwohl eine solche Wertfindung in vielen Fällen sehr aufwändig und stark subjektiv geprägt ist oder soll von den für die Sachgüter am Markt bezahlten historischen Preisen ausgegangen werden, die objektiver sind? Je nach gewähltem Konzept resultieren andere Werte.

- Im Weiteren erfordert das Bestreben nach einem regelmässigen Ausweis von Ergebnissen, dass die finanziellen Konsequenzen der abgeschlossenen Verträge einzelnen Perioden zugewiesen werden müssen. Dies widerspricht der längerfristigen Wirkung vieler Verträge und bedeutet einen künstlichen Eingriff zugunsten periodisierter Abschlussinformationen. Beispiele dazu sind die Zurechnung der Abschreibungen langfristig genutzter Anlagen auf einzelne Perioden oder Marketingaufwendungen einer bestimmten Periode, die während mehrerer Perioden Erträge bewirken können.

- Eine weitere Problematik besteht bei der Entscheidung, zu welchem Zeitpunkt Gewinne oder Verluste ausgewiesen werden sollen. Darf z.B. der potenzielle Gewinn aus produzierten Waren bereits erfasst werden, wenn die Produkte am Markt noch nicht abgesetzt werden konnten? Müssen Verluste aus dem späteren Absatz von Gütern bereits heute erfasst werden, sofern sich dies abzeichnet?

Als Resultat dieser Handlungsspielräume haben sich in Theorie und Praxis die Grundsätze ordnungsmässiger Rechnungslegung etabliert. Sie bezwecken, den Verantwortlichen Orientierungshilfen zu bieten, aber gleichzeitig auch den Handlungs- und Manipulationsspielraum der Unternehmen einzuengen. Die Grundsätze ordnungsmässiger Rechnungslegung werden in Kapitel 11 behandelt.

2 Bilanz

2.1 Aktiv- und Passivkonten

Im ersten Kapitel wurde die Kontenführung am Beispiel des Kontos «Kasse» illustriert. In der betrieblichen Realität werden für viele weitere Sachverhalte ebenfalls Konten geführt. Die spezifisch benannten Konten werden als Buchungsobjekte bezeichnet.

Um eine gewisse Ordnung in die zahlreichen Buchungsobjekte zu bringen, werden die Konten nach ihren Inhalten klassifiziert. Entscheidend für die Klassifizierung ist, ob aus den in den Konten abzubildenden Sachverhalten für das Unternehmen ein zukünftiger Nutzenzugang oder -abgang z.B. in Form von Geld, Sachgütern oder Dienstleistungen erwartet werden kann. Grundsätzlich wird zwischen zwei Kontotypen unterschieden.

- **Aktivkonten**

Aktiven stellen materielle, finanzielle oder immaterielle Vermögenswerte in der Verfügungsmacht des Unternehmens dar, die aus Geschäftsfällen oder Transaktionen aus früheren Perioden entstanden sind. Das Unternehmen setzt die Vermögenswerte im Rahmen der Unternehmenstätigkeit ein und erwartet daraus einen zukünftigen Nutzenzugang ohne weitere Gegenleistungen. Ohne Gegenleistungen bedeutet, dass dem Unternehmen in Zukunft Geld, Sachgüter oder Dienstleistungen zukommen werden, ohne dass eine Gegenleistung (z.B. eine Zahlung) erforderlich ist. Beispiele dazu sind:

– *Kasse:* Ein Unternehmen verfügt über Bargeld. Dieses kann im Interesse des Unternehmens eingesetzt werden und stiftet deshalb zukünftigen Nutzen.

– *Debitoren:* Eine Unternehmerin hat für einen Kunden durch Einsatz ihrer persönlichen Arbeitszeit eine Software-Lösung erarbeitet. Sie verkauft das Produkt dem Kunden gegen Rechnung. Der zu bezahlende Betrag wird im Rechnungswesen als Kundenguthaben (= Debitoren) erfasst. Die Unternehmerin erwartet die zukünftige Zahlung des Kunden und damit einen Nutzenzugang.

– *Maschinen:* Vor zwei Jahren wurden Maschinen gekauft, die zum heutigen Zeitpunkt einen bestimmten Wert haben. Die Maschinen werden weiterhin im Rahmen der Produktionsprozesse eingesetzt. Damit bringen sie in der Zukunft einen Nutzen, ohne dass weitere Investitionen erforderlich sind.

- **Passivkonten**

Passiven stellen gegenwärtige Verpflichtungen des Unternehmens dar, die aus Geschäftsfällen oder Ereignissen aus früheren Perioden entstanden sind. Das Unternehmen erwartet, dass aus diesen Verpflichtungen in Zukunft ein Abfluss von Ressourcen wahrscheinlich ist. Passiven bringen deshalb einen zukünftigen Nutzenabgang ohne Gegenleistung. Auch hier bedeutet ohne Gegenleistung, dass in der Zukunft dem Unternehmen Geld, Sachgüter oder Dienstleistungen abgehen werden, ohne dass dafür eine Gegenleistung erfolgt. Beispiele dazu sind:

- *Bankschulden:* Die Bank hat einem Unternehmen zur Finanzierung der Aktivitäten Geld zur Verfügung gestellt. Dieser Kredit muss in der Zukunft zurückbezahlt werden. Damit verbunden ist ein zukünftiger Nutzenabgang.
- *Rückstellungen:* Das Unternehmen hat zum Zeitpunkt der Bilanzierung noch keine definitive Steuerrechnung erhalten. Allerdings ist dem Unternehmen klar, dass Steuern für den Gewinn der vergangenen Periode geschuldet sind. Deshalb wird eine Steuerrückstellung gebildet, welche dem geschätzten mutmasslichen Nutzenabgang entsprechen sollte.
- *Eigenkapital:* Das Konto «Eigenkapital» zeigt die Ansprüche der Eigentümer am Unternehmen. Sie sind durch frühere Einbringungen von Geld, Sachgütern oder Dienstleistungen sowie durch die dem Unternehmen überlassenen Gewinne früherer Perioden entstanden. In den Konten des Eigenkapitals wird angegeben, in welchem Umfang in der Zukunft ein Nutzenabgang an die Eigentümer erfolgen kann.

Allen gezeigten Beispielen ist gemeinsam, dass der Nutzenzugang bzw. -abgang in der Zukunft liegt und eine einseitige Wirkung haben wird, d.h. die jeweiligen Buchungstatsachen werden für sich allein betrachtet die Situation des Unternehmens in der Zukunft entweder verbessern (Aktiven) oder verschlechtern (Passiven).

Sowohl für Aktiv- als auch für Passivkonten existieren Kontierungsregeln. Sie werden in den nächsten Abschnitten dargestellt.

- **Kontierungsregeln Aktivkonten**

Bereits im ersten Kapitel wurden Hinweise gegeben, wie die Erfassung der Buchungstatsachen im Konto «Kasse» zu erfolgen hat. Aufgrund der Frage, inwieweit Buchungsobjekte in der Lage sind, einen zukünftigen Nutzenzugang oder -abgang zu bewirken, lassen sich die Erkenntnisse vertiefen und als logische Einheit darstellen (vgl. Abb. 2/1).

Abbildung 2/1: Systematik zur Führung der Aktivkonten

Soll (+)		Aktivkonto	Haben (-)
Anfangsbestand zukünftiger Nutzenzugang	AB	Abnahme zukünftiger Nutzenzugang	-
Zunahme zukünftiger Nutzenzugang	+	Schlussbestand zukünftiger Nutzenzugang	SB

Das gezeigte Buchungskonzept wird am Beispiel des Kontos «Debitoren» illustriert (vgl. Abb. 2/2). Aufgrund der im Konto festgehaltenen Buchungstatsachen resultiert zu Beginn der Periode ein Anfangsbestand an Debitoren von 60 000. Das bedeutet, dass in diesem Umfang in der Zukunft ein Nutzenzugang an Geld, Sachgütern oder Dienstleistungen erwartet wird. Die zusätzlichen Verkäufe gegen Rechnung während der laufenden Periode (Buchungen Nr. 1 und 4) bewirken, dass sich der zukünftige Nutzenzugang erhöht. Deshalb sind diese Beträge auf der Soll-Seite einzutragen. Die Zahlungen der Kunden für offene Rechnungen (Buchungen Nr. 2, 3 und 5) führen zu einer Reduktion der Debitoren und damit zu einem Rückgang des zukünftigen Nutzenzugangs. Sie sind auf der Haben-Seite des Kontos festzuhalten. Der Schlussbestand von 55 000 auf der Haben-Seite des Kontos zeigt, in welchem Umfang am Ende der Periode Debitoren vorhanden sind, die einen zukünftigen Nutzenzugang bewirken können.

Abbildung 2/2: Beispiel eines Aktivkontos

Soll (+)			Debitoren		Haben (-)
AB (Anfangsbestand)		60 000	2) Zahlung Debitor A		8 000
1) Rechnung Debitor M		15 000	3) Zahlung Debitor B		10 000
4) Rechnung Debitor N		9 000	5) Zahlung Debitor C		11 000
			SB (Schlussbestand)		55 000
Total		84 000	Total		84 000

Häufig verwendete Aktivkonten sind: Kasse, Bankguthaben, Postguthaben, Wertschriften, Debitoren, Roh- und Hilfsmaterial, Warenlager, Fahrzeuge, Maschinen, Anlagen, Grundstücke, Immobilien, Beteiligungen, Immaterielle Aktiven (z.B. Patente).

- **Kontierungsregeln Passivkonten**

Die Regeln zur Erfassung der Buchungstatsachen bei Passivkonten unterliegen den gleichen Gesetzmässigkeiten wie die bei Aktivkonten, allerdings logischerweise seitenverkehrt (vgl. Abb. 2/3). Deshalb sind z.B. beim Konto «Kreditoren», d.h. den Schulden aus eingekauften Waren, die Anfangsbestände, die einen zukünftigen Nutzenabgang widerspiegeln, auf der Haben-Seite einzutragen. Allfällige Erhöhungen des zukünftigen Nutzenabgangs sind ebenfalls auf der Haben-Seite des Kontos festzuhalten. Eine Reduktion des zukünftigen Nutzenabgangs sowie der Schlussbestand gehören auf die Soll-Seite der Passivkonten.

Abbildung 2/3: Systematik zur Führung der Passivkonten

Soll (-)	Passivkonto		Haben (+)
Abnahme zukünftiger Nutzenabgang	-	Anfangsbestand zukünftiger Nutzenabgang	AB
Schlussbestand zukünftiger Nutzenabgang	SB	Zunahme zukünftiger Nutzenabgang	+

Auch für die Passivkonten wird die Systematik zur Erfassung der Buchungstatsachen an einem konkreten Beispiel illustriert (vgl. Abb. 2/4). Zu Beginn der Periode ist im Konto «Kreditoren» ein Anfangsbestand von 40 000 vorhanden. In diesem Umfang wird in der Zukunft ein Nutzenabgang an Geld, Sachgütern oder Dienstleistungen erwartet. Die Logik des Rechnungswesens (Anfangsbestand zukünftiger Nutzenzugang bei Aktivkonten im Soll) erfordert nun, dass der «Anfangsbestand eines zukünftigen Nutzenabgangs» auf der anderen Seite, d.h. der Haben-Seite des Kontos eingetragen wird. Gleichzeitig führen die während der Periode gegen Rechnung eingekauften Produkte (Buchungen Nr. 3 und 4) zu einer Erhöhung des zukünftigen Nutzenabgangs. Diese Beträge sind deshalb ebenfalls auf der Haben-Seite einzutragen. Die Zahlungen des Unternehmens an die Lieferanten (Buchungen Nr. 1 und 2) dagegen reduzieren die Schulden und damit den zukünftigen Nutzenabgang. Die entsprechenden Beträge sind auf der Soll-Seite des Passivkontos festzuhalten. Der Schlussbestand von 45 000 auf der Soll-Seite des Kontos zeigt, in welchem Umfang ein zukünftiger Nutzenabgang am Ende der Periode erwartet wird.

Abbildung 2/4:   Beispiel eines Passivkontos

Soll (-)		Kreditoren	Haben (+)
1) Zahlung Kreditor A	6 000	AB (Anfangsbestand)	40 000
2) Zahlung Kreditor B	15 000	3) Rechnung Kreditor M	12 000
SB (Schlussbestand)	45 000	4) Rechnung Kreditor N	14 000
Total	66 000	Total	66 000

Häufig verwendete Passivkonten sind: Bankschulden, Kreditoren, andere Schulden, Rückstellungen, Anleihensschulden, Hypothekarschulden, Aktienkapital, Reserven, Gewinnvorträge.

- **Kontierungsregeln für Konten mit wechselndem Kreditverhältnis**

In der Regel lassen sich Buchungsobjekte zweifelsfrei den Aktiven bzw. Passiven zuordnen. Allerdings besteht bei einigen wenigen Konten die Möglichkeit, dass sie je nach Schlussbestand ihren Charakter als Aktiv- oder Passivkonto wechseln. Erkennbar wird das, indem der Schlussbestand als algebraischer Ausgleich des Kontos je nach Inhalt auf der Soll- oder der Haben-Seite erscheint. Dies wird am Beispiel des Kontos «Bank-Kontokorrent» illustriert. Ein solches Konto erfasst den laufenden Zahlungsverkehr mit der Bank. Zu Beginn der Periode ist ein Bankguthaben von 10 000 vorhanden. Dieser Anfangsbestand wird, weil es sich um ein Aktivkonto handelt, auf der Soll-Seite eingetragen. Während der Periode überschreiten die Bezüge von 30 000 die Summe aus Anfangsbestand von 10 000 und Einzahlungen von 15 000. Daher mutiert das Konto zu einer Bankschuld. Erkennbar wird dies dadurch, dass der Schlussbestand von 5 000 am Ende der Periode zum Ausgleich des Kontos auf der Soll-Seite einzutragen ist, wie dies bei klassischen Passivkonten der Fall ist (vgl. Abb. 2/5).

Abbildung 2/5:   Beispiel eines Kontos mit wechselndem Kreditverhältnis

Soll (+)		Bank-Kontokorrent	Haben (-)
AB (Anfangsbestand)	10 000	2) Auszahlungen	30 000
1) Einzahlungen	15 000		
SB (Schlussbestand)	5 000		
Total	30 000	Total	30 000

2.2 Buchungsvorgänge innerhalb der Bilanz

- **Bilanz als Ausgangslage**

Die Bilanz vermittelt im Sinne einer Momentaufnahme einen Überblick zu den Aktiven und Passiven eines Unternehmens bezogen auf einen bestimmten Zeitpunkt, z.B. bei einer Eröffnungsbilanz per 1.1.20.1 (vgl. Abb. 2/6).

Abbildung 2/6:   Beispiel einer Eröffnungsbilanz

Aktiven	Eröffnungsbilanz per 1.1.20.1		Passiven
Kasse	40 000	Kreditoren	30 000
Debitoren	20 000	Darlehensschuld	40 000
Waren	30 000		
Mobilien	10 000	Eigenkapital	30 000
Total	100 000	Total	100 000

In Anlehnung an die früheren Überlegungen widerspiegeln die Aktiven im Betrag von 100 000 die Chancen zukünftiger Geld-, Sachgüter- oder Dienstleistungszugänge bzw. die Passiven mit ebenfalls 100 000 die Risiken zukünftiger Geld-, Sachgüter- oder Dienstleistungsabgänge. Die Aktiven werden oft auch als «Vermögen», die Passiven als «Kapital» eines Unternehmens bezeichnet. Das gewählte Beispiel (vgl. Abb. 2/6) zeigt ferner, dass eine Bilanz immer ausgeglichen sein muss, d.h. der zukünftige Nutzenzugang entspricht dem zukünftigen Nutzenabgang (Aktiven = Passiven).

Eine Buchführungsperiode wird mit der Eröffnungsbilanz begonnen, d.h. die Anfangsbestände der Aktiven und Passiven werden in die einzelnen Konten übertragen (vgl. Abb. 2/7).

Anschliessend sind die einzelnen Buchungstatsachen zu verarbeiten. Das bedeutet, dass jeder einzelne Geschäftsfall zu analysieren ist und beurteilt werden muss, inwieweit er zu Veränderungen in den einzelnen Konten führt. Ist dem so, handelt es sich um eine Buchungstatsache, d.h. der Geschäftsfall führt zu Veränderungen in den Konten des Rechnungswesens.

Abbildung 2/7: Eröffnung der Aktiv- und Passivkonten

Aktiven	Eröffnungsbilanz per 1.1.20.1		Passiven
Kasse	40 000	Kreditoren	30 000
Debitoren	20 000	Darlehensschuld	40 000
Waren	30 000		
Mobilien	10 000	Eigenkapital	30 000
Total	100 000	Total	100 000

Soll (+)	Kasse	Haben (−)		Soll (−)	Kreditoren	Haben (+)
AB	40 000				AB	30 000

Soll (+)	Debitoren	Haben (−)		Soll (−)	Darlehensschuld	Haben (+)
AB	20 000				AB	40 000

Soll (+)	Waren	Haben (−)		Soll (−)	Eigenkapital	Haben (+)
AB	30 000				AB	30 000

Soll (+)	Mobilien	Haben (−)
AB	10 000	

- **Der Buchungssatz zur Erfassung einzelner Buchungstatsachen**

Zentrales Element zur Erfassung der Kontenbewegungen bildet der Grundsatz, dass jede Buchungstatsache im Sinne der «doppelten» Buchhaltung zwei Wirkungen auf die Buchungsobjekte haben muss. Dementsprechend führt jede Transaktion immer zur Veränderung zweier Konten. Technisch erfolgt die Erfassung der Buchungstatsachen und das Festhalten der Beträge in den einzelnen Konten mit Hilfe sogenannter Buchungssätze. Diese Buchungsanleitungen sind einfach strukturiert und bestehen neben der Nummer und dem Betrag der jeweiligen Buchung aus der Auflistung zweier Konten und zwar zunächst immer demjenigen mit der Soll-Eintragung und anschliessend demjenigen mit der Haben-Eintragung (vgl. Abb. 2/8).

Abbildung 2/8: Aufbau des Buchungssatzes

Nr. des Buchungssatzes	Konto mit Soll-Eintrag / Konto mit Haben-Eintrag	Betrag

Das folgende Beispiel illustriert die Entstehung eines Buchungssatzes:

1) Kasse / Debitoren   1 000

Der Buchungssatz bedeutet, dass im Konto «Kasse» ein Soll-Eintrag (Zunahme) von 1 000 und im Konto «Debitoren» ein Haben-Eintrag (Abnahme) von ebenfalls 1 000 vorzunehmen ist. In beiden Konten wird die jeweilige Nummer der Buchungstatsache neben dem Betrag festgehalten.

Im mündlichen Ausdruck wird der Schrägstrich durch «an» ausgedrückt, d.h. der obige Buchungssatz wird mit

1) Kasse «an» Debitoren   1 000

wiedergegeben. Wichtig ist zu wissen, dass mit dem Wort «an» keinerlei Inhalte verbunden sind (es fliesst also kein Geld der Kasse an die Debitoren), sondern es geht allein um eine sprachliche Usanz bei der Wiedergabe der Buchung.

- **Transaktionen innerhalb der Bilanz**

Innerhalb der Bilanz existieren vier Grundtypen von Buchungstatsachen, die im Folgenden illustriert werden.

– *Aktiventausch:* Kauf einer Büroeinrichtung gegen bar im Wert von 20 000. Durch den Kauf erhöht sich der Wert der Mobilien um 20 000 und der Bestand der Kasse reduziert sich um 20 000.

Verbuchung Aktiventausch

S (+)	Mobilien	H (-)	S (+)	Kasse	H (-)	Aktiven	Bilanz	Passiven
AB	10 000		AB	40 000		Kasse	-	
1)	20 000				1) 20 000	Mobilien	+	

Verbuchung der Transaktion:

Konto Mobilien:	Zunahme	20 000	Soll-Eintrag
Konto Kasse:	Abnahme	20 000	Haben-Eintrag
Buchungssatz:	1) Mobilien / Kasse		20 000

Die Buchung bewirkt sowohl bezüglich des Soll- als auch des Haben-Eintrags je eine Veränderung eines Aktivkontos. Damit ändert sich die Zusammensetzung der Aktiven. Das Volumen der Aktiven (zukünftiger Nutzenzugang) und damit auch die Bilanzsumme bleiben aber gleich hoch.

- *Passiventausch:* Umwandlung des Darlehens von 40 000 in Eigenkapital (die bisherigen Darlehensgeber stellen ihr Kapital neu als Eigenkapital zur Verfügung). Durch die Umwandlung reduziert sich die Darlehensschuld um 40 000 und erhöht sich das Eigenkapital um 40 000.

    Verbuchung Passiventausch

S (-)	Darlehen	H (+)		S (-)	Eigenkapital	H (+)		Aktiven	Bilanz	Passiven
	AB	40 000			AB	30 000			Darlehen	-
2)	40 000				2)	40 000			EK	+

    Verbuchung der Transaktion:

    Konto Darlehen: Abnahme   40 000   Soll-Eintrag
    Konto Eigenkapital: Zunahme   40 000   Haben-Eintrag
    Buchungssatz: 2) Darlehen / Eigenkapital   40 000

    Die Buchung bewirkt sowohl bezüglich des Soll- als auch des Haben-Eintrags je eine Veränderung eines Passivkontos. Damit ändert sich die Zusammensetzung der Passiven. Das Volumen der Passiven (zukünftiger Nutzenabgang) und damit auch die Bilanzsumme bleiben wiederum gleich hoch.

- *Bilanzzunahme:* Kauf von Waren im Wert von 25 000 gegen Rechnung. Durch den Einkauf erhöhen sich das Warenkonto und die Kreditoren um je 25 000.

    Verbuchung Bilanzzunahme

S (+)	Waren	H (-)		S (-)	Kreditoren	H (+)		Aktiven	Bilanz	Passiven
AB	30 000				AB	30 000		Waren +	Kreditoren	+
3)	25 000				3)	25 000				

    Verbuchung der Transaktion:

    Konto Waren: Zunahme   25 000   Soll-Eintrag
    Konto Kreditoren: Zunahme   25 000   Haben-Eintrag
    Buchungssatz: 3) Waren / Kreditoren   25 000

    Die Buchung bewirkt einen Soll-Eintrag in einem Aktivkonto und einen Haben-Eintrag in einem Passivkonto. Damit verändert sich die Bilanzsumme, d.h. das Volumen der Aktiven und der Passiven erhöht sich. Diese Transaktion wird auch als «Finanzierung» bezeichnet.

– *Bilanzabnahme:* Eine Lieferantenschuld im Wert von 18 000 wird bar bezahlt. Durch die Barzahlung reduzieren sich die Konten «Kasse» und «Kreditoren» um je 18 000.

Verbuchung Bilanzabnahme

S (−)	Kreditoren	H (+)		S (+)	Kasse	H (−)		Aktiven	Bilanz	Passiven
	AB	30 000		AB	40 000					
	3)	25 000						Kasse	−	Kreditoren −
4) 18 000				1)	20 000					
						4) 18 000				

Verbuchung der Transaktion:

Konto Kreditoren:	Abnahme	18 000	Soll-Eintrag
Konto Kasse:	Abnahme	18 000	Haben-Eintrag
Buchungssatz:	4) Kreditoren / Kasse	18 000	

Die Buchung bewirkt einen Soll-Eintrag in einem Passivkonto und einen Haben-Eintrag in einem Aktivkonto. Damit verändert sich die Bilanzsumme, d.h. das Volumen der Aktiven und der Passiven reduziert sich. Diese Transaktion wird auch als «Definanzierung» bezeichnet.

Für die vier Grundtypen von Buchungstatsachen gelten folgende Prinzipien:

– Jede Buchungstatsache wird einmal in einem Konto auf der Soll-Seite und einmal in einem Konto auf der Haben-Seite eingetragen.
– Wenn sich ein Aktivposten infolge einer Buchungstatsache ändert, muss sich
  – entweder ein anderer Aktivposten im entgegengesetzten Sinne oder
  – ein Passivposten im gleichen Sinne
  jeweils um den gleichen absoluten Betrag ändern.
– Das gleiche Prinzip gilt in seiner dualen Formulierung für jeden Passivposten.

Diese zweifache oder doppelte Auswirkung jeder Buchungstatsache begründet den Begriff der «doppelten Buchhaltung».

2.3 Aufbau und Struktur der Bilanz

• **Gliederung der Bilanz**

Eine zweckmässige Gliederung der einzelnen Bilanzpositionen inklusive dem Ausweis von Zwischenadditionen soll den Benutzern der Finanzberichte einen Einblick in die wirtschaftliche Lage des Unternehmens erleichtern. Je nach Grösse und Branchenzugehörigkeit des Unternehmens sowie dem Zweck der Bilanzerstellung können die Struktur, aber auch der Detaillierungsgrad der Bilanzen variieren. Die Unternehmen sind bezüglich der Gliederung der Bilanzen allerdings nicht frei. Das schweizerische Handelsrecht schreibt für Aktiengesellschaften eine Mindestgliederung vor. Die nationalen und internationalen Accountingstandards kennen noch weitergehende Gliederungsbestimmungen.

In der Schweiz werden die Aktiven in aller Regel nach dem «Liquiditätsprinzip» abgebildet. Die Positionen mit der grössten Liquidität, d.h. diejenigen, welche als flüssige Mittel vorhanden sind oder sehr bald in solche umgewandelt werden, sind zuerst aufzuführen. Die weiteren Aktiven folgen mit abnehmender Liquidität. Je länger es im normalen Geschäftsablauf dauert, bis eine Position zu Geld umgesetzt werden kann, desto weiter unten folgt die Platzierung. Gemäss den Bestimmungen der 4. EU-Richtlinie zur Gliederung und Bewertung der Jahresrechnung wird die Bilanz umgekehrt aufgebaut, d.h. es werden zuerst die langfristig gebundenen Aktiven und anschliessend die liquideren Positionen abgebildet.

Bei der Strukturierung der Passiven wird in der Schweiz meist nach dem «Fälligkeitsprinzip» vorgegangen. Das hat zur Konsequenz, dass zunächst die Positionen des kurzfristigen Fremdkapitals aufgelistet werden, da sie sehr bald zu einem Geldabgang führen werden. Anschliessend folgen die Positionen des langfristigen Fremdkapitals. Das Eigenkapital wird am Schluss aufgeführt, da angenommen werden kann, dass die zukünftigen Abgänge an die Eigentümer erst langfristig, in vielen Fällen sogar erst bei Auflösung des Unternehmens, erfolgen werden. Die Passivseite der Bilanz gliedert sich gemäss 4. EU-Richtlinie wiederum umgekehrt, d.h. es wird zuerst das Eigenkapital und erst dann das Fremdkapital aufgeführt.

Um für Analysen möglichst aussagekräftige Bilanzen zu präsentieren, werden bei den Aktiven das Umlaufvermögen (UV) und das Anlagevermögen (AV) sowie bei den Passiven das kurzfristige Fremdkapital (kfr. FK), das langfristige Fremdkapital (lfr. FK) und das Eigenkapital (EK) unterschieden (vgl. Abb. 2/9).

Abbildung 2/9: Gliederung der Bilanz

Aktiven	Bilanz	Passiven
Umlaufvermögen (UV)	Kurzfristiges Fremdkapital (kfr. FK)	
Anlagevermögen (AV)	Langfristiges Fremdkapital (lfr. FK)	
	Eigenkapital (EK)	

Die Hauptkategorien lassen sich wie folgt charakterisieren:
- *Umlaufvermögen:* Geld und alle weiteren Aktiven, die sich bei normaler Geschäftstätigkeit innerhalb eines Jahres in flüssige Mittel umwandeln werden oder deren Nutzen innerhalb eines Jahres realisiert wird.
- *Anlagevermögen:* Aktiven, die für mehr als eine einjährige Nutzung vorgesehen sind oder deren zukünftiger Nutzenzugang sich über mehrere Jahre erstreckt.
- *Kurzfristiges Fremdkapital:* Geld-, Sachgüter- oder Dienstleistungsabgänge an Dritte, die innerhalb eines Jahres erfolgen.
- *Langfristiges Fremdkapital:* Geld-, Sachgüter oder Dienstleistungsabgänge an Dritte, die erst nach einem Jahr erfolgen.
- *Eigenkapital:* Geld-, Sachgüter- und Dienstleistungsabgänge an die Eigentümer.

- **Erläuterung einzelner Bilanzpositionen**

Der Aufbau und die Gliederung der Bilanz werden an einem praktischen Beispiel illustriert (vgl. Abb. 2/10).

Abbildung 2/10:   Konsolidierte Bilanz der Lindt & Sprüngli

Aktiven		Bilanz per 31.12.2007 (in Mio. CHF)	Passiven
Flüssige Mittel		189.1	Banken- und Finanzverpflichtungen	155.7
Wertschriften		52.5	Lieferantenverbindlichkeiten	237.4
Kundenforderungen	853.4		Sonstige Verbindlichkeiten	88.1
./. Delkredere	- 18.8	834.6	Passive Rechnungsabgrenzung	377.2
Sonstige Forderungen		70.0	**Kurzfristiges Fremdkapital**	**858.4**
Rohmaterial		57.3	Darlehen	0.9
Verpackungsmaterial		85.9	Rückstellungen	35.2
Halb- und Fertigfabrikate	326.6		Sonstige langfristige Verbindlichkeiten	185.5
./. Wertberichtigungen	- 27.4	442.4	**Langfristiges Fremdkapital**	**221.6**
Aktive Rechnungsabgrenzung		10.8	Aktien- und PS-Kapital	22.4
Umlaufvermögen		**1 599.4**	Reserven	1 367.0
Maschinen, Mobilien, Fahrzeuge		335.0	**Eigenkapital**	**1 389.4**
Grundstücke, Gebäude		393.1		
Anlagen im Bau		73.9		
Finanzanlagen		48.3		
Immaterielle Anlagen		16.5		
Latente Steueraktiven		3.2		
Anlagevermögen		**870.0**		
Total		2 469.4	Total	2 469.4

Bilanz

Bei der wiedergegebenen Bilanz handelt es sich um eine Konzernbilanz, d.h. es werden als Gesamtübersicht die aggregierten Positionen mehrerer Einzelgesellschaften (Mutter- und Tochtergesellschaften) gezeigt. An der grundsätzlichen Aussagekraft bezüglich Aufbau und Gliederung von Bilanzen ändert dies aber nichts. Aus didaktischen Gründen wurden einzelne Vereinfachungen vorgenommen. Im Folgenden werden die wichtigsten Positionen vorgestellt.

– Umlaufvermögen
    – *Flüssige Mittel:* Zu den flüssigen Mitteln gehören Bargeld/Kassenbestand (inkl. Fremdwährungen) sowie kurzfristige Guthaben bei Post und Banken.
    – *Wertschriften:* Die wichtigsten Positionen sind Aktien und Obligationen, die für eine kurze Zeit gehalten werden (z.B. Liquiditätsanlage).
    – *Kundenforderungen (Debitoren):* Der Bruttobetrag zeigt die gesamthaft fakturierten und noch nicht bezahlten Beträge für getätigte Verkäufe. Da erfahrungsgemäss nicht alle Debitoren ihre Zahlungen leisten werden, erfolgt eine Wertberichtigung im Umfang der erwarteten Einbussen (Delkredere).
    – *Sonstige Forderungen:* In dieser Position enthalten sind Anzahlungen für bestellte Waren (Einkäufe), kurzfristig gewährte Darlehen sowie andere Guthaben, z.B. aus dem Verkauf von Mobilien, die nicht mehr genutzt werden.
    – *Warenlager:* Dazu zählen alle für die Produktion erforderlichen Materialien sowie die Produkte in Arbeit (Halbfabrikate) und die fertig erstellten Produkte (Fertigfabrikate), die noch nicht verkauft worden sind. Auch hier erfolgt eine Wertkorrektur, da die Warenlager aus Sicht der zukünftigen Verkäufe gewisse Risiken in sich bergen (z.B. Waren können nicht verkauft werden, Preisänderungen, Qualitätseinbussen, Schwund).
    – *Aktive Rechnungsabgrenzung:* Diese oft auch als «Transitorische Aktiven» bezeichnete Position resultiert aus dem Bestreben, die Rechnungslegung auf einzelne Perioden auszurichten. Viele Geschäftsfälle entsprechen nicht den gewählten Zeiträumen. Deshalb sind Abgrenzungen erforderlich. Wurde z.B. im vergangenen Jahr eine Versicherungsprämie für einen Versicherungsschutz von zwei Jahren im Voraus bezahlt, ist in der Bilanz unter den Aktiven auszuweisen, dass das Unternehmen noch eine Leistung zugute hat, nämlich den Versicherungsschutz im nächsten Jahr, ohne dass dafür eine weitere Zahlung erforderlich ist.

- Anlagevermögen

    - *Maschinen, Mobilien, Fahrzeuge; Grundstücke, Gebäude; Anlagen im Bau:* In diesen Konten werden alle physischen Güter zusammengefasst, die im Rahmen der operativen Tätigkeit längerfristig genutzt werden.
    - *Finanzanlagen:* Zu dieser Rubrik gehören alle langfristigen finanziellen Engagements. Dazu zählen Wertschriften, die längerfristig gehalten werden, langfristige Darlehen oder Beteiligungen an anderen Unternehmen.
    - *Immaterielle Anlagen:* Die wichtigsten Beispiele immaterieller Positionen sind Marken, Lizenzen und Patente, die dem Unternehmen in der Zukunft einen Nutzen bringen werden. Die Bewertung solcher Rechte ist ausserordentlich schwierig. Bei der Bestimmung des zukünftigen Nutzenzugangs wird häufig der Anschaffungswert der Marke, der Lizenz oder des Patents hinzugezogen.
    - *Latente Steueraktiven:* Abweichungen zwischen handelsrechtlichen und betriebswirtschaftlichen Bewertungsgrundsätzen führen zur Bildung latenter Steuern.

- Kurzfristiges Fremdkapital

    - *Banken- und Finanzverpflichtungen:* Ein wesentlicher Teil dieser Bilanzposition umfasst Bankkredite. Ein typisches Beispiel ist der Kontokorrentkredit einer Bank. Über dieses Konto werden einerseits Auszahlungen an Dritte geleistet, andererseits erfasst dieses Konto auch Einzahlungen der Kunden. Soweit der Saldo negativ ist, handelt es sich um kurzfristiges Fremdkapital. Wird er positiv, mutiert das Konto zu einem Aktivkonto und ist innerhalb der flüssigen Mittel aufzuführen.
    - *Lieferantenverbindlichkeiten:* Diese Schulden resultieren aus dem Einkauf von Gütern und Dienstleistungen, wobei die Bezahlung noch nicht erfolgt ist.
    - *Sonstige Verbindlichkeiten:* Neben den Lieferantenverbindlichkeiten fallen noch weitere Schulden an, die nicht direkt mit Wareneinkäufen zusammenhängen. Sie sind zugunsten einer höheren Aussagekraft separat zu zeigen. Beispiele sind Anzahlungen von Kunden für bestellte Waren (Verkäufe), offene Rechnungen aus dem Kauf von Anlagevermögen oder noch nicht bezahlte Steuerrechnungen.
    - *Passive Rechnungsabgrenzung:* Die Periodisierung kann auch dazu führen, dass noch nicht verbuchte Geld-, Sachgüter- oder Dienstleistungsabgänge als sogenannte «Transitorische Passiven» festzuhalten sind. Beispielsweise wurden während der Periode Räume aufgrund eines Mietvertrags benutzt, ohne dass bisher eine Rechnung gestellt worden ist; diese Verpflichtungen

sind als Rechnungsabgrenzung festzuhalten. Die entsprechenden Beträge werden in der nächsten Periode zu einem Geldabfluss führen.

- Langfristiges Fremdkapital
  - *Darlehen:* Diese Finanzmittel werden langfristig zur Verfügung gestellt (in der Regel von Banken).
  - *Anleihen:* Hier würde es sich um eine langfristige Geldbeschaffung auf dem Kapitalmarkt handeln. Lindt & Sprüngli hat zurzeit keine Anleihen aufgenommen.
  - *Rückstellungen:* In vielen Fällen existieren weitere Verbindlichkeiten, die sich dadurch auszeichnen, dass sie mit einer oder mehreren Unsicherheiten verbunden sind. Für diesen unsicheren zukünftigen Nutzenabgang werden Rückstellungen gebildet, die je nach Fälligkeit zum kurz- oder langfristigen Fremdkapital gehören. Beispiele sind potenzielle Zahlungen für die Altersvorsorge, Schadensfälle, Garantieleistungen oder für hängige Prozesse.
  - *Sonstige langfristige Verbindlichkeiten:* Unter dieser Position werden sämtliche übrigen, dem langfristigen Fremdkapital zugehörigen Verbindlichkeiten erfasst. Dazu gehören z.B. latente Steuerpassiven, Vorsorgeverpflichtungen, Leasingverbindlichkeiten.
- Eigenkapital
  - *Aktien- und Partizipationsscheinkapital:* Diese Kapitalien werden von den Eigentümern zur Verfügung gestellt. Sowohl Aktionäre als auch Inhaber der Partizipationsscheine verfügen über das Recht auf Dividenden und einen Anteil am Liquidationserlös. Das Stimm- und Wahlrecht an der Generalversammlung steht allerdings nur den Aktionären zu.
  - *Reserven:* Die Bildung von Reserven erfolgt in der Regel aus Gewinnen, die nicht ausgeschüttet worden sind.

- **Gleichheit von Aktiven und Passiven**

Bereits das früher gezeigte einfache Beispiel einer Bilanz (vgl. Abb. 2/6), aber auch die Konzernbilanz (vgl. Abb. 2/10) illustrieren, dass eine Bilanz immer ausgeglichen sein muss. Es gilt der Grundsatz:

Summe Aktiven = Summe Passiven

Das bedeutet nichts anderes, als dass das Volumen des zukünftigen Nutzenzugangs eines Unternehmens immer demjenigen des zukünftigen Nutzenabgangs entsprechen muss. Dies soll an einem Beispiel illustriert werden.

Die Studentin der Wirtschaftsinformatik gründet – wie bereits früher erwähnt (vgl. Abb. 1/4) – ein Software-Beratungsunternehmen durch eine Bareinlage von 8 000. Sie nimmt ferner bei einem Kollegen einen Kredit von 15 000 auf und erwirbt eine Computerausrüstung zum Preis von 8 000 (Barzahlung). Die Gründungsbilanz zeigt folgendes Bild (vgl. Abb. 2/11):

Abbildung 2/11: Gründungsbilanz

Aktiven	Bilanz per 1.1.20.1		Passiven
Kasse	15 000	Darlehensschuld	15 000
Mobilien (PC)	8 000	Eigenkapital	8 000
Total	23 000	Total	23 000

Der zukünftige Nutzenzugang für das Unternehmen besteht aus flüssigen Mitteln sowie der Computerausrüstung, die für die betriebliche Tätigkeit genutzt werden soll. Der zukünftige Nutzenabgang setzt sich aus der Verpflichtung gegenüber dem Kollegen sowie den Ansprüchen der Unternehmerin an das eigene Unternehmen zusammen.

Im gezeigten Beispiel bereiten die Bewertungen der einzelnen Bilanzpositionen und das Nachvollziehen der Gleichheit der beiden Bilanzseiten keine Probleme, weil nur wenige Positionen zu beurteilen sind und die Computeranlage vor kurzer Zeit gekauft worden ist. Deshalb besteht für sie ein glaubwürdiger Wertansatz, und es müssen keine Wertberichtigungen vorgenommen werden.

Wesentlich komplexer ist die Frage der Beurteilung der Aktiven und Passiven bei der Konzernbilanz (vgl. Abb. 2/10). In diesem Fall sind bei der Bilanzierung zunächst alle Positionen der Aktivseite der Bilanz sorgfältig zu bewerten. Das Unternehmen hat für jede einzelne Position zu beurteilen, welchen Nutzen die Aktiven in Zukunft bringen werden. Die Beurteilung hat dabei auf dem Hintergrund einer Weiterführung des Unternehmens zu erfolgen, d.h. die Bewertung hat auf dem Fortführungsprinzip (Going Concern) zu basieren. Die konkrete Vorgehensweise wird später behandelt. Ist die Summe der Aktiven bekannt, sind die Positionen des Fremdkapitals zu bewerten. Auch hier stellt sich die Frage, wie hoch der zukünftige Nutzenabgang zu bewerten ist. Besonders heikel ist die Frage der Bildung von Rückstellungen für allfällige Risiken.

Gemäss dem Grundprinzip der Bilanz – Übereinstimmung des Volumens der Aktiven mit demjenigen der Passiven – resultiert auch in komplexen Verhältnissen als Residualgrösse die Höhe des Eigenkapitals, d.h. der Betrag des zukünftigen Nutzenabgangs an die Eigentümer.

Als Konsequenz lässt sich Folgendes festhalten:

Eigenkapital = bewertete Aktiven – bewertetes Fremdkapital
 = Residualgrösse der Aktiven nach Abzug aller Verbindlichkeiten gegenüber Dritten

Damit wird klar, dass der Wert der Aktiven bzw. des Fremdkapitals einen unmittelbaren Einfluss auf die Höhe des Eigenkapitals und damit auf die Ansprüche der Shareholder hat. Wie allfällige Änderungen des Werts der Aktiven und des Fremdkapitals zu erfassen sind, steht im Mittelpunkt des nächsten Kapitels.

3 Erfolgsrechnung

3.1 Ertrags- und Aufwandskonten

- **Charakteristika der Erfolgskonten**

Bis jetzt wurde gezeigt, dass sich einzelne Buchungstatsachen ausschliesslich innerhalb der Bilanz auswirken. Transaktionen in Form eines Aktiven- oder Passiventausches bzw. einer Bilanzzunahme oder -abnahme führen immer zu einem Soll- und einem Haben-Eintrag in den Aktiv- und/oder Passivkonten.

Die Anzahl möglicher Typen von Buchungstatsachen wird jetzt erweitert, indem zusätzlich Geschäftsfälle betrachtet werden, die sich dadurch auszeichnen, dass sie nur zu einer «einseitigen» Veränderung der Bilanz führen. Das heisst, es erfolgt in einem Aktiv- oder Passivkonto ein Eintrag, ohne dass in einem zweiten Bilanzkonto eine unmittelbare Gegenwirkung festzuhalten ist. Diese Buchungstransaktionen werden als Erfolgsvorgänge bezeichnet. Es lassen sich zwei verschiedene Typen unterscheiden:

– *Ertrag:* In einem Bilanzkonto werden Geld-, Sachgüter- oder Dienstleistungszugänge verbucht, ohne dass gleichzeitig (in einem Bilanzkonto) ein entsprechender Abgang festgehalten wird.

– *Aufwand:* In einem Bilanzkonto werden Geld-, Sachgüter- oder Dienstleistungsabgänge verbucht, ohne dass gleichzeitig (in einem Bilanzkonto) ein entsprechender Zugang festgehalten wird.

Die Verbuchung der Ertrags- und Aufwandskonten erfolgt in strenger Logik zu den Buchungsregeln der Aktiv- und Passivkonten.

- **Ertragskonten**

Ertrag ist die Zunahme des wirtschaftlichen Nutzens, z.B. Zuflüsse aus operativer Tätigkeit, Wertzuwachs von Vermögenswerten oder Wertverlust von Schulden, während einer bestimmten Periode. Diese einseitigen Zugänge an Geld, Sachgütern oder Dienstleistungen werden

– in einem Aktivkonto als Erhöhung des zukünftigen Nutzenzugangs oder
– in einem Passivkonto als Reduktion des zukünftigen Nutzenabgangs

jeweils im Soll festgehalten.

Als Konsequenz ist der Ertrag auf der Haben-Seite der Erfolgskonten zu verbuchen. Nur so bleibt das System der doppelten Buchhaltung, d.h. der Eintrag aller Buchungstatsachen je einmal im Soll und einmal im Haben, gewahrt. Dem Ertrag auf der Haben-Seite des Kontos stehen allfällige Minderungen, z.B. Rabatte, Skonti, Rücksendungen der Kunden, im Soll gegenüber (vgl. Abb. 3/1). Da die während einer Periode anfallenden Erträge kumulativ erfasst werden, kann es bei Ertragskonten keine Anfangsbestände geben. Der Saldo des Kontos einer Periode zeigt den Netto-Ertrag der betreffenden Periode.

Abbildung 3/1:   Systematik zur Führung der Ertragskonten

Soll (-)	Ertragskonto	Haben (+)
Korrektur für zu viel verbuchte einseitige Zugänge -	Einseitige Geld-, Sachgüter- und Dienstleistungszugänge (Gegenbuchungen zu Bilanzbuchungen)	+
Saldo einseitiger Geld-, Sachgüter- und Dienstleistungszugänge S		

(+) Aktiven (-)	(-) Passiven (+)	(-) Ertragskonto (+)
AB		
Zunahme oder	AB Abnahme	Ertrag
Abnahme oder	Zunahme	Korrektur
SB	SB	Saldo

Die Buchungsregeln für Ertragskonten sollen am Beispiel des Kontos «Verkäufe von Software an Kunden» (Honorarertrag) illustriert werden:

– Es konnten Verkäufe in der Höhe von 20 000 verrechnet werden. Der fakturierte Umsatz bringt einen Zugang an Geld, Sachgütern oder Dienstleistungen und wird in der Regel in einem Aktiv- oder (seltener) in einem Passivkonto auf der Soll-Seite und im Ertragskonto auf der Haben-Seite festgehalten.

  1)   Debitoren / Honorarertrag   20 000

– Allfällige Abzüge der Kunden bei der Zahlung der Rechnungen, z.B. Skonti, Rabatte oder Rücksendungen, führen zu einer Reduktion der Zugänge und sind deshalb als Korrekturen auf der Soll-Seite der Ertragskonten einzutragen. In diesem Beispiel werden Rabatte von 900 angenommen.

  2)   Honorarertrag / Debitoren   900

Der Schlusssaldo von 19 100 auf der Soll-Seite des Kontos zeigt, in welchem Umfang während der Periode Honorarertrag, der zu einem einseitigen Nutzenzugang führt, angefallen ist.

Beispiel zu einem Ertragskonto

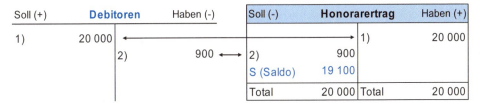

Häufig verwendete Ertragskonten sind: Warenertrag, Dienstleistungsertrag, Mietertrag, Finanzertrag, Lizenzertrag.

- **Aufwandskonten**

Aufwand ist die Abnahme des wirtschaftlichen Nutzens, z.B. Abflüsse aus operativer Tätigkeit, Wertverlust von Vermögenswerten oder Wertzuwachs von Schulden, in einer bestimmten Periode. Die einseitigen Abnahmen von Geld, Sachgütern oder Dienstleistungen werden
- in einem Aktivkonto als Reduktion des zukünftigen Nutzenzugangs oder
- in einem Passivkonto als Erhöhung des zukünftigen Nutzenabgangs

jeweils im Haben festgehalten.

Im Gegensatz zum Ertrag ist deshalb der Aufwand auf der Soll-Seite des Erfolgskontos zu verbuchen. Nur so bleibt das System der doppelten Buchhaltung, d.h. der Eintrag aller Buchungstatsachen je einmal im Soll und einmal im Haben, gewahrt. Dem Aufwand auf der Soll-Seite stehen allfällige Minderungen, z.B. Rabatte, Skonti, Rücksendungen des buchführenden Unternehmens, im Haben gegenüber (vgl. Abb. 3/2). Da die Aufwandskonten die während einer Periode anfallenden Aufwendungen kumulativ erfassen, kann es auch bei Aufwandskonten keine Anfangsbestände geben, sondern nur den Saldo, der den Netto-Aufwand einer Periode widerspiegelt.

Abbildung 3/2: Systematik zur Führung der Aufwandskonten

Soll (+)	Aufwandskonto	Haben (-)
Einseitige Geld-, Sachgüter- und Dienstleistungsabgänge (Gegenbuchungen zu Bilanzbuchungen) +	Korrektur für zu viel verbuchte einseitige Abgänge	-
	Saldo einseitiger Geld-, Sachgüter- und Dienstleistungsabgänge	S

(+) Aktiven (-)	(-) Passiven (+)	(+) Aufwandskonto (-)
AB	AB	
Abnahme oder	Zunahme	Aufwand
Zunahme oder Abnahme		Korrektur
SB SB		Saldo

Die Aufwandskonten werden ebenfalls an einem Beispiel illustriert:

− Der Marketingaufwand betrug während der Periode 200 000. Dieser Abgang an Geld, Sachgütern oder Dienstleistungen wird auf der Soll-Seite festgehalten, da er in einem Aktiv- oder Passivkonto auf der Haben-Seite verbucht wird.

    1) Marketingaufwand / Kreditoren   200 000

− Allfällige Abzüge bei der Zahlung der Rechnungen, z.B. Skonti oder Rabatte, führen zu einer Reduktion der Abgänge und sind deshalb als Korrekturen auf der Haben-Seite der Aufwandskonten einzutragen. In diesem Beispiel wird angenommen, dass Rabatte im Umfang von 20 000 gewährt wurden.

    2) Kreditoren / Marketingaufwand   20 000

Der Saldo von 180 000 auf der Haben-Seite des Kontos zeigt, in welchem Umfang während der Periode Marketingaufwand angefallen ist, der zu einem einseitigen Nutzenabgang führte.

Beispiel zu einem Aufwandskonto

Soll (-)	Kreditoren	Haben (+)	Soll (+)	Marketingaufwand	Haben (-)
	1)	200 000 ⟵⟶ 1)	200 000		
2)	20 000 ⟵——————⟶	2)		20 000	
			S (Saldo)		180 000
			Total	200 000 Total	200 000

Häufig verwendete Aufwandskonten sind: Material- und Warenaufwand, Personalaufwand, Marketing- und Vertriebsaufwand, Verwaltungsaufwand, Abschreibungen, Finanzaufwand, Steueraufwand.

3.2 Inhalt und Aufbau der Erfolgsrechnung

Die Erfolgsrechnung vermittelt eine Übersicht zu den während einer Periode angefallenen Erträge und Aufwendungen und zeigt als Resultat der Gesamtrechnung den erzielten Erfolg (Gewinn oder Verlust). Übersteigt die Summe aller Erträge das Total der angefallenen Aufwendungen, resultiert netto ein Geld-, Sachgüter- oder Dienstleistungszugang, d.h. es erfolgt ein Wertzuwachs (Gewinn). Sind die Aufwendungen grösser als die Erträge, hat das Unternehmen während der betrachteten Periode einen Wertverzehr erfahren (Verlust), da netto ein Geld-, Sachgüter- oder Dienstleistungsabgang stattgefunden hat (vgl. Abb. 3/3).

Abbildung 3/3: Gewinn- bzw. Verlustausweis in der Erfolgsrechnung

Die Erfolgsrechnung gehört zu den wesentlichen Instrumenten bei der Beurteilung der Ertragslage eines Unternehmens. Aufgrund der Erfolgsrechnung kann auf die Ursachen des Erfolgs geschlossen werden.

Die formelle Gestaltung variiert von Unternehmen zu Unternehmen. Einerseits sind die gewählte Gliederung sowie der Detaillierungsgrad der Aufwands- und Ertragspositionen unterschiedlich, andererseits werden abweichende Darstellungsformen gewählt. Die ausgesprochen grosse Vielfalt in der schweizerischen Praxis zeigt, dass die aktienrechtlichen Bestimmungen relativ grosse Freiräume gewähren.

- **Gliederung der Erfolgsrechnung**

Für die Interpretation der Erfolgsdaten ist es von entscheidender Bedeutung, dass der Erfolg des Betriebsbereichs, d.h. der operativen Tätigkeit, die Resultate aus dem Finanzbereich und allfällige neutrale Erfolgskomponenten, separat gezeigt werden (vgl. Abb. 3/4).

Abbildung 3/4:   Gliederung der Erfolgsrechnung

Betriebsaufwand	Betriebsertrag	Betriebsbereich
Betriebserfolg		
Finanzaufwand	Finanzertrag	Finanzbereich
Finanzerfolg		
Neutraler Aufwand	Neutraler Ertrag	Neutraler Bereich
Neutraler Erfolg		

Die einzelnen Bereiche lassen sich wie folgt charakterisieren:
- *Betriebsbereich:* Dazu gehören alle Aufwands- und Ertragspositionen, die direkt mit der Kerntätigkeit des Unternehmens zusammenhängen (z.B. Personalaufwand, Warenaufwand, Mietaufwand).
- *Finanzbereich:* In diesem Bereich der Erfolgsrechnung werden sämtliche Positionen, die aus der Finanzierungstätigkeit des Unternehmens entstehen, zusammengefasst (z.B. Zinsaufwand oder -gutschrift, Dividendenzahlungen).
- *Neutraler Bereich:* Diesem Bereich lassen sich drei Typen von Ereignissen zuordnen:
    - Erfolgsrelevante Buchungstatsachen, die eigentlich früheren Perioden zuzurechnen wären und deshalb als periodenfremder Ertrag oder Aufwand

Erfolgsrechnung

aus dem ordentlichen Geschäft auszuklammern sind (z.B. Erträge aus dem Verkauf von Maschinen, die vollständig abgeschrieben sind).
- Ausserordentliche Ereignisse (z.B. Schenkungen, Restrukturierungsaufwand, Aufwendungen aus einem Schadensfall).
- Tätigkeiten, die nicht mit der Kerntätigkeit des Unternehmens in Zusammenhang stehen (z.B. Immobilienaufwand und -ertrag, sofern der Immobilienbereich nicht zur Haupttätigkeit gehört).

Den Beispielen zum neutralen Bereich ist gemeinsam, dass ein Verzicht auf einen separaten Ausweis der Positionen die Resultate des Betriebsbereichs verfälschen würde. Insbesondere wäre ein zwischenbetrieblicher oder zwischenzeitlicher Vergleich nicht mehr möglich.

In der Vergangenheit hat sich die Rechnungslegung an dieser Gliederung orientiert. In jüngster Zeit wurden aber zahlreiche Fälle bekannt, bei denen diese Unterteilung Unternehmen dazu verleitet hat, ordentliche Aufwendungen in den neutralen Bereich zu verschieben, um damit bessere, d.h. zu gute operative Ergebnisse auszuweisen. Ebenso wurden neutrale Erträge als ordentliche Erträge deklariert. Als Konsequenz dieser Manipulationen haben die internationalen Accountingstandards die Abgrenzung eines neutralen Bereichs weitgehend verboten. Auf eine Untergliederung der Erfolgsrechnung ist zu verzichten. Basis zur Beurteilung der Performance bildet das Unternehmensergebnis. Allfällige Informationen zur Zusammensetzung der Erfolgspositionen werden im Anhang präsentiert. Für kleine und mittelgrosse Unternehmen, die in der Regel nicht kotiert sind, bleibt die Gliederung der Erfolgsrechnung in einen ordentlichen und einen neutralen Bereich aber von hoher Bedeutung.

- **Darstellung der Erfolgsrechnung**

In der schweizerischen Praxis ist für die Präsentation der Erfolgsrechnung die Staffel- oder Berichtsform weit verbreitet (vgl. Abb. 3/5). Sie erleichtert die Übersicht und illustriert die einzelnen Ursachen des Unternehmenserfolgs.

Abbildung 3/5: Erfolgsrechnung in Staffel- oder Berichtsform

Ertrag aus Betriebstätigkeit	600 000	
Personalaufwand	- 300 000	
Abschreibungen	- 30 000	
Mietaufwand	- 60 000	
Übriger Aufwand	- 50 000	
Betriebsergebnis	**160 000**	**160 000**
Finanzertrag	50 000	
Finanzaufwand	- 40 000	
Finanzergebnis	**10 000**	**10 000**
Ordentliches Ergebnis vor Steuern		**170 000**
Betriebsfremder Erfolg	- 20 000	
Ausserordentlicher Erfolg	12 000	
Neutraler Erfolg	**- 8 000**	**- 8 000**
Unternehmensergebnis vor Steuern		**162 000**
Steueraufwand		- 42 000
Unternehmensergebnis		**120 000**

Die Erfolgsrechnung kann auch in der Kontoform dargestellt werden (vgl. Abb. 3/6). Im Gegensatz zur Praxis vieler kleiner und mittlerer Unternehmen wird auch bei dieser Darstellung eine mehrstufige Gliederung gezeigt. Nur so erhält der Benutzer die Möglichkeit, die relevanten Zwischenresultate ohne Zusatzberechnungen sofort erkennen zu können.

Abbildung 3/6: Erfolgsrechnung in Kontoform

Aufwand		Erfolgsrechnung	Ertrag
Personalaufwand	300 000	Ertrag aus Betriebstätigkeit	600 000
Abschreibungen	30 000		
Mietaufwand	60 000		
Übriger Aufwand	50 000		
Betriebsergebnis	160 000		
	600 000		600 000
		Betriebsergebnis	160 000
Finanzaufwand	40 000	Finanzertrag	50 000
Ordentliches Ergebnis vor Steuern	170 000		
	210 000		210 000
		Ordentliches Ergebnis vor Steuern	170 000
Betriebsfremder Erfolg	20 000	Ausserordentlicher Erfolg	12 000
Unternehmensergebnis vor Steuern	162 000		
	182 000		182 000
		Unternehmensergebnis vor Steuern	162 000
Steueraufwand	42 000		
Unternehmensergebnis nach Steuern	**120 000**		
	162 000		162 000

3.3 Erläuterung einzelner Erfolgsrechnungspositionen

Der Aufbau und die Gliederung der Erfolgsrechnung werden an einem praktischen Beispiel illustriert (vgl. Abb. 3/7).

Abbildung 3/7: Konsolidierte Erfolgsrechnung der Lindt & Sprüngli pro 2007 (in Mio. CHF)

Umsatzerlös	2 946.2	
Bestandesänderungen	37.4	
Übrige Erträge	13.2	
Total Betriebsertrag	2 996.8	2 996.8
Materialaufwand	- 901.4	
Personalaufwand	- 596.4	
Betriebsaufwand	- 1 054.7	
Total Betriebsaufwand	- 2 552.5	- 2 552.5
Operatives Ergebnis vor Zinsen, Steuern und Abschreibungen (EBITDA)		**444.3**
Abschreibungen		- 93.5
Operatives Ergebnis vor Zinsen und Steuern (EBIT)		**350.8**
Finanzertrag	12.4	
Finanzaufwand	-15.2	
Finanzergebnis	- 2.8	- 2.8
Ordentliches Ergebnis nach Zinsen (EBT)		**348.0**
Steueraufwand		- 97.5
Unternehmensergebnis		**250.5**

Das Beispiel der Lindt & Sprüngli zeigt eine gut gegliederte Erfolgsrechnung mit einem separaten Ausweis der wichtigsten Zwischenergebnisse. Die einzelnen Positionen werden kurz vorgestellt.

– Betriebsbereich

– *Umsatzerlös:* In dieser Position werden sämtliche gegenüber Dritten erfolgten Verkäufe an Produkten und Dienstleistungen erfasst.

– *Bestandesänderungen:* Das Unternehmen produzierte während der Periode mehr Güter als effektiv abgesetzt werden konnten. Deshalb wird als weiterer Ertrag die Zunahme der Lager ausgewiesen.

– *Übrige Erträge:* In dieser Rubrik wird der weitere operationelle Ertrag erfasst, der nicht im Umsatzerlös enthalten ist, aber trotzdem zum eigentlichen Kerngeschäft gehört, z.B. Patent- oder Lizenzertrag.

- *Materialaufwand; Personalaufwand; Betriebsaufwand:* Diese Positionen enthalten den gesamten Aufwand, der während der Betrachtungsperiode für die Produktion der Güter angefallen ist. Zu den erstellten Gütern gehören neben denjenigen, die verkauft worden sind, auch diejenigen, die zur Erhöhung des Lagers geführt haben.
- *EBITDA:* «Earnings before Interests, Taxes, Depreciation and Amortization» entsprechen dem operativen Ergebnis (Betriebsergebnis) vor Zinsen, Steuern und Abschreibungen. Sie resultieren aus der Gegenüberstellung des gesamten Betriebsertrags und des Betriebsaufwands ohne Abschreibungen.
- *EBIT:* «Earnings before Interests and Taxes» gehören zu den wichtigsten Indikatoren für die betriebliche Leistungskraft eines Unternehmens. Sie berechnen sich durch eine Gegenüberstellung des betrieblichen Gesamtertrags und des betrieblichen Gesamtaufwands.

- Finanzbereich
  - *Finanzaufwand und -ertrag:* Sie zählen zu den klassischen Positionen des übrigen ordentlichen Bereichs und umfassen den im Zusammenhang mit der Finanzierung des Unternehmens angefallenen Aufwand sowie den Ertrag aus der Anlage von Finanzmitteln.

- Neutraler Bereich
  - *Ausserordentlicher Aufwand und Ertrag:* Das gezeigte Unternehmen erstellt die Jahresrechnung nach internationalen Accountingstandards und weist daher den neutralen Bereich nicht mehr explizit aus. Allfällige betriebsfremde oder ausserordentliche Positionen werden im Betriebsbereich erfasst.

- **Bewertungsproblematik**

Damit die Erfolgsrechnung eine hohe Aussagekraft erhält, sind eine Reihe von Bewertungsproblemen zu lösen. Damit wird einmal mehr unterstrichen, dass die Resultate des Rechnungswesens immer von einer gewissen Subjektivität geprägt sind und in vielen Fällen Ermessens- und Manipulationsspielräume bestehen. Im Zusammenhang mit aussagekräftigen Erfolgsrechnungen sind insbesondere folgende Problembereiche zu beachten (vgl. dazu auch die in Kapitel 11 genannten Grundsätze ordnungsmässiger Rechnungslegung):
- *Realisationsprinzip:* Es besteht heute Klarheit darüber, dass Gewinne erst dann ausgewiesen werden dürfen, wenn sie am Markt durch Umsatz effektiv erzielt worden sind. Insbesondere ist es nicht gestattet, potenzielle Gewinne aus produzierten Waren, die noch nicht verkauft worden sind, auszuweisen.

Die gezeigten Bestandesänderungen dürfen nicht mit Marktpreisen bewertet werden, sondern sind auf der Basis der Produktionskosten zu erfassen. Auch genügt die Tatsache, dass ein Kunde Waren bestellt hat, noch nicht für den Ausweis als erzielten Umsatz. Erst wenn die Waren fakturiert sind, und der Kunde nicht mehr vom Geschäft zurücktreten kann, gilt der Umsatz als realisiert.

- *Periodisierung:* Es besteht die Möglichkeit, dass ein Teil des Aufwands einer Periode weder bezahlt, noch in Rechnung gestellt worden ist. Das Gebot der Periodenabgrenzung verlangt nun, dass dieser fehlende Aufwand zu verbuchen ist. Der gleiche Sachverhalt kann auch für den Ertrag zutreffen. Auch da gilt es, dafür zu sorgen, dass der Ertrag periodengerecht ausgewiesen wird.

- *Stetigkeit:* Die einmal gewählten Buchführungsprinzipien sollten während mehrerer Perioden unverändert beibehalten werden. Dadurch wird die Vergleichbarkeit der Resultate und die Qualität der Daten erhöht.

Selbst bei sehr sorgfältiger Buchführung bleibt ein gewisser Bewertungs- und Handlungsspielraum bestehen. Eine wichtige Konsequenz dieser Tatsache ist, dass die gefällten Bewertungs- und Buchführungsentscheide dokumentiert werden.

4 Konzept der doppelten Buchhaltung

4.1 Kontensystem

- **Aktiv- und Passivkonten**

In diesem Kapitel werden die bisherigen Erkenntnisse zu einem Gesamtsystem zusammengefasst und an einem Beispiel illustriert.

Grundsätzlich sind zwei Typen von Bilanzkonten, Aktiven und Passiven, zu unterscheiden. Sie orientieren als Bestandesgrössen über den zukünftigen Nutzenzugang (Aktiven) bzw. Nutzenabgang (Passiven). Die Inhalte der Bilanzkonten sind immer zeitpunktbezogen. Die Führung der Aktiv- und Passivkonten erfolgt aufgrund klarer Prinzipien, d.h. Buchungsregeln. Diese werden durch die Tatsache, dass Aktiven mit den Anfangsbeständen auf der Soll-Seite eröffnet werden, determiniert (vgl. Abb. 4/1).

Abbildung 4/1: Buchungsregeln für Aktiv- und Passivkonten

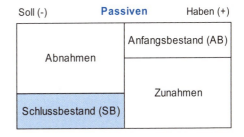

- **Aufwands- und Ertragskonten**

Die Erfolgskonten zeigen die Geld-, Sachgüter- und Dienstleistungsabgänge (Aufwand) bzw. -zugänge (Ertrag) während einer Periode. Die Inhalte sind zeitraumbezogen und erfassen die Aufwendungen und Erträge kumulativ für die jeweilige Periode. Für die Erfolgskonten werden deshalb bei der Eröffnung keine Beträge aus der letzten Periode übernommen. Die Buchungsregeln für die Aufwands- und Ertragskonten leiten sich aus den Gesetzmässigkeiten, die für die Aktiven und für die Passiven gelten, ab (vgl. Abb. 4/2).

Abbildung 4/2:   Buchungsregeln für Aufwands- und Ertragskonten

- **Buchungsregeln**

Das System der doppelten Buchhaltung geht davon aus, dass jede Buchungstatsache einmal im Soll und einmal im Haben eines Kontos eingetragen wird. Es existieren Buchungstatsachen, die sich ausschliesslich in den Bilanzkonten auswirken. Dazu gehören:

- *Aktiventausch:* Es wird je ein Aktivkonto durch eine Zu- bzw. Abnahme verändert.
- *Passiventausch:* Es wird je ein Passivkonto durch eine Zu- bzw. Abnahme verändert.
- *Bilanzzunahme:* Es erfolgt sowohl eine Zunahme eines Aktiv- als auch eines Passivkontos.
- *Bilanzabnahme:* Sowohl ein Aktiv- als auch ein Passivkonto wird reduziert.

Alle vier Typen von Buchungstatsachen haben keinen Einfluss auf den Erfolg des Unternehmens. Erst wenn sich eine Transaktion einseitig auf ein Bilanzkonto und gleichzeitig auf ein Erfolgskonto auswirkt, handelt es sich um eine erfolgswirksame Buchungstatsache. Dazu zählen:

- *Aufwand:* Festzuhalten ist eine Abnahme in einem Aktivkonto oder eine Zunahme in einem Passivkonto (in beiden Fällen Eintrag im Haben) sowie die Verbuchung des Aufwands (im Soll).
- *Ertrag:* Festzuhalten ist eine Zunahme in einem Aktivkonto oder eine Abnahme in einem Passivkonto (in beiden Fällen Eintrag im Soll) sowie die Verbuchung des Ertrags (im Haben).

Mit der Systematik des Buchführungssystems lassen sich alle Typen von Buchungstatsachen logisch erklären (vgl. Abb. 4/3).

Abbildung 4/3: Systematik der Buchführung

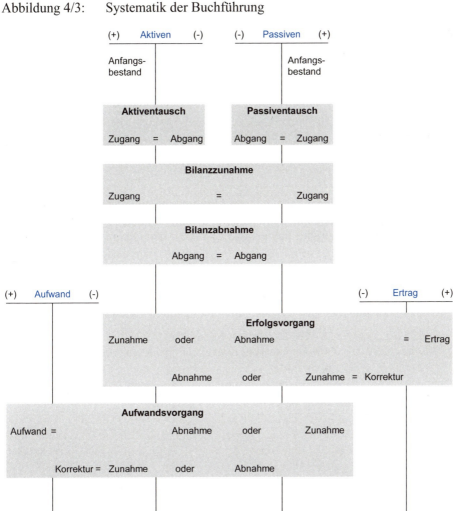

4.2 Kontenführung

- **Journal und Hauptbuch**

Um die praktische Handhabung der Buchführung zu erleichtern, werden die Buchungstatsachen zunächst in einem Journal erfasst. Unter diesem Arbeitsinstrument ist eine chronologische Übersicht zu den einzelnen Buchungstatsachen zu verstehen, die mehr oder weniger Information enthalten kann. Zu den Mindestangaben gehören die Nummer und das Datum der Buchungstatsache, der Buchungssatz, ein kurzer Text sowie der jeweilige Betrag (vgl. Abb. 4/4).

Abbildung 4/4:   Beispiel eines Journals

Nr.	Datum	Buchungssatz		Text	Betrag
		Soll	Haben		
1	3.1.	Kasse	Umsatz	Verkaufte Waren	20 000
2	5.1.	Kreditoren	Kasse	Bezahlung offene Rechnung	15 000
...	...	...	...	...	...

Aufgrund der Eintragungen im Journal erfolgt die Verbuchung in den Konten. Das Hauptbuch ist die Gesamtheit der Konten, die das Unternehmen führt (vgl. Abb. 4/5).

Abbildung 4/5:   Beispiel eines Hauptbuchs

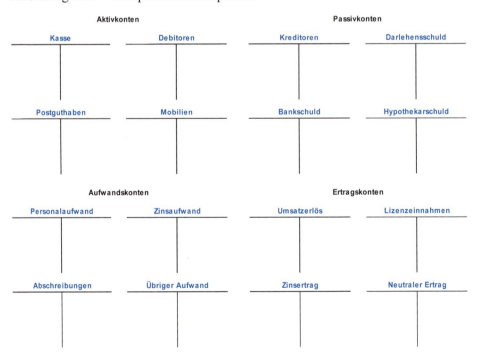

- **Beispiel der Kontenführung**

Die Technik der Kontenführung wird anhand eines Beispiels erläutert. Die Eröffnungsbilanz des Unternehmens bildet den Ausgangspunkt (vgl. Abb. 4/6).

Abbildung 4/6:   Eröffnungsbilanz

Aktiven	Bilanz per 1.1.20.1		Passiven
Kasse	5 000	Kreditoren	40 000
Postguthaben	20 000	Bankschuld	160 000
Debitoren	25 000	Darlehensschuld	500 000
Mobilien	100 000		
Immobilien	850 000	Eigenkapital	300 000
Total	1 000 000	Total	1 000 000

Während der Geschäftsperiode werden folgende Geschäftsfälle registriert:

1)	Bareinnahmen durch den Verkauf von Produkten	400 000
2)	Einzahlung von Bargeld auf das Bankkonto	380 000
3)	Verkauf von Produkten gegen Rechnung	50 000
4)	Erhöhung der Darlehensschuld durch Bareinzahlung	40 000
5)	Zahlung von Rechnungen via Bankkonto	30 000
6)	Rechnung für Strom/Gas/Wasser	40 000
7)	Postgutschrift für die Zahlungen von Kunden	28 000
8)	Bankbelastung für die Auszahlung der Löhne	240 000
9)	Rechnung für den Unterhalt der Immobilien	35 000
10)	Abschreibung der Immobilien	50 000
11)	Abschreibung der Mobilien	10 000
12)	Postbelastung für verschiedene Aufwendungen	25 000

In einem ersten Schritt sind die Aktiv- und Passivkonten zu eröffnen, d.h. die Anfangsbestände der Aktiven sind auf der Soll-, diejenigen der Passiven auf der Haben-Seite der Konten einzutragen.

Anschliessend ist aufgrund der Analyse der einzelnen Geschäftsfälle das Journal zu erstellen (vgl. Abb. 4/7). Im Mittelpunkt steht die Herleitung der Buchungssätze. Sie bildet die Basis für den Eintrag der Buchungstatsachen ins Hauptbuch (vgl. Abb. 4/8).

Die Verbuchung der Transaktionen im Hauptbuch zeigt den unterschiedlichen Charakter der einzelnen Buchungstatsachen (Aktiventausch, Passiventausch, Bilanzzunahme, Bilanzabnahme, Ertrag, Aufwand). Zur Illustration wird neben dem Journal gezeigt, um welchen Typ einer Buchungstatsache es sich handelt.

Abbildung 4/7: Journal zur Illustration der Kontenführung

Nr.	Buchungssatz		Text	Betrag	Buchungsvorgang
	Soll	Haben			
1	Kasse	Umsatzerlös	Barverkauf Produkte	400 000	Ertrag
2	Bankschuld	Kasse	Einzahlungen	380 000	Bilanzabnahme
3	Debitoren	Umsatzerlös	Kreditverkäufe Produkte	50 000	Ertrag
4	Kasse	Darlehensschuld	Erhöhung Darlehensschuld	40 000	Bilanzzunahme
5	Kreditoren	Bankschuld	Bezahlung der Rechnungen	30 000	Passiventausch
6	Energieaufwand	Kreditoren	Erhaltene Rechnungen	40 000	Aufwand
7	Postguthaben	Debitoren	Zahlungen Kunden	28 000	Aktiventausch
8	Personalaufwand	Bankschuld	Löhne	240 000	Aufwand
9	Unterhalt	Kreditoren	Erhaltene Rechnungen	35 000	Aufwand
10	Abschreibungen	Immobilien	Wertverzehr Immobilien	50 000	Aufwand
11	Abschreibungen	Mobilien	Wertverzehr Mobilien	10 000	Aufwand
12	Übriger Aufwand	Postguthaben	Diverser Aufwand	25 000	Aufwand

Nach dem Verbuchen sämtlicher Transaktionen werden die Konten saldiert, d.h. bei den Aktiv- und Passivkonten werden die Schlussbestände und bei den Aufwands- und Ertragskonten die Schlusssalden auf der betragsmässig schwächeren Seite des Kontos eingetragen. Damit sind alle Konten ausgeglichen.

Die Schlussbilanz zeigt als Übersicht aller Schlussbestände der Aktiv- und Passivkonten, dass per Ende der Periode eine Differenz von 50 000 entstanden ist. Da der zukünftige Nutzenzugang (Aktiven) überwiegt, handelt es sich um einen Gewinn. Genau das gleiche Resultat zeigt die Erfolgsrechnung, indem auch dort eine Differenz von 50 000 entsteht und zwar aus dem Vergleich der Salden der Aufwands- und Ertragskonten. Inhaltlich bedeutet dies, dass während der Periode ein Netto-Zugang an Geld, Sachgütern und Dienstleistungen erfolgt ist, was ebenfalls als Gewinn zu bezeichnen ist. Genau dieser Nutzenzugang von 50 000 während der Periode hat den Nutzenüberschuss in der Bilanz im selben Umfang bewirkt.

Konzept der doppelten Buchhaltung 63

Abbildung 4/8: Kontenführung (in Tausend)

Bilanzkonten

(+)	Kasse	(-)		(-)	Kreditoren	(+)
AB	5	2)	380	5)	30	AB	40
1)	400					6)	40
4)	40	SB	65	SB	85	9)	35
Total	445	Total	445	Total	115	Total	115

(+)	Postguthaben	(-)		(-)	Bankschuld	(+)
AB	20	12)	25	2)	380	AB	160
7)	28					5)	30
		SB	23	SB	50	8)	240
Total	48	Total	48	Total	430	Total	430

(+)	Debitoren	(-)		(-)	Darlehensschuld	(+)
AB	25	7)	28			AB	500
3)	50					4)	40
		SB	47	SB	540		
Total	75	Total	75	Total	540	Total	540

(+)	Mobilien	(-)
AB	100	11)	10
		SB	90
Total	100	Total	100

(+)	Immobilien	(-)		(-)	Eigenkapital	(+)
AB	850	10)	50			AB	300
		SB	800	SB	300		
Total	850	Total	850	Total	300	Total	300

Erfolgsrechnungskonten

(+)	Personalaufwand	(-)		(-)	Umsatzerlös	(+)
8)	240					1)	400
						3)	50
		S	240	S	450		
Total	240	Total	240	Total	450	Total	450

(+)	Energieaufwand	(-)
6)	40		
		S	40
Total	40	Total	40

(+)	Abschreibungen	(-)
10)	50		
11)	10		
		S	60
Total	60	Total	60

(+)	Unterhalt	(-)
9)	35		
		S	35
Total	35	Total	35

(+)	Übriger Aufwand	(-)
12)	25		
		S	25
Total	25	Total	25

Aktiven	Bilanz per 31.12.20.1		Passiven
Kasse	65	Kreditoren	85
Postguthaben	23	Bankschuld	50
Debitoren	47	Darlehensschuld	540
Mobilien	90	Eigenkapital	300
Immobilien	800		
		Gewinn	50
Total	1 025	Total	1 025

Aufwand	Erfolgsrechnung pro 20.1		Ertrag
Personalaufwand	240	Umsatzerlös	450
Energieaufwand	40		
Abschreibungen	60		
Unterhalt	35		
Übriger Aufwand	25		
Gewinn	50		
Total	450	Total	450

- **Das System der doppelten Buchhaltung im Überblick**

Die Idee der doppelten Buchhaltung lässt sich grafisch zusammenfassen (vgl. Abb. 4/9 und 4/10). Im Wesentlichen wird gezeigt, dass
- die Anfangsbestände der Aktiven und Passiven auf die Soll- bzw. Haben-Seite der Bilanzkonten zu übertragen sind
- die Buchungstatsachen im Journal zu erfassen sind
- jede Buchungstatsache entweder einmal in der Bilanz im Soll und einmal im Haben festzuhalten ist (erfolgsneutral) oder einmal in einem Bilanzkonto und einmal in einem Erfolgsrechnungskonto zu verbuchen ist (erfolgswirksam)
- nach der Verbuchung aller Buchungstatsachen die Konten zu saldieren sind (Eintrag der Schlussbestände bei Aktiven und Passiven bzw. der Schlusssalden bei Aufwands- und Ertragskonten auf der jeweils schwächeren Seite)
- die Bilanz und die Erfolgsrechnung aufgrund der Erfolgsvorgänge eine gleich hohe Differenz als Erfolg (Gewinn oder Verlust) ausweisen.

Abbildung 4/9: Doppelte Erfolgsermittlung

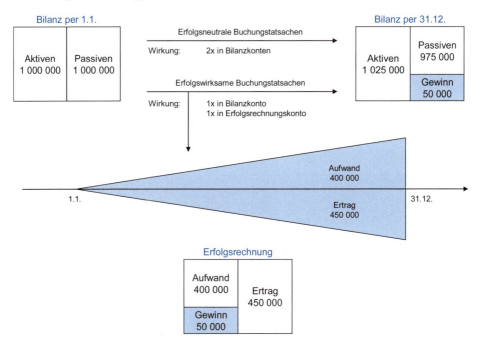

Konzept der doppelten Buchhaltung

Abbildung 4/10: Zusammenhänge der doppelten Buchhaltung

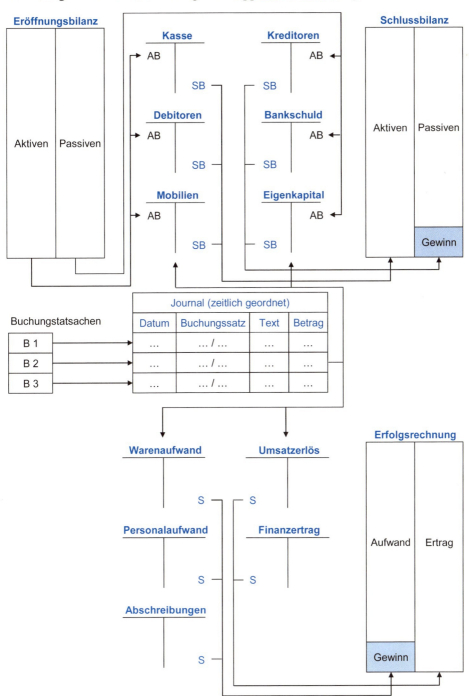

4.3 Abschluss

- **Probe- und Saldobilanz**

Grundsätzlich besteht für ein Unternehmen die Möglichkeit, die Rechnung täglich, wöchentlich, monatlich, vierteljährlich oder jährlich abzuschliessen. Entscheidend ist die Frage, ob sich der Aufwand im Vergleich zur zusätzlichen Information lohnt. Normalerweise werden in der Praxis neben dem gesetzlich vorgeschriebenen Jahresabschluss monatliche oder vierteljährliche Abschlüsse durchgeführt. Der Genauigkeitsgrad solcher Zwischenabschlüsse ist allerdings geringer, da nur ein Teil der Abschlusskorrekturen vorgenommen wird. Vollumfänglich erfolgen diese erst im Rahmen des Jahresabschlusses.

Die doppelte Buchhaltung, bzw. das immer gültige Prinzip, wonach jede Buchungstatsache sowohl eine Soll- als auch eine Haben-Buchung bewirkt, kontrolliert sich gewissermassen selbst. Die Summe aller Soll-Positionen muss immer gleich der Summe aller Haben-Positionen sein. Zunächst wird im Rahmen der Eröffnung der gleiche Gesamtbetrag an Anfangsbeständen bei den Aktiven ins Soll und bei den Passiven ins Haben der jeweiligen Konten eingetragen. Anschliessend erfolgt die Verbuchung aller Transaktionen, ebenfalls mit je einer Buchung im Soll und im Haben eines Kontos. Als Folge davon muss die Summe aller Soll-Salden jederzeit gleich der Summe aller Haben-Salden sein. Um diese Übereinstimmung als Kontrollmittel zu automatisieren, wird der Abschluss oft in tabellarischer Form erstellt (vgl. Abb. 4/11).

In der Probebilanz, die auch als Umsatzziffernkontrolle bezeichnet wird, werden die Totalbeträge aller Buchungen eingetragen (mit Anfangsbeständen, aber ohne Schlussbestände und Schlusssalden). Die Saldobilanz hingegen erfasst nur noch die Salden der einzelnen Konten. Da die Probebilanz ausgeglichene Beträge zeigt, muss der Ausweis der jeweiligen Salden der einzelnen Konten auf der entsprechenden Soll- oder Haben-Seite der Saldobilanz wiederum zu einer ausgeglichenen Rechnung führen.

Die separate Zusammenstellung der Salden der Bilanzkonten führt zum Ausweis des Erfolgs, da die Aktiven und Passiven nach einer Rechnungsperiode nur im Ausnahmefall betragsmässig übereinstimmen. Dabei zeigt die Bilanz vor Gewinnverteilung den Betrag des Erfolgs der Periode als Gewinn oder Verlust. Die gleiche Differenz, allerdings auf der anderen Seite, resultiert bei der Zusammenstellung aller Ertrags- und Aufwandskonten in der Erfolgsrechnung.

Abbildung 4/11:   Abschluss in Tabellenform (in Tausend)

Konten	Probebilanz		Saldobilanz		Bilanz vor Gewinn-verteilung		Erfolgsrechnung		Bilanz nach Gewinnverteilung	
	Soll	Haben	Soll	Haben	Aktiven	Passiven	Aufwand	Ertrag	Aktiven	Passiven
Kasse	445	380	65		65				65	
Postguthaben	48	25	23		23				23	
Debitoren	75	28	47		47				47	
Mobilien	100	10	90		90				90	
Immobilien	850	50	800		800				800	
Kreditoren	30	115		85		85				85
Bankschuld	380	430		50		50				50
Darlehensschuld		540		540		540				540
Eigenkapital		300		300		300				350
Personalaufwand	240		240				240			
Energieaufwand	40		40				40			
Abschreibungen	60		60				60			
Unterhalt	35		35				35			
Übriger Aufwand	25		25				25			
Umsatzerlös		450		450				450		
Gewinn							50	50		
Gesamttotal	2 328	2 328	1 425	1 425	1 025	1 025	450	450	1 025	1 025

- **Gewinnverteilung**

Nach Erstellen der Bilanz vor Gewinnverteilung und der Erfolgsrechnung stellt sich die Frage, wie der erzielte Gewinn zu behandeln ist. Bei Aktiengesellschaften sind dabei gesetzliche Auflagen zu beachten. So wird insbesondere vorgeschrieben, dass nur ein Teil der Gewinne an die Eigentümer ausgeschüttet werden darf. Der Rest ist als «Reserven» im Unternehmen zurückzubehalten (Gewinnthesaurierung).

Das Beispiel (vgl. Abb. 4/11) zeigt, dass das Unternehmen beschlossen hat, den gesamten Gewinn einzubehalten. Dadurch erhöht sich das Eigenkapital, d.h. der zukünftige Nutzenabgang an die Eigentümer, um den Periodengewinn. Gleichzeitig zeigt die Bilanz nach Gewinnverteilung wieder ein ausgeglichenes Bild.

Eine teilweise Ausschüttung des Gewinns (z.B. 50%) würde zu einer Erhöhung des Fremdkapitals um die Hälfte des Gewinns führen, da die Eigentümer einen Anspruch auf die Dividende haben, die Auszahlung aber erst in der nächsten Periode erfolgen wird. Allfällige Verluste werden in der Regel mit dem Eigenkapital verrechnet, da sich in diesem Umfang der zukünftige Nutzenabgang an die Eigentümer verringert hat (vgl. Abb. 4/12).

Abbildung 4/12: Behandlung des Periodenerfolgs

Bilanzbild bei Ausschüttung von 50% des Gewinns

Bilanz vor Gewinnverteilung

Aktiven 1 025 000	Fremdkapital 675 000
	Eigenkapital 300 000
	Gewinn 50 000

Bilanz nach Gewinnverteilung

Aktiven 1 025 000	Fremdkapital 700 000
	Eigenkapital 325 000

Bilanzbild bei einem Verlust von 50 000

Bilanz vor Verlustverrechnung

Aktiven 975 000	Fremdkapital 725 000
Verlust 50 000	Eigenkapital 300 000

Bilanz nach Verlustverrechnung

Aktiven 975 000	Fremdkapital 725 000
	Eigenkapital 250 000

5 Führen der Warenkonten

5.1 Grundproblematik

In den bisherigen Kapiteln wurde angenommen, dass die Unternehmen keine Waren oder Produkte lagern. Dies ist insbesondere bei reinen Dienstleistungsbetrieben (z.B. Beratungsunternehmen) eine realistische Annahme, da sie im Rahmen ihrer Tätigkeit keine physischen Produkte herstellen und verkaufen. Diese Einschränkung wird nun fallen gelassen. Es werden Unternehmen gezeigt, die Produkte herstellen und/oder mit Waren handeln. Die Produktion der Güter verursacht Aufwand und deren Verkauf bringt Ertrag. Da der Übergang von der Herstellung bzw. dem Einkauf von Waren in den Verkauf in der Regel nicht fliessend ist, halten Handelsunternehmen die Waren am Lager, um sie auf Bestellung oder direkt an die Kunden zu verkaufen.

Dieser Sachverhalt wird an einem Beispiel illustriert. Ein Handelsunternehmen kauft seine Waren bei einem externen Händler ein und verkauft sie an Detailhandelsgeschäfte weiter. Im aktuellen Jahr hat folgender Warenfluss stattgefunden (vgl. Abb. 5/1). Das Unternehmen kaufte während der Betrachtungsperiode 10 000 Stück zu einem Einstandspreis von 50 ein. Von diesen 10 000 Stück werden 9 000 Stück zu einem Verkaufspreis von 75 verkauft.

Abbildung 5/1: Illustration zum Warenfluss

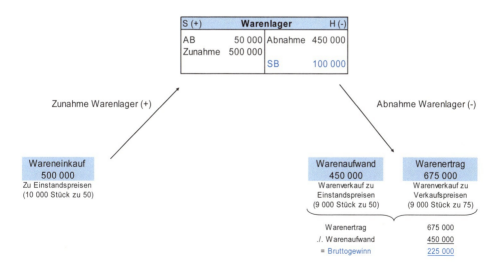

Die zu viel eingekauften Waren von 1 000 Stück bleiben als Zunahme im Warenlager, bewertet zum Einstandspreis von 50.

Buchhalterisch bestehen zwei Alternativen zur Führung der Warenkonten. Diese werden im Folgenden vorgestellt.

- **Verbuchung der Wareneinkäufe als Aktivzunahme (exakte Methode)**

Bei der Führung der Warenkonten auf der Basis der exakten Methode werden sämtliche Einkäufe als Aktiventausch interpretiert und aktiviert. Damit verändert sich der Lagerwert nach jedem Einkauf um die entsprechenden Einstandspreise.

Bei Verkäufen erfolgt die Verbuchung des Verkaufserlöses auf der Basis von Verkaufspreisen als Warenertrag. Gleichzeitig wird bei jedem Verkauf zusätzlich die entsprechende Lagerabnahme gemäss Einstandspreisen als Warenaufwand festgehalten. Die Verkäufe werden durch zwei Buchungssätze erfasst.

Die Buchungssätze und die Kontenführung werden an einem Beispiel illustriert (vgl. Abb. 5/2).

Abbildung 5/2: Kontenführung nach der exakten Methode

S (+)	Warenlager		H (-)		S (+)	Warenaufwand		H (-)		S (-)	Warenertrag		H (+)
AB	50	3)	450		3)	450						2)	675
1)	500												
		SB	100				S	450		S	675		
Total	550	Total	550		Total	450	Total	450		Total	675	Total	675

Wareneinkauf:	1) Warenlager	/	Kreditoren	500 000
Warenverkauf:	2) Debitoren	/	Warenertrag	675 000
	3) Warenaufwand	/	Warenlager	450 000

Die Buchungen zeigen, dass während des Jahres der Warenaufwand und der Warenertrag laufend mitgeführt werden und somit die Höhe des aktuellen Bruttogewinns jederzeit ermittelbar ist.

Der Schlussbestand des Warenlagerkontos resultiert durch Saldierung des Kontos.

Die Anwendung dieser Methode erfordert, dass bei jedem Verkauf die entsprechenden Einstandspreise bekannt sind. Nur so können die Lagerabnahmen zeitgleich verbucht werden. Dies kann z.B. bei Detailhandelsunternehmen mit Tausenden von Produkten mit einem beträchtlichen Aufwand verbunden sein. Der

Mehraufwand rechtfertigt sich aber dadurch, dass der Bruttogewinn während des Jahres problemlos hergeleitet werden kann und die Werte der Lagerbestände jederzeit bekannt sind.

- **Verbuchung der Wareneinkäufe als Aufwand (Praktiker-Methode)**

Im Gegensatz zur exakten Methode wird bei der Praktiker-Methode davon ausgegangen, dass die eingekauften Waren im gleichen Jahr wieder veräussert werden. Sie werden deshalb direkt als Warenaufwand erfasst. Der Lagerbestand von Anfang Jahr bleibt während der ganzen Periode unverändert.

Die Verkäufe werden als Warenertrag erfasst, ohne dass die entsprechende Lageränderung mitgeführt wird.

Die Buchungssätze und die Kontenführung werden an einem Beispiel illustriert (vgl. Abb. 5/3).

Abbildung 5/3: Kontenführung nach der Praktiker-Methode

S (+)	Warenlager	H (-)	S (+)	Warenaufwand	H (-)	S (-)	Warenertrag	H (+)
AB	50		1)	500			2)	675
3)	50				3) 50			
	SB	100			S 450	S	675	
Total	100	Total 100	Total	500	Total 500	Total	675	Total 675

Wareneinkauf: 1) Warenaufwand   /   Kreditoren   500 000
Warenverkauf: 2) Debitoren   /   Warenertrag   675 000

Diese einfachere Buchungsmethode hat zur Folge, dass während des Jahres nur die Wareneinkäufe und der Warenertrag, nicht aber der effektive Warenaufwand und der Bruttogewinn bekannt sind. Auch fehlen Informationen zum aktuellen Lagerwert.

Zusätzlich entsteht am Ende der Periode das Problem, dass die Konten keine Ermittlung des Schlussbestands der Waren ermöglichen. Deshalb ist zunächst der Lagerwert auf der Basis einer Inventur (Bestandesaufnahme) zu ermitteln. Sobald der Betrag bekannt ist, kann das Konto «Warenlager» nachgeführt, d.h. abgeschlossen werden. Im gezeigten Beispiel ist der Inventarwert 100 000. Deshalb wird am Ende der Periode beim Abschluss zunächst der Schlussbestand des Lagers im Konto «Warenlager» im Haben eingetragen. Anschliessend ist das Konto auszugleichen. Dabei resultiert die Lageränderung, die während der Periode stattgefunden hat.

Im Beispiel handelt es sich um eine Lagererhöhung:

Lagerzunahme: 3) Warenlager / Warenaufwand 50 000

Die dritte Buchung korrigiert den Sachverhalt, dass nicht, wie angenommen, das gesamte Volumen der eingekauften Waren verkauft worden ist, sondern eine um 50 000 kleinere Menge. Hätte das Unternehmen mehr verkauft als eingekauft, müsste folgende Abschlussbuchung getätigt werden:

Lagerabnahme: Warenaufwand / Warenlager 50 000

Durch diese Buchung würde das Lager auf den richtigen Wert reduziert und der Warenaufwand um den ab Lager bezogenen Wert erhöht.

Die Verbuchung der Einkäufe via Warenaufwand ist während des Jahres einfacher. Erst am Jahresende muss der Anfangsbestand des Lagers angepasst werden. Bereits erwähnt wurde, dass während des Jahres keine Information über die Lagerbestände oder den aktuellen Bruttogewinn vorhanden ist.

Beide Methoden zeigen am Ende der Periode den gleichen Warenertrag und Warenaufwand und damit auch den gleichen Bruttogewinn.

5.2 Methoden zur Führung der Warenkonten

Ein Unternehmen hat in der Praxis die Möglichkeit, je nach Informationsbedürfnis, vom einfachsten Verfahren (Einkonto-Methode) bis zur professionellen Warenkontoführung (Dreikonto-Methode mit Soll-Endbestand) eine Variante auszuwählen. Im Vordergrund steht die Frage, wieviel Aufwand für die Kontenführung in Kauf genommen werden soll. Dabei wird die Aussagekraft bei der Anwendung mehrerer Konten wesentlich gesteigert.

Die am häufigsten gewählten Methoden zur Führung der Warenkonten sind das gemischte Warenkonto, das dreigeteilte Warenkonto und die Warenkontoführung mit Soll-Endbeständen (vgl. Abb. 5/4).

Abbildung 5/4: Methoden zur Führung der Warenkonten

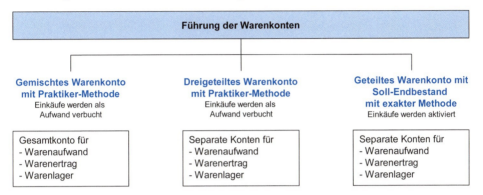

Die drei Methoden werden an einem Beispiel illustriert. Es sind folgende Sachverhalte bekannt:

	Anfangsbestand des Warenlagers	50 000
1)	Wareneinkäufe	490 000
2)	Bezugsspesen der Wareneinkäufe	30 000
3)	Warenverkäufe (Einstandswert 460 000)	715 000
4)	Rabatte und Skonti an Debitoren (Ertragsminderungen)	25 000
5)	Rücksendungen an Lieferanten	10 000
6)	Rücksendungen Debitoren (Einstandswert 10 000)	15 000
7)	Rabatte und Skonti auf Lieferantenrechnungen (Aufwandsminderungen)	10 000
8)	Schlussbestand des Warenlagers gemäss Inventar	100 000

Unabhängig der gewählten Methode steht immer die Frage des Ausweises sachgerechter Werte für die Positionen
– Bruttogewinn
– Warenaufwand (Einstandspreis der verkauften Waren)
– Warenertrag (Netto-Verkaufserlös)
im Vordergrund der Überlegungen.

- **Gemischtes Warenkonto**

Bei dieser Methode werden sämtliche Transaktionen (egal ob bilanz- oder erfolgswirksam) in einem einzigen Warenkonto erfasst (vgl. Abb. 5/5). Am Ende der Periode sind zur Ermittlung der Eckdaten des Warenverkehrs (Warenertrag, Warenaufwand, Bruttogewinn) ergänzende Berechnungen erforderlich.

Abbildung 5/5:   Gemischtes Warenkonto

Soll (+)		Warenkonto	Haben (-)
AB (Anfangsbestand)	50 000	3) Warenverkäufe	715 000
1) Wareneinkäufe	490 000	5) Rücksendungen an Lieferanten	10 000
2) Bezugsspesen	30 000	7) Aufwandsminderungen	10 000
4) Ertragsminderungen	25 000	SB (Schlussbestand)	100 000
6) Rücksendungen Debitoren	15 000		
Zwischensumme	610 000	Zwischensumme	835 000
Saldo = Bruttogewinn	225 000		
Total	835 000	Total	835 000

Das Beispiel zeigt, dass als Saldo des Kontos lediglich der Nettowert «Bruttogewinn» mit 225 000 erkennbar wird. Die übrigen Grössen sind separat zu rekonstruieren.

Der Warenaufwand (Einstandspreis der verkauften Waren) berechnet sich wie folgt:

Wareneinkäufe	490 000
Bezugsspesen	30 000
Aufwandsminderungen	- 10 000
Rücksendungen	- 10 000
Lagerzunahme	- 50 000
Warenaufwand	450 000

Der Warenertrag (Nettoerlös der verkauften Waren) berechnet sich wie folgt:

Warenverkäufe	715 000
Rücksendungen	- 15 000
Ertragsminderungen	- 25 000
Warenertrag	675 000

Das «Gemischte Warenkonto» erlaubt keinen separaten Ausweis des Warenertrags und -aufwands. Auch kann der Wert des Lagers während des Jahres nicht erkannt werden. Deshalb ist diese Methode für die Führung der Warenkonten abzulehnen. Sie wird nur noch in kleinen Unternehmen oder in solchen mit einem unbedeutenden Warenhandel angewendet.

Führen der Warenkonten

- **Dreigeteiltes Warenkonto**

Im Gegensatz zum «Gemischten Konto» werden bei der Methode mit dreigeteilten Warenkonten ein Bilanzkonto (Warenlager) sowie zwei Erfolgsrechnungskonten (Warenertrag und Warenaufwand) geführt (vgl. Abb. 5/6).

Abbildung 5/6:   Dreigeteiltes Warenkonto

S (+)	Warenlager	H (-)	S (+)	Warenaufwand	H (-)	S (-)	Warenertrag	H (+)
AB	50		1)	490	5) 10	4)	25	3) 715
8)	50		2)	30	7) 10	6)	15	
					8) 50			
	SB	100		S	450		S	675
Total	100	Total 100	Total	520	Total 520	Total	715	Total 715

Das Beispiel lässt erkennen, dass der Lagerwert während des Geschäftsjahres nicht mitgeführt wird. Da das Inventar per Ende Jahr einen Wert von 100 000 zeigt, d.h. eine Lagerzunahme von 50 000 stattgefunden hat, erhöht sich das Warenlager und reduziert sich der Warenaufwand (Buchung 8) um 50 000.

Während des Geschäftsjahres widerspiegelt nur das Konto «Warenertrag» den effektiven Sachverhalt. Das Konto «Warenaufwand» zeigt während den einzelnen Perioden die Beträge für die Wareneinkäufe. Der Bruttogewinn als Differenz zwischen Warenerträgen und Warenaufwendungen resultiert erst Ende Jahr nach Verbuchung der Lageränderung.

Die in der Praxis am weitesten verbreitete Methode ist die Kombination der «Dreigeteilten Warenkonten» mit einer Verbuchung nach der Praktiker-Methode (Verbuchung der Einkäufe als Aufwand).

- **Dreigeteiltes Warenkonto mit Soll-Endbeständen**

Die Führung der Warenkonten mit Soll-Endbeständen wird immer dann angewendet, wenn jederzeit Daten über die Lagerbestände, den Warenertrag und den Warenaufwand sowie den Bruttogewinn verfügbar sein sollen. Voraussetzung für diese strenge Anforderung ist, dass die Einstandspreise der verkauften Waren laufend erfasst und nachgeführt werden. Bei jedem Verkauf (und auch bei Rücksendungen) ist gleichzeitig die Lageränderung zu buchen (vgl. Abb. 5/7).

Abbildung 5/7: Dreigeteiltes Warenkonto mit Soll-Endbeständen

S (+)	Warenlager		H (-)
AB	50	3b)	460
1)	490	5)	10
2)	30	7)	10
6b)	10	SB	100
Total	580	Total	580

S (+)	Warenaufwand		H (-)
3b)	460	6b)	10
		S	450
Total	460	Total	460

S (-)	Warenertrag		H (+)
4)		25	3a)	715
6a)		15		
		S	675	
Total		715	Total	715

Die Methode mit Soll-Endbeständen stellt am meisten Informationen zur Verfügung. Je nach spezifischen Bedürfnissen und dem Ausbaustand des Rechnungswesens ist sie ohne Zweifel zu empfehlen. Der automatisierte Ausweis der Soll-Endbestände entbindet aber nicht von der Pflicht, auch bei dieser Methode den Wert des Lagers durch Inventur zu ermitteln und allfällige Differenzen zwischen dem Inventarwert und dem Soll-Endbestand zu analysieren und allenfalls auszubuchen. Abweichungen resultieren z.B. aus allfälligen Fehlern bei der Inventur oder aus Qualitätsverlusten durch unsachgemässe Lagerung.

5.3 Ermittlung des Inventarbestands

Die Bewertung des Warenlagers scheint zunächst unproblematisch, da die Waren gemäss Einstandspreisen zu erfassen sind. Diese verändern sich jedoch in der Regel während des Jahres, so dass sich die Frage stellt, welche Waren des Lagers zuerst veräussert werden und somit als Aufwand in der Erfolgsrechnung zu erfassen sind. In den meisten Fällen ist ein exakter Nachweis des Verbrauchs aus wirtschaftlichen Überlegungen nicht durchführbar. Aus diesem Grund werden Verbrauchsfolgeverfahren verwendet, bei denen Annahmen über die generelle zeitliche Abfolge getroffen werden. Die gängigsten Verfahren sind das FIFO-Verfahren (First In – First Out) und das LIFO-Verfahren (Last In – First Out). Zusätzlich kommt auch die Bewertung mit Hilfe der Durchschnittspreis-Methode zum Einsatz.

Die Verfahren werden an einem Beispiel illustriert. Der Anfangsbestand des Warenlagers beträgt 500 Stück bei einem bezahlten Preis von 100. Während des Geschäftsjahres sind verschiedene Wareneinkäufe erfasst worden (vgl. Abb. 5/8). Zusätzlich ist bekannt, dass während des Geschäftsjahres 4 500 Stück verkauft wurden.

Führen der Warenkonten

Abbildung 5/8:   Beispiel Wareneinkäufe

Datum	Menge (Stück)	Preis	Wert
1.1.	500	100	50 000
28.2.	1 000	100	100 000
31.5.	2 000	101	202 000
31.8.	1 500	103	154 500
30.11.	500	105	52 500

Um die unterschiedlichen Resultate bei der Anwendung der verschiedenen Methoden zeigen zu können, werden im Beispiel steigende Einkaufspreise unterstellt.

- **FIFO-Methode**

Die FIFO-Methode (First In – First Out) geht davon aus, dass immer zuerst diejenigen Waren verkauft werden, die am längsten am Lager waren. Damit werden – bei einer Preissteigerung – den Verkäufen relativ tiefe Preise gegenübergestellt. Der Wert des Lagers dagegen basiert auf den aktuellen (hohen) Ansätzen.

Der Warenaufwand berechnet sich wie folgt:

500	Stück	à	100	=	50 000
1 000	Stück	à	100	=	100 000
2 000	Stück	à	101	=	202 000
1 000	Stück	à	103	=	103 000
Warenaufwand für 4 500 Stück				=	455 000

Der Wert des Warenlagers per Ende Jahr berechnet sich wie folgt:

500	Stück	à	103	=	51 500
500	Stück	à	105	=	52 500
Warenlager 1 000 Stück				=	104 000

- **LIFO-Methode**

Bei der LIFO-Methode (Last In – First Out) werden diejenigen Waren mit der kürzesten Lagerdauer zuerst verkauft. Dies führt bei Preiserhöhungen zu höheren Warenaufwendungen (und damit tieferen Gewinnen). Die Bewertung des Lagers erfolgt zu vorsichtigen, tiefen Ansätzen.

Der Warenaufwand berechnet sich wie folgt:

500	Stück	à	105	=	52 500
1 500	Stück	à	103	=	154 500
2 000	Stück	à	101	=	202 000
500	Stück	à	100	=	50 000
Warenaufwand für 4 500 Stück				=	459 000

Der Wert des Warenlagers per Ende Jahr berechnet sich wie folgt:

500	Stück	à	100	=	50 000
500	Stück	à	100	=	50 000
Warenlager 1 000 Stück				=	100 000

Nationale und internationale Accountingstandards verbieten diese Form der Lagerbewertung, weil mit dieser Methode auf der Bilanzposition «Warenlager» stille Reserven gebildet werden, was aber einer Fair Presentation, wie sie in den Accountingstandards gefordert wird, widerspricht.

Je nach Bedeutung des Warenlagers und der Intensität der Preisaufschläge können die gewählten Verfahren nennenswerte Konsequenzen auf die Bilanz bzw. Erfolgsrechnung haben. Eine mögliche Kompromisslösung ist die Anwendung der Durchschnittspreis-Methode.

- **Durchschnittspreis-Methode**

Bei diesem Verfahren werden die Bewegungen der Lagerbestände nicht mit den effektiv bezahlten Einstandspreisen, sondern mit kontinuierlichen Durchschnittspreisen bewertet. Diese werden nach jedem Lagerzugang neu berechnet (vgl. Abb. 5/9).

Führen der Warenkonten

Abbildung 5/9:   Durchschnittspreis-Methode

Datum	Δ Menge	ø Preis	Δ Wert	Menge	Wert
1.1.		100.0		500	50 000
14.2.	- 300	100.0	- 30 000	200	20 000
28.2.	1 000	100.0	100 000	1 200	120 000
8.5.	- 800	100.0	- 80 000	400	40 000
31.5.	2 000	101.0	202 000	2 400	242 000
20.7.	- 2 000	100.8	- 201 667	400	40 333
31.8.	1 500	103.0	154 500	1 900	194 833
21.9.	- 1 000	102.5	- 102 544	900	92 289
30.11.	500	105.0	52 500	1 400	144 789
5.12.	- 400	103.4	- 41 368	1 000	103 421
31.12.	-	103.4	-	1 000	103 421

Die Durchschnittspreise werden auf eine Kommastelle gerundet, die Berechnung berücksichtigt jedoch sämtliche Stellen nach dem Komma.

Der Warenaufwand berechnet sich wie folgt:

300	Stück	à	100	=	30 000
800	Stück	à	100	=	80 000
2 000	Stück	à	100.8	=	201 667
1 000	Stück	à	102.5	=	102 544
400	Stück	à	103.4	=	41 368
Warenaufwand für 4 500 Stück				=	455 579

Der Wert des Warenlagers am Ende der Periode (31.12.) beträgt 103 421.

6 Periodenabgrenzung

6.1 Grundproblematik

Der gesamte, zusätzlich geschaffene Wert eines Unternehmens kann erst am Ende der Lebenszeit festgestellt werden. Zu diesem Zeitpunkt können die investierten Beträge der Summe aller Auszahlungen während der Betriebstätigkeit sowie dem Liquidationserlös gegenübergestellt werden. Die Differenz entspricht dem durch die Unternehmenstätigkeit tatsächlich generierten Mehrwert.

Damit sich das Management, die Investoren und andere Stakeholder umfassend über die aktuelle Performance und die zukünftigen Entwicklungspotenziale eines Unternehmens informieren können, ist eine der Kernaufgaben des finanziellen Rechnungswesens, periodisierte Finanzberichte zur Verfügung zu stellen. Dazu sind die während der jeweiligen Periode relevanten Güter- und Leistungszugänge bzw. -abgänge zu bestimmen. Dies bereitet in vielen Fällen Probleme, da die Periodisierung einen künstlichen Eingriff in die längerfristigen Aktivitäten eines Unternehmens darstellt. Die Aussagekraft der Finanzberichterstattung ist davon abhängig, wie sorgfältig die Periodenabgrenzung vorgenommen wird. Das Hauptziel der Periodenabgrenzung ist, alle erkennbaren periodenfremden Erträge und Aufwendungen zu neutralisieren.

Im Rahmen der Periodisierung wird zwischen sachlichen und zeitlichen Abgrenzungen unterschieden:

- *Sachliche Abgrenzung:* Die Abstimmung der Aufwendungen auf die in der Rechnungsperiode realisierten entsprechenden Erträge wird als sachliche Abgrenzung bezeichnet. Beispiele dafür sind die Periodisierung von Aufwendungen für Forschung und Entwicklung, die Zurechnung der Abschreibungen genutzter Anlagen auf einzelne Perioden oder die Periodisierung von Marketingaufwendungen.

- *Zeitliche Abgrenzung:* Bei der zeitlichen Abgrenzung werden sämtliche Erträge und Aufwendungen, die zeitraumbezogen anfallen, den richtigen Perioden zugewiesen. Erträge und Aufwendungen, die mehrere Rechnungsperioden tangieren, sind den einzelnen Rechnungsperioden verursachungsgerecht zuzurechnen, unabhängig davon, in welchen Perioden die effektiven Geldflüsse anfallen. Beispiele dafür sind Mieten oder Zinsen.

Aufgrund der geschilderten Problematik kann es einerseits vorkommen, dass bei der Erstellung der Bilanz (stichtagsbezogen) und der Erfolgsrechnung (zeitraumbezogen) für eine bestimmte Periode einzelne erfasste Buchungstatsachen nicht in die aus rein technischen Gesichtspunkten resultierenden Abschlussdaten hineingehören. Andererseits ist es möglich, dass zu diesem Zeitpunkt gewisse Transaktionen noch nicht gebucht wurden, obwohl sie die laufende Periode betreffen. Die transitorischen Aktiven und Passiven (auch aktive oder passive Rechnungsabgrenzungsposten) übernehmen diese zeitliche Abgrenzungsaufgabe:

- *Transitorische Aktiven:* Diese Positionen stehen für ein Geldguthaben oder ein Guthaben einer bestimmten zukünftigen Dienstleistung, das im Rahmen der zeitlichen Abgrenzung berücksichtigt wird. Sie sind Bestandteil des Umlaufvermögens, da es sich immer um kurzfristige Aktiven handelt. Zu den transitorischen Aktiven gehören im alten Jahr vorgenommene Zahlungen, die als Aufwand dem nächsten Jahr zu belasten sind (Aufwandsvortrag) oder Erträge, die dem abgelaufenen Jahr gutzuschreiben sind, aber erst im neuen Jahr eingehen (Ertragsnachtrag). Beide Typen von Buchungstatsachen führen zu einer positiven Korrektur (Verbesserung) des Periodenergebnisses.

- *Transitorische Passiven:* Diese Positionen widerspiegeln im Rahmen der zeitlichen Abgrenzung erfasste Verpflichtungen, in der Zukunft eine Zahlung oder eine Dienstleistung erbringen zu müssen. Sie gehören zum kurzfristigen Fremdkapital, da es sich immer um kurzfristige Passiven handelt. Transitorische Passiven stellen Einnahmen des laufenden Jahres dar, die dem folgenden Jahr als Ertrag zuzurechnen sind (Ertragsvortrag) oder Aufwendungen, die im alten Jahr angefallen sind, aber erst im neuen Jahr bezahlt werden (Aufwandsnachtrag). Beide Typen von Buchungstatsachen führen zu einer negativen Korrektur (Verschlechterung) des Periodenergebnisses.

Durch transitorische Aktiven und Passiven werden gebuchte, periodenfremde Aufwendungen und Erträge, welche die nächste Rechnungsperiode betreffen, herausgebucht, d.h. neutralisiert. Noch nicht erfasste, aber das laufende Geschäftsjahr betreffende Aufwendungen und Erträge sind nachzutragen. Dadurch gelingt es, den richtigen Periodengewinn auszuweisen. Die Abgrenzung erfolgt meist unmittelbar vor dem Rechnungsabschluss.

6.2 Transitorische Aktiven

Innerhalb der transitorischen Aktiven existieren Buchungstatsachen, die einen Aufwandsvortrag oder einen Ertragsnachtrag darstellen. Die Verbuchung beider Sachverhalte wird im Folgenden an Beispielen illustriert.

- **Aufwandsvortrag**

Die Jahresprämie, für eine am 30.9.20.0 abgeschlossene Versicherung von 6 000 wurde per Vertragsabschluss bezahlt. Von diesen 6 000 ist in der Erfolgsrechnung nur ein Aufwand von 1 500 auszuweisen. Die restlichen 4 500 sind als transitorische Aktiven in der Jahresrechnung abzugrenzen und auf die Rechnung für das neue Jahr zu übertragen. Die transitorischen Aktiven verkörpern die Forderung für einen (bereits bezahlten) neunmonatigen Versicherungsschutz (zukünftiger Nutzenzugang in der Form einer Dienstleistung) im neuen Jahr (vgl. Abb. 6/1).

Abbildung 6/1:   Beispiel Aufwandsvortrag

Der Abschluss der Versicherung und die Abgrenzungsbuchungen sind aus der Sicht einer ökonomisch richtigen Darstellung der Sachverhalte zu erfassen.

Verbuchung Aufwandsvortrag

S (+)	Versicherungsaufwand (20.0)	H (-)		S (+)	Transitorische Aktiven (20.0)	H (-)
1)	6 000					
		2)	4 500 ⟵⟶	2)	4 500	
		S	1 500		SB	4 500
Total	6 000	Total	6 000	Total	4 500	Total	4 500

S (+)	Versicherungsaufwand (20.1)	H (-)		S (+)	Transitorische Aktiven (20.1)	H (-)
				AB	4 500	
3)	4 500	⟵				3)	4 500

Verbuchung der Transaktionen:

30.9.20.0	1) Versicherungsaufwand	/	Flüssige Mittel	6 000
31.12.20.0	2) Transitorische Aktiven	/	Versicherungsaufwand	4 500
1.1.20.1	3) Versicherungsaufwand	/	Transitorische Aktiven	4 500

Die Buchung bewirkt, dass dem Geschäftsjahr 20.0 1 500 und dem neuen Geschäftsjahr 4 500 belastet werden. Dies entspricht dem wirtschaftlichen Sachverhalt.

- **Ertragsnachtrag**

Ein Unternehmen hat Ende 20.0 gegenüber einem Kunden ein Guthaben für abgeschlossene Arbeiten im Wert von 20 000, das erst im Januar 20.1 abgerechnet wird. Der Betrag wird der Erfolgsrechnung des laufenden Jahres als Ertrag gutgeschrieben. Gleichzeitig werden die 20 000 als transitorische Aktiven erfasst, welche das Guthaben gegenüber dem Kunden (zukünftiger Nutzenzugang in Form flüssiger Mittel) für die bereits erbrachte Leistung darstellt (vgl. Abb. 6/2). Der Betrag wird nicht über die Debitoren gebucht, da noch keine Rechnung gestellt worden ist. Für eine Abgrenzung müssen jedoch vertragliche Grundlagen vorhanden sein (Anwendung des Realisationsprinzips).

Abbildung 6/2: Beispiel Ertragsnachtrag

Das noch nicht vereinnahmte Guthaben ist zu erfassen.

Periodenabgrenzung 85

Verbuchung Ertragsnachtrag

S (-)	Umsatzerlös (20.0)	H (+)		S (+)	Transitorische Aktiven (20.0)	H (-)
		160 000				
	1)	20 000	⟵ 1)	20 000		
S	180 000				SB	20 000
Total	180 000 Total	180 000		Total	20 000 Total	20 000

S (-)	Umsatzerlös (20.1)	H (+)		S (+)	Transitorische Aktiven (20.1)	H (-)
				AB	20 000	
2)	20 000	⟵			2)	20 000
	3)	20 000				

Verbuchung der Transaktionen:

31.12.20.0	1) Transitorische Aktiven	/	Umsatzerlös	20 000
1.1.20.1	2) Umsatzerlös	/	Transitorische Aktiven	20 000
31.1.20.1	3) Debitoren	/	Umsatzerlös	20 000

Die Dienstleistungen wurden im aktuellen Geschäftsjahr erbracht. Deshalb hat die Erfolgsrechnung 20.0 den Ertrag von 20 000 zu zeigen. In der Erfolgsrechnung 20.1 wird kein Ertrag aus den Dienstleistungen von 20.0 ausgewiesen. Dies entspricht dem wirtschaftlichen Sachverhalt, sofern vertragliche Grundlagen vorhanden sind (Realisationsprinzip).

6.3 Transitorische Passiven

Innerhalb der transitorischen Passiven existieren Buchungstatsachen, die einen Aufwandsnachtrag oder einen Ertragsvortrag darstellen. Diese Sachverhalte werden wiederum an Beispielen illustriert.

- **Aufwandsnachtrag**

Ein Unternehmen hat per 30.4.20.0 eine Festhypothek von 600 000 aufgenommen. Diese ist halbjährlich am 30.4. und 31.10. (nachschüssig) mit einem Jahreszins von 4% zu verzinsen (Jahreszins 24 000). Daher wird der Zins für die Periode vom 31.10.20.0 bis 30.4.20.1 erst am 30.4.20.1 fällig. In der aktuellen Jahresrechnung ist jedoch der Aufwand für die Monate November und Dezember bereits zu berücksichtigen. Ohne eine zeitliche Abgrenzung würde er nicht erfasst. Der Jahresrechnung sind deshalb für diese Zeitspanne 4 000 als Aufwand zu belasten. Zusammen mit der per 31.10.20.0 zu leistenden Zahlung für das 1. Halbjahr von

12 000, ergibt sich für das aktuelle Jahr ein insgesamt erfasster Hypothekarzinsaufwand von 16 000 für acht Monate. Der erst im neuen Jahr zu bezahlende aufgelaufene Zins für die Monate November und Dezember ist im Jahresabschluss als transitorische Passiven in der Bilanz aufzuführen. Die transitorischen Passiven drücken die bis zum Rechnungsabschluss aufgelaufene Schuld für die Benützung der Hypothek (zukünftiger Nutzenabgang in Form flüssiger Mittel) aus (vgl. Abb. 6/3).

Abbildung 6/3: Beispiel Aufwandsnachtrag

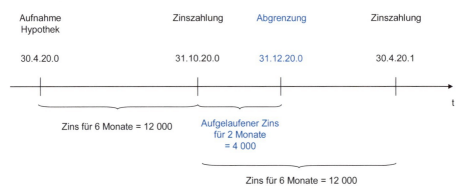

Der noch nicht belastete Hypothekarzins ist zu erfassen.

Verbuchung Aufwandsnachtrag

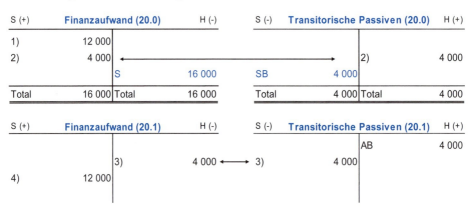

Verbuchung der Transaktionen:

31.10.20.0	1) Finanzaufwand / Flüssige Mittel		12 000
31.12.20.0	2) Finanzaufwand / Transitorische Passiven		4 000
1.1.20.1	3) Transitorische Passiven / Finanzaufwand		4 000
30.4.20.1	4) Finanzaufwand / Flüssige Mittel		12 000

Der Finanzaufwand zeigt im Geschäftsjahr 20.0 den wirtschaftlich korrekten Aufwand von 16 000 für acht Monate. Gleichzeitig widerspiegelt der Finanzaufwand des Geschäftsjahres 20.1 die restlichen 8 000 für die ersten vier Monate.

- **Ertragsvortrag**

Ein Unternehmen hat für das aktuelle Jahr Einnahmen aus dem Verkauf von Waren im Wert von 80 000 erzielt. Zusätzlich erfolgten von Kunden Vorauszahlungen über 20 000 für Lieferungen im nächsten Jahr. Der vorausbezahlte Teil wird in der aktuellen Jahresrechnung abgegrenzt und als transitorische Passiven verbucht. Die transitorischen Passiven haben den Charakter einer Verpflichtung (zukünftiger Nutzenabgang in Form von Dienstleistungen) für noch nicht erfolgte Leistungserbringung (vgl. Abb. 6/4).

Abbildung 6/4:   Beispiel Ertragsvortrag

Die Vorauszahlung für das nächste Jahr ist abzugrenzen.

Verbuchung Ertragsvortrag

S (-)	Umsatzerlös (20.0)	H (+)		S (-)	Transitorische Passiven (20.0)	H (+)
		1) 100 000				
2)	20 000		← →	2)		20 000
S	80 000			SB	20 000	
Total	100 000	Total 100 000		Total	20 000	Total 20 000

S (-)	Umsatzerlös (20.1)	H (+)		S (-)	Transitorische Passiven (20.1)	H (+)
						AB 20 000
	2) 20 000	← → 2)		20 000		

Verbuchung der Transaktionen:

Div. Daten	1) Flüssige Mittel	/ Umsatzerlös	100 000
31.12.20.0	2) Umsatzerlös	/ Transitorische Passiven	20 000
1.1.20.1	3) Transitorische Passiven	/ Umsatzerlös	20 000

In der Erfolgsrechnung des aktuellen Geschäftsjahres werden lediglich die 80 000 als Umsatzerlös ausgewiesen. Die Vorauszahlungen von 20 000 werden erst im nächsten Geschäftsjahr als Ertrag berücksichtigt.

Die Beispiele zeigen, dass im Rahmen der zeitlichen Abgrenzungen einer Rechnungsperiode die Erträge und Aufwendungen über die transitorischen Aktiven oder Passiven periodengerecht zu erfassen bzw. abzugrenzen sind. Bei Aufwandsminderungen oder Ertragserhöhungen erfolgt dies über das Konto «Transitorische Aktiven», bei Aufwandserhöhungen oder Ertragsminderungen über das Konto «Transitorische Passiven». Die Korrekturbuchungen bewirken, dass die Aufwands- und Ertragspositionen mit den tatsächlich für die Periode relevanten Geschäftsfällen in Übereinstimmung gebracht werden. Gleichzeitig werden für die abgegrenzten Leistungszugänge bzw. -abgänge Aktiv- bzw. Passivpositionen gebildet.

Zu Beginn der neuen Rechnungsperiode werden die am Abschlusstag der vergangen Periode gebildeten transitorischen Konten durch eine Rückbuchung (Umkehrung des bei der Abgrenzung gebildeten Buchungssatzes) aufgelöst. Dadurch sind die transitorischen Konten ausgeglichen und die abgegrenzten Erfolgspositionen werden in die neue Rechnungsperiode übertragen.

Die Regel, dass transitorische Konten im Rahmen des Rechnungsabschlusses gebildet und nach der Wiedereröffnung der Konten in der nächsten Periode sofort wieder auf die entsprechenden Ertrags- bzw. Aufwandskonten zurückgebucht werden, führt dazu, dass während des Jahres auf den transitorischen Konten keine Buchungen erfolgen. In der Praxis werden die transitorischen Konten in der neuen Rechnungsperiode manchmal belassen und erst bei der nächsten periodischen Zahlung oder dem folgenden Rechnungsabschluss korrigiert. Dies schmälert allerdings die Aussagekraft des Rechnungswesens während des Jahres und ist deshalb nicht zu empfehlen.

7 Bewertung

7.1 Grundproblematik

Im Rechnungswesen bedeutet «Bewerten» eine Aggregation von Mengen und Preisen zu einem Geldbetrag. Die Ressourcen eines Unternehmens können theoretisch auch in nicht-monetären Einheiten oder Kombinationen angegeben werden. In übersichtlichen Verhältnissen ist die Angabe einer (unbewerteten) Inventarliste ebenso informativ wie eine vollständige Bilanz. Eine solche Übersicht für ein kleines Unternehmen kann z.B. 20 Computer, 5 Drucker, 2 Fotokopiergeräte, 10 Schreibtische umfassen. Steigt die Zahl der verschiedenen Ressourcen, wird dieses Vorgehen unübersichtlich. Sobald das Wissen über die einzelnen Positionen der Inventarliste fehlt, bewegt sich der Informationsgehalt gegen Null. Dieses Problem kann gelöst werden, indem die einzelnen Positionen zusammengefasst und bewertet werden.

Bei jedem Periodenabschluss eines Unternehmens stellt sich die Frage, wie die einzelnen Bilanzpositionen bewertet werden sollen. Je nachdem, welche Werte für die Aktiven und Passiven bzw. die entsprechenden Erfolgsrechnungspositionen gewählt werden, resultiert ein anderes Bild der Vermögens-, Finanz- und Ertragslage.

Die Frage der Bewertung gehört damit zu den zentralen Problemstellungen des Rechnungswesens. Aus Sicht der Informationsqualität bringt die Anwendung nutzenorientierter, subjektiver Werte die höchste Aussagekraft. Dabei ist zu beurteilen, in welchem Ausmass das Eigentum oder der Besitz eines Gutes oder einer Leistung dem Unternehmen zukünftigen Nutzen stiften wird (z.B. Welcher Erfolg kann mit einer Maschine, einem Fahrzeug erzielt werden?).

Die Quantifizierung des zukünftigen Nutzenzugangs ohne Gegenleistung bereitet in der Praxis allerdings Schwierigkeiten und kann in vielen Fällen nicht zweifelsfrei nachgeprüft werden. Dadurch entstehen grosse Ermessensspielräume und Manipulationsgefahren. Deshalb werden oft objektive Werte, d.h. Ansätze, die auf Marktdaten basieren, für die Bewertung herangezogen. Ziel dieser Ansätze ist die Einengung der Ermessensspielräume (vgl. Abb. 7/1).

Der Vorteil objektiver Werte liegt darin, dass für die meisten Güter oder Dienstleistungen der Preis, d.h. der Betrag, den jemand für den Besitz oder das Eigentum hingeben muss oder zu zahlen bereit ist, hinreichend sicher ermittelt werden kann. Der Wert basiert nicht auf einer individuellen Schätzung des Nutzenpotenzials, sondern repräsentiert die Bewertung durch eine Vielzahl von Interessenten im wirtschaftlichen Tauschverkehr.

Abbildung 7/1: Übersicht Bewertungsansätze

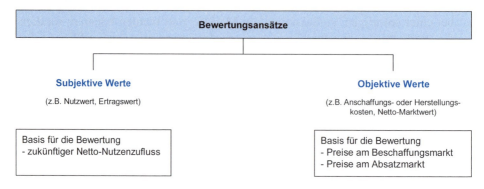

- **Wertkonzepte**

Aus Sicht des Zeitbezugs der Werte lassen sich historische oder aktuelle Werte unterscheiden:

– *Bewertung mit Anschaffungs- oder Herstellungskosten (Historical Cost):* Für die Bewertung ist derjenige historische Wert relevant, mit dem eine Bilanzposition früher in die Bilanz aufgenommen wurde. Allfällige Differenzen zum aktuellen Tageswert werden nicht aufgelöst. Dies erlaubt eine einfache und sichere Kontrolle der verwendeten Werte. Die Werte sind solange aussagekräftig, als dass sich das Preisniveau z.B. durch Inflation nicht wesentlich verändert.

– *Bewertung mit aktuellen Werten (Fair Value):* Bei dieser Variante werden möglichst aktuelle Werte verwendet. Dabei ist es denkbar, von Wiederbeschaffungspreisen oder vom Netto-Verkaufswert auszugehen. Beim zweiten Ansatz wird der Preis auf dem Absatzmarkt ermittelt und um die für den Verkauf anfallenden Kosten vermindert (= Netto-Marktwert). Die Bewertung mit aktuellen Werten eignet sich vor allem dann, wenn Marktwerte z.B. Börsenkurse vorhanden sind. Zu den aktuellen Werten gehören auch Wertansätze, die auf zukünftigen Nutzengrössen basieren.

- **Bewertungsgrundsätze**

In Theorie und Praxis haben sich in der Bewertungsfrage eine Reihe von Bewertungsprinzipien entwickelt. Sie werden im Folgenden charakterisiert:

– *Bewertung zu Fortführungswerten (Going Concern Principle):* Im Rahmen der Rechnungslegung wird in der Regel davon ausgegangen, dass das Unternehmen auch in Zukunft weiter existieren wird (Ausnahmen: Unternehmen, die bereits bei der Gründung von einer befristeten Lebensdauer ausgehen, z.B.

Durchführen eines einmaligen Grossprojekts oder Unternehmen, die liquidieren). Relevant für den Abschluss sind daher nicht die Werte der Aktiven, die bei einer sofortigen Veräusserung am Markt erzielt werden könnten, sondern die Werte für die einzelnen Positionen aus der Perspektive der Fortführung des Unternehmens (vgl. Abb. 7/2).

Abbildung 7/2: Beispiel zu Fortführungswerten

> Ein Medienunternehmen hat eine speziell gefertigte Druckanlage für 100 Mio. gekauft. Wenn das Unternehmen diese Maschine heute sofort verkaufen müsste, könnten dafür höchstens 60 Mio. erzielt werden. Das Unternehmen hat die Druckanlage im Sinne des Going Concern mit 100 Mio. zu bilanzieren.

– *Anschaffungs- oder Herstellungskosten (Historical Cost):* Die Positionen des langfristig genutzten Sachanlagevermögens werden in der Regel höchstens gemäss historischen Anschaffungswerten oder Herstellungskosten bilanziert. Auch hier verdeutlicht ein Beispiel die Idee der Bewertung (vgl. Abb. 7/3).

Abbildung 7/3: Beispiel zu Anschaffungs- und Herstellungskosten

> Ein betrieblich genutztes Gebäude kostete vor zwei Jahren 5 Mio. Selbst wenn dieses Gebäude heute zu 6 Mio. verkauft werden könnte, wird es in der Bilanz mit einem Buchwert von 5 Mio. erfasst.

Dem gezeigten Bewertungsgrundsatz liegt das Vorsichtsprinzip zugrunde. Der bei einer Veräusserung erzielbare Gewinn wird nicht berücksichtigt. Dadurch können bedeutsame Diskrepanzen zwischen den effektiv erzielbaren und den in der Bilanz aufgeführten Werten entstehen. Letzteres trifft aber nicht für alle Bilanzpositionen zu. Ein typisches Beispiel ist die Position «Flüssige Mittel», die den effektiv im Unternehmen vorhandenen Betrag (in Geldeinheiten) widerspiegelt. Auch Rohmaterialien, die rasch weiterverarbeitet oder als Produkte veräussert werden, zeigen im Normalfall keine grossen Abweichungen zwischen Veräusserungswert und historischem Bilanzwert.

Der Vorteil der Bewertung zu Anschaffungs- oder Herstellungskosten liegt vor allem darin, dass bei der Beurteilung des zukünftigen Nutzenzugangs objektive Werte angewendet werden. Dabei wird in Kauf genommen, dass der Anschaffungswert einzelner Aktiven nicht dem Wert entspricht, der ihnen im Zeitpunkt der Bilanzerstellung zukommt.

– *Niederstwertprinzip:* Auch dieses Konzept basiert auf der Idee der Vorsicht. Es geht davon aus, dass bei Aktiven, für welche die historischen Anschaffungs- und Herstellungskosten und gleichzeitig aktuelle Werte bekannt sind, stets der tiefere der beiden Werte gewählt werden soll. Ausdrücklich festgehalten wird dieser Grundsatz z.b. im schweizerischen Aktienrecht zur Bewertung der Vorräte (vgl. Abb. 7/4).

Abbildung 7/4: Beispiel zum Niederstwertprinzip

> Ein Unternehmen verfügt bei der Bilanzierung über Rohmaterialien, die beim Einkauf 1 Mio. gekostet haben (= Anschaffungskosten). Der aktuelle Marktwert dieser Rohmaterialien im Zeitpunkt der Bilanzerstellung beträgt 0.9 Mio. (= Wiederbeschaffungs- oder Tageswert). Das Unternehmen hat bei der Anwendung des Niederstwertprinzips die Rohmaterialien mit 0.9 Mio. zu bewerten.

Es wäre am einfachsten, alle Aktiven und Passiven mit dem historischen Anschaffungswert oder dem allenfalls tieferen Tageswert auszuweisen. Dieses Vorgehen würde allerdings der ökonomischen Realität nicht in allen Fällen gerecht werden. So können z.B. Maschinen nicht während ihrer gesamten Lebensdauer mit ihrem Anschaffungswert bilanziert bleiben, da sich ihr Wert durch die betriebliche Nutzung und die Alterung reduziert. Ebenso werden kaum alle Schuldner die Verpflichtungen in der vereinbarten Höhe bezahlen.

7.2 Bewertung und Abschreibung der Aktiven

Bei der Bewertung der Aktiven ist das zentrale Ziel, den Bilanzwert möglichst realistisch dem tatsächlichen Wert (d.h. dem effektiven zukünftigen Nutzenzugang) anzunähern. Die entsprechende Bewertungspraxis wird anhand der Debitoren und der Anlagen erläutert.

- **Bewertung der Debitoren**

Debitoren resultieren aus dem ordentlichen Geschäftsverkehr, sobald Verkäufe (Lieferungen und Dienstleistungen) nicht sofort einkassiert werden, sondern den Kunden eine Zahlungsfrist eingeräumt wird. Dies erfolgt in der Praxis häufig aus Marketing- oder Praktikabilitätsüberlegungen (z.B. sukzessive Lieferungen, die periodisch gesamthaft in Rechnung gestellt werden). Als Belege für das Rechnungswesen werden die Lieferscheine verwendet.

Die Position «Debitoren» besteht in der Praxis aus verschiedenen Einzelforderungen gegenüber diversen Kunden. Diese offenen Positionen werden in der Debitorenbuchhaltung festgehalten. Dabei wird zumeist der Name des Schuldners (Kundennummer), der offene Betrag, das Fälligkeitsdatum und ein Verweis auf den Beleg erfasst. Lediglich die Summe der offenen Forderungen erscheint in der Bilanz des Unternehmens.

Da aus Erfahrung nicht anzunehmen ist, dass bei Fälligkeit der Rechnungen wirklich alle Kunden ihre Rechnungen bezahlt haben, wird im Jahresabschluss jeweils eine Wertberichtigung für zweifelhafte Debitoren vorgenommen. Die Höhe dieser Wertberichtigung hängt von der Beurteilung der Wahrscheinlichkeit ab, inwieweit die Kunden ihre Rechnungen begleichen werden.

Da es im Rahmen der Bilanzerstellung oft nicht praktikabel ist, diese Einschätzung für jeden Kunden einzeln vorzunehmen, wird eine pauschale Wertkorrektur vorgenommen, die sich auf Erfahrungswerte stützt, welche allenfalls aufgrund von konjunkturellen Einflüssen, z.B. steigende Insolvenzrate, adjustiert werden muss. Solche Pauschalen werden häufig in Prozenten der ausstehenden Debitorenbestände, des Jahresumsatzes oder der Verkäufe auf Kredit angegeben. Die Wertkorrekturen auf den Debitoren werden sinnvollerweise in einem separaten Konto «Delkredere» ausgewiesen, so dass jederzeit die Summe der Wertberichtigungen ersichtlich ist.

Tritt effektiv während des Jahres die Zahlungsunfähigkeit eines Kunden ein, wird dies in der Debitorenbuchhaltung vermerkt und der realisierte Debitorenverlust erfolgswirksam verbucht. Dabei findet jedoch keine direkte Anpassung des Delkrederes statt – dieses wird lediglich bei jeder Bilanzerstellung beurteilt und risikogerecht angepasst, wobei die Differenz als nicht realisierter Debitorenverlust in die Erfolgsrechnung fliesst. Das folgende Beispiel illustriert die Vorgehensweise zur Führung der Konten «Delkredere» und «Debitorenverlust» (vgl. Abb. 7/5).

Abbildung 7/5:   Beispiel zur Bewertung der Debitoren

Während der Geschäftsperiode werden folgende Geschäftsfälle registriert:

	Anfangsbestand des Kontos «Debitoren»	500 000
	Anfangsbestand des Kontos «Delkredere»	30 000
1)	Verkauf von Waren gegen Rechnung	4 000 000
2)	Zahlungseingang von Kunden	3 850 000
3)	Verlustschein für die Forderung gegenüber Kunde X	50 000
4)	Das Delkredere beträgt 6% des Debitorenbestands	

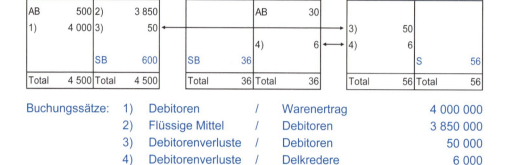

Buchungssätze:	1)	Debitoren	/	Warenertrag	4 000 000
	2)	Flüssige Mittel	/	Debitoren	3 850 000
	3)	Debitorenverluste	/	Debitoren	50 000
	4)	Debitorenverluste	/	Delkredere	6 000

Der Debitorenbestand Ende Jahr beträgt 600 000 und das Delkredere nach der Abgrenzungsbuchung 6%, d.h. 36 000. Die Debitorenverluste setzen sich zusammen aus den effektiven Verlusten von 50 000 sowie einer Erhöhung der Wertberichtigung für potenzielle Verluste von 6 000. Bei einer Reduktion der Debitoren würde durch die Anpassung des Delkrederes eine Reduktion der Debitorenverluste resultieren.

Beim Konto «Delkredere» handelt es sich um ein ruhendes Konto, d.h. über dieses Konto werden während des Jahres keine Buchungen vorgenommen. Es dient am Bilanzstichtag einzig zur Korrektur der juristisch vorhandenen Forderungen, da nicht damit gerechnet werden kann, dass alle Kunden bezahlen werden.

Die Buchungen auf dem Konto «Delkredere» lassen auf ein Passivkonto schliessen. Dennoch sollte es als Wertberichtigung des Aktivkontos «Debitoren» geführt werden («Minus-Aktivkonto»), damit einerseits die Bilanzsumme nicht aufgebläht und andererseits der wirtschaftliche Sachverhalt richtig abgebildet wird (vgl. Abb. 2/10).

- **Bewertung des Anlagevermögens**

Die Aktivierung erworbener Anlagen erfolgt normalerweise zu den Kosten, die für den Erwerb bzw. die Herstellung aufgewendet werden mussten. In diesem Umfang soll die Anlage in der Zukunft Nutzen stiften. Im Prinzip sind dabei sämtliche Kosten, die mit der Beschaffung bzw. Herstellung einer Anlage zusammenhängen, zu erfassen, also auch diejenigen für die Installation, Probeläufe, Anpassungen bei der Montage usw. Dennoch aktivieren die Unternehmen oft nicht alle Kosten. Sie beschränken sich auf den eigentlichen Anschaffungspreis und belasten intern geleistete Installations- und Planungskosten einem Aufwandskonto der laufenden Periodenrechnung.

Bewertung

An einmal installierten Anlagen fallen früher oder später Unterhalts- und Reparaturarbeiten an, wobei das Ziel in der Instandhaltung der Anlagen liegt. Solche Arbeiten werden normalerweise im entsprechenden Aufwandskonto verbucht. Die eindeutige Abgrenzung zwischen einer Instandhaltung und wertvermehrenden Verbesserungen (Zunahme Nutzenpotenzial) ist in der Praxis aber nicht möglich. Das Ersetzen ganzer Anlagenteile verfolgt häufig sowohl den Zweck der Instandhaltung als auch jenen der Wertvermehrung bzw. Modernisierung. Es stellt sich daher die Frage, welcher Teil der Reparatur- und Unterhaltsleistungen wertvermehrend und damit aktivierbar ist. Die Kosten für die Werterhaltung sind als Aufwand zu buchen (vgl. Abb. 7/6).

Abbildung 7/6: Beispiel zur Wertvermehrung

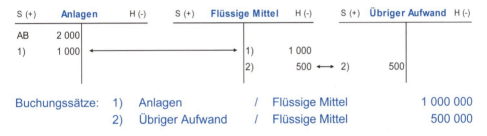

Durch die beschränkte Lebensdauer einer Anlage wird deren aktivierter Wert sukzessive in Aufwand umgewandelt, d.h. die Anlage erbringt Nutzleistungen, wodurch sich der Wert in diesem Umfang reduziert. Die Anlage ist deshalb abzuschreiben. Bei der Bemessung der Abschreibungen besteht meist keine Möglichkeit, den Betrag der Entwertung ursachengerecht nachzuweisen. Es genügt die Tatsache, dass die Nutzung der Anlagen zeitlich begrenzt ist und dass am Ende der betrieblichen Verwendbarkeit höchstens noch ein Liquidationswert übrig bleibt.

Entscheidend für den Wert einer Anlage und somit auch für die Höhe der Abschreibung ist grundsätzlich der Nutzen, der mit der Anlage in der Zukunft noch erzielt werden kann. Auch eine technisch intakte Maschine hat keinen Wert mehr, wenn für deren Produkte kein Absatzmarkt vorhanden ist. Da eine sichere Prognose sehr schwierig ist, bleibt die Bemessung der Abschreibung nach Massgabe des zukünftigen Nutzens schwierig.

Die Abschreibung darf also nicht allein an der technischen Entwertung der Anlage beurteilt werden. In der Praxis ist häufig beobachtbar, dass Anlagen weniger als

Folge ihrer Abnutzung ersetzt werden, sondern vielmehr infolge des technischen Fortschritts oder einer Veränderung der Umweltgegebenheiten, z.B. neue Märkte, neue Produkte, neue Verfahren.

In seltenen Fällen kann es vorkommen, dass der Wert einer Anlageposition grösser wird wie z.B., wenn ein Stück Land neu erschlossen werden kann oder dessen Attraktivität aufgrund einer Verkehrserschliessung steigt. Dies hat eine Aufwertung des Grundstücks zur Folge, wenn gemäss des Nutzenpotenzials verfahren wird. Es ist aber zu betonen, dass solche Aufwertungen nur in Ausnahmefällen erfolgen sollten (Anwendung des Anschaffungskostenprinzips).

- **Bestimmung des Abschreibungsbetrags**

Der abzuschreibende Betrag hängt neben dem Buchwert, der die Anschaffungs- oder Herstellungskosten widerspiegelt, von folgenden Parametern ab:
- geschätzte Lebensdauer des Anlagegegenstands
- voraussichtlicher Liquidationserlös am Ende der geschätzten Lebensdauer
- Abschreibungsmethode, welche die Zuteilung der Abschreibungsbeträge auf die einzelnen Perioden regelt.

Für die Schätzung der Lebensdauer gibt es Erfahrungszahlen, an denen sich das Rechnungswesen mehr oder weniger orientieren kann. Da der Gesetzgeber in der Schweiz wenig Einfluss auf die Abschreibungspraxis ausübt, variiert die Abschreibungsdauer von Unternehmen zu Unternehmen.

Die verschiedenen Abschreibungsmethoden werden an einem Beispiel illustriert.

Dazu sind folgende Sachverhalte bekannt:

− Anschaffungskosten eines Lastwagens	400 000
− geschätzte Lebensdauer	10 Jahre
− Liquidationserlös	50 000

Die folgenden Grössen bilden die Basis für die formelmässige Berechnung:

A_t = Abschreibungsbetrag in der Periode t
n = geschätzte Lebensdauer
L_t = Leistungen in der Periode t
$\sum_{i=1}^{n} L_i$ = geschätzte Summe aller Leistungen der Anlageposition
R = geschätzter Restwert, Liquidationswert der Anlageposition
W = Anschaffungswert

Bewertung

r = Prozentsatz

k = $\dfrac{r}{100}$

B_t = Buchwert am Ende der Periode t

Es stellt sich die Frage, wie der Wert des zukünftigen Nutzenabgangs von 350 000 (400 000 – 50 000) über die Nutzungsdauer von 10 Jahren zu verteilen ist. In vielen Fällen kann nicht beurteilt werden, ob die Wertverminderung in den ersten Jahren grösser und in den letzten Jahren kleiner ist. Oft ist die Nutzung während der ersten Jahre am intensivsten und als Folge davon der Nutzenverzehr am grössten. Ebenso kann sich, insbesondere bei Fahrzeugen, vor allem in den ersten Jahren aufgrund der starken Abnahme des Marktwerts ein besonders hoher Abschreibungsbedarf ergeben. In der Praxis haben sich als Konsequenz dieser Unsicherheiten eine Reihe von Abschreibungsmethoden entwickelt, die das Phänomen der Entwertung unterschiedlich berücksichtigen. Im Folgenden werden die drei wichtigsten Verfahren vorgestellt:

– *Leistungsproportionale Abschreibung:* Der Kauf einer Anlageposition wird als Investition betrachtet, die in der Zukunft einen Nutzen bringt. Dabei werden die Leistungen der Anlage im Voraus geschätzt. Der Anlagewert wird aufgrund der erbrachten Leistungen, d.h. des effektiven Nutzenabgangs während der einzelnen Perioden abgeschrieben.

Für die Berechnung der Abschreibungen der Periode t wird wie folgt vorgegangen:

$$A_t = (W - R) * \dfrac{L_t}{\sum_{i=1}^{n} L_i}$$

Die Investition für den Lastwagen beträgt netto 350 000. Es wird mit einer Leistung von 500 000 gefahrenen Kilometern gerechnet. Dementsprechend beträgt die Abschreibung pro Fahrkilometer 0.70. In einem Jahr mit z.B. 60 000 Fahrkilometern werden 42 000 als Aufwand der Erfolgsrechnung belastet.

Die leistungsproportionale Abschreibung ist ohne jeden Zweifel sachgerecht, die Schwierigkeit liegt aber in der im Voraus erforderlichen Quantifizierung der Gesamtleistung.

- *Zeitproportionale Abschreibung/lineare Abschreibung:* Diese Methode geht davon aus, dass der Wert der Anlage proportional zur Nutzungsdauer abnimmt. Falls die erbrachten Leistungen der Anlage pro Zeiteinheit konstant sind, entspricht dieses Verfahren der leistungsproportionalen Abschreibung. Die Abschreibung der Periode t berechnet sich wie folgt:

$$A_t = \frac{(W - R)}{n}$$

Im Beispiel des Lastwagens wird mit einer Lebensdauer von 10 Jahren gerechnet. Der jährliche Abschreibungsbetrag beläuft sich dementsprechend auf 35 000 (350 000 für 10 Jahre). Der Vorteil dieser Methode liegt in der Einfachheit. Es sind nur die Lebensdauer der Anlage und der allenfalls verbleibende Restwert zu schätzen.

- *Degressive Abschreibung:* In diese Kategorie fallen sämtliche Abschreibungsverfahren, die in den ersten Jahren mehr abschreiben als in späteren Perioden. Das am häufigsten angewendete Verfahren ist die Geometrisch-Degressive Methode. Dabei wird vom jeweiligen Buchwert ein bestimmter Prozentsatz pro Jahr abgeschrieben. Der Prozentsatz bleibt jeweils konstant. Die Berechnung der Abschreibungen basiert auf folgenden Überlegungen:

$$A_1 = W * k \qquad\qquad B_1 = W * (1 - k)$$
$$A_2 = W * (1 - k) * k \qquad\qquad B_2 = W * (1 - k)^2$$
$$\ldots \qquad\qquad \ldots$$
$$\ldots \qquad\qquad \ldots$$
$$A_t = W * (1 - k)^{(t-1)} * k \qquad B_t = W * (1 - k)^t$$

Die Anwendung dieser Methode führt dazu, dass die Anlage nie auf Null abgeschrieben wird. Nach Ablauf der Lebensdauer «n» verbleibt ein Restwert «R»:

$$R = W * (1 - k)^n$$

Bei einer jährlichen Abschreibung des Lastwagens um 20% resultieren folgende Werte:

Bewertung

Periode	Buchwert (B)	Abschreibung (A)	Restwert (R)
1	400 000	80 000	320 000
2	320 000	64 000	256 000
3	256 000	51 200	204 800
...	...	...	...

- **Verbuchung der Abschreibung des Anlagevermögens**

Zur Verbuchung der Abschreibungen existieren zwei Methoden: die direkte und die indirekte Abschreibung. Beide Methoden werden vorgestellt.

Es gelten die gleichen Parameter:
- Anschaffungskosten eines Lastwagens   400 000
- geschätzte Lebensdauer   10 Jahre
- Abschreibung vom Buchwert   20%
- Liquidationserlös   50 000

- *Direkte Methode:* Bei diesem Abschreibungsverfahren reduziert der Abschreibungsbetrag direkt den Buchwert im Konto des Anlagevermögens. Gleichzeitig wird er der Erfolgsrechnung als Aufwand belastet. Die Anwendung der direkten Methode wird für eine lineare Abschreibung (vgl. Abb. 7/7) und für eine degressive Abschreibung (vgl. Abb. 7/8) illustriert.

Abbildung 7/7:   Direkte Methode mit linearer Abschreibung

Der Lastwagen wird jährlich um 1/10, d.h. 35 000, abgeschrieben.

S (+)	Fahrzeuge		H (-)	S (+)	Abschreibungen		H (-)
1)	400 000						
		2)	35 000 ⟵⟶	2)	35 000		
		SB	365 000			S	35 000
Total	400 000	Total	400 000	Total	35 000	Total	35 000

Buchungssätze:	1)	Fahrzeuge	/	Flüssige Mittel	400 000
	2)	Abschreibungen	/	Fahrzeuge	35 000

Abbildung 7/8:   Direkte Methode mit degressiver Abschreibung

Der Lastwagen wird jährlich um 20% abgeschrieben.

S (+)	Fahrzeuge	H (-)		S (+)	Abschreibungen	H (-)
1)	400 000					
		2)	80 000 ← → 2)	80 000		
		SB	320 000		S	80 000
Total	400 000	Total	400 000	Total	80 000	Total	80 000

Buchungssätze: 1) Fahrzeuge   / Flüssige Mittel   400 000
                2) Abschreibungen   / Fahrzeuge   80 000

Die direkte Abschreibung hat den Vorteil, dass es sich um einen einfachen Buchungsmechanismus handelt. Allerdings gehen wertvolle Informationen verloren, da in der Bilanz nur der Netto-Bilanzwert der Anlagen erscheint. Nicht ersichtlich ist, zu welchem Preis die Anlage ursprünglich beschafft wurde und welcher Teil davon bereits abgeschrieben worden ist.

– *Indirekte Methode:* Bei diesem Abschreibungsverfahren wird der Buchwert im Konto des Anlagevermögens nicht reduziert. Die Abschreibungen werden über ein separates Konto «Wertberichtigungen (WB) Anlagen» gebucht. Dieses Konto wird in der Praxis oft auch als «Kumulierte Abschreibungen» bezeichnet. Trotz dieser Bezeichnung handelt es sich um ein Bilanzkonto. Im Konto des Anlagevermögens verbleibt der ursprüngliche Anschaffungswert der Position bestehen – der kumulierte Abschreibungsaufwand wird im dazugehörigen Wertberichtigungskonto festgehalten. Auch bei dieser indirekten Methode wird der Abschreibungsbetrag der Erfolgsrechnung als Aufwand belastet. Die Anwendung der indirekten Methode wird am Beispiel einer linearen Abschreibung (vgl. Abb. 7/9) und einer degressiven Abschreibung (vgl. Abb. 7/10) gezeigt.

Abbildung 7/9:   Indirekte Methode mit linearer Abschreibung

Der Lastwagen wird jährlich um 1/10, d.h. 35 000, abgeschrieben.

S (+)	Fahrzeuge	H (-)	S (-)	WB Fahrzeuge	H (+)	S (+)	Abschreibungen	H (-)
1)	400 000							
					2)	35 000 ← → 2)	35 000	
	SB	400 000	SB	35 000			S	35 000
Total	400 000	Total	400 000	Total	35 000	Total	35 000	Total	35 000	Total	35 000

Bewertung

Buchungssätze:	1) Fahrzeuge	/	Flüssige Mittel	400 000
	2) Abschreibungen	/	WB Fahrzeuge	35 000

Abbildung 7/10:   Indirekte Methode mit degressiver Abschreibung

Der Abschreibungssatz beträgt 20% des jeweiligen Buchwerts.

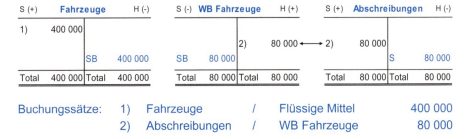

Buchungssätze:	1) Fahrzeuge	/	Flüssige Mittel	400 000
	2) Abschreibungen	/	WB Fahrzeuge	80 000

Die indirekte Methode ist aufwändiger, allerdings bietet sie wesentlich mehr an Information. Analog zum Konto «Delkredere» wird auch das Konto «Wertberichtigungen» in der Bilanz als Abzugsposition beim entsprechenden Aktivkonto («Minus-Aktivkonto») geführt. Dabei werden in einer Vorkolonne die Wertberichtigungen vom ursprünglichen Anschaffungswert subtrahiert und der Wert der Anlagen netto in der Hauptkolonne der Aktiven ausgewiesen. Bezüglich der Aussagekraft und Verständlichkeit ist die in der Vergangenheit oft praktizierte Eingliederung von Wertberichtigungskonten auf der Passivseite abzulehnen (vgl. Abb. 7/11).

Abbildung 7/11:   Bilanzierung des Delkrederes und der Wertberichtigungen

Aktiven			Schlussbilanz	Passiven
...		...		
Debitoren				
- Delkredere	- ...	...		
...		...		
Anlagevermögen		...		
- WB Anlagevermögen	- ...	...		
Total		...	Total	...

- **Bedeutung der Abschreibung**

Eine wichtige Funktion der Abschreibung des Anlagevermögens besteht in der gleichzeitigen Bereitstellung von Mitteln für den Ersatz erneuerungsbedürftiger Anlagen und Einrichtungen. Dies wird an einem Beispiel illustriert (vgl. Abb. 7/12).

Abbildung 7/12: Finanzierung durch Abschreibung

Aufwand	Erfolgsrechnung		Ertrag
Materialaufwand	100 000	Ertrag aus Betriebstätigkeit	600 000
Personalaufwand	200 000		
Gemeinkosten	200 000		
Abschreibungen	60 000		
Reingewinn	40 000		
Total	600 000	Total	600 000

Durch den Erlös sind im Umfang sämtlicher Aufwendungen flüssige Mittel in den Betrieb zurückgeflossen. Diese werden laufend wieder für die Beschaffung von Material sowie für die Bezahlung der Löhne und Gemeinkosten verwendet. Die Beträge, die den im Aufwand festgehaltenen Abschreibungen entsprechen und durch den Erlös zu einer Erhöhung der flüssigen Mittel führen, stehen später zur Erneuerung der Anlagen zur Verfügung. Bis zu diesem Zeitpunkt häufen sich die durch die Abschreibungen zurückgewonnenen Mittel allmählich an. Sie sind bis zur effektiven Erneuerung gezielt anzulegen. Durch die Abschreibungen der Anlagen ändert sich das Bilanzbild (vgl. Abb. 7/13).

Abbildung 7/13: Effekt der Abschreibungen auf die Bilanz

Aktiven	Bilanz zu Beginn		Passiven
UV	400 000	FK	500 000
AV	600 000	EK	500 000
Total	1 000 000	Total	1 000 000

Aktiven	Bilanz nach vollständiger Abschreibung		Passiven
UV	1 000 000	FK	500 000
AV	0	EK	500 000
Total	1 000 000	Total	1 000 000

Nach der Erneuerung der Anlagen zeigt die Bilanz wieder das gleiche Bild wie zu Beginn.

Natürlich sind die Abläufe in Wirklichkeit nicht so schematisch. Die Erneuerung der Anlagen erfolgt etappenweise. Ferner führt der Ersatz alter Anlagen meistens zu höheren Kosten, sei es als Folge der Teuerung oder des technischen Fortschritts. Auch wird in den seltensten Fällen eine Anlage identisch mit der vorherigen sein. Bei der Neuanschaffung sollte den veränderten Umweltbedingungen Rechnung getragen werden, z.B. höheres Produktionsvolumen, effizientere Herstellung, automatische Steuerung, höhere Wartungs- und Bedienungsfreundlichkeit. Auf diese Weise werden die durch die Abschreibungen gewonnenen Mittel die Kosten der Erneuerung kaum vollständig decken. Die zusätzlich erforderlichen Mittel sind deshalb durch Selbstfinanzierung (zurückbehaltene Gewinne) oder durch die Aufnahme von Kapital (Eigen- oder Fremdkapital) aufzubringen.

7.3 Bewertung der Passiven

Auf der Passivseite der Bilanz ergeben sich weniger Bewertungsschwierigkeiten als bei den Aktiven. Dies ist auf folgende Gründe zurückzuführen:

- Die meisten Fremdkapitalpositionen stehen in ihrem Betrag fest. So zeigen z.B. die Konten «Kreditoren» und «Obligationenanleihen» jene Beträge, die in der Zukunft zu bezahlen sind, um die Schulden des Unternehmens gegenüber den Kreditgebern zu tilgen.
- Eine Bewertung des Eigenkapitals entfällt, da diese Kapitalgruppe den Residualanspruch der Eigentümer am Unternehmen zeigt. Indirekt wird das Eigenkapital aber gleichwohl bewertet, da es im Rechnungswesen als Differenz der bewerteten Aktiven und der bewerteten Fremdkapitalpositionen betrachtet werden kann.

- **Bewertung der Rückstellungen**

Die Bewertungsproblematik bei den Passiven konzentriert sich auf den Wertansatz der Rückstellungen. Es handelt sich dabei um Verbindlichkeiten, die sich dadurch auszeichnen, dass sie mit einer oder mehreren Unsicherheiten verbunden sind. Beispiele sind Steuerrückstellungen für noch nicht definitiv veranlagte Ertragssteuern oder Garantierückstellungen aufgrund der Produkthaftpflicht für fehlerhafte Güter, die im laufenden Jahr verkauft worden sind. In beiden Fällen ist eine hohe Wahrscheinlichkeit gegeben, dass in Zukunft eine Zahlung erfolgen muss. Der genaue Betrag ist aber noch nicht bekannt. Ebenso besteht die Möglichkeit, dass der Empfänger oder der Zeitpunkt der Zahlung noch nicht feststehen (z.B. bei Garantieleistungen). Es ist aber auch möglich, dass heute erwartete Verpflichtungen in der Zukunft nicht voll eintreffen werden (z.B. bei Prozessrückstellungen).

Sämtlichen Rückstellungen ist die Tatsache gemeinsam, dass der zukünftige Nutzenabgang in der Vergangenheit verursacht wurde, aber erst später wirksam wird. Die entsprechenden Aufwendungen sind aufgrund des Periodisierungsprinzips in jener Periode, in der sie verursacht werden, zu berücksichtigen.

Die Problematik der hohen Unsicherheiten bei der Bewertung von Rückstellungen führt dazu, dass eine Reihe von Voraussetzungen zu beachten sind:

- *Ereignis in der Vergangenheit:* Die Rückstellung muss durch einen Sachverhalt, der in der Vergangenheit stattgefunden hat, begründet werden. Es dürfen keine Rückstellungen für zukünftige Aufwendungen gebildet werden.
- *Tatsächliche Verpflichtung:* Es muss sich um eine rechtliche oder faktische Verpflichtung handeln, die aufgrund eines konkreten Ereignisses existiert. Ein Beispiel ist der Verkauf eines fehlerhaften Produkts, worauf das Unternehmen von einem Kunden auf Produkthaftpflicht verklagt wurde.
- *Eintrittswahrscheinlichkeit:* Aus dem Geschäftsfall ist mit einer hohen Wahrscheinlichkeit (> 50%) ein zukünftiger Geld-, Sachgüter- oder Dienstleistungsabfluss zu erwarten.
- *Verlässlichkeit:* Der Betrag muss verlässlich geschätzt werden können, d.h. es muss beurteilbar sein, wie hoch der zukünftige Nutzenabfluss sein wird.

Rückstellungen werden zulasten des gleichen Erfolgskontos gebildet, über das der Geschäftsfall gebucht worden wäre, sofern die endgültige Abrechnung bereits vorliegen würde. Die Auflösung der Rückstellung erfolgt dann, wenn die Verpflichtung hinreichend abgeklärt ist. Allfällige Differenzen sind wiederum über die Erfolgsrechnung aufzulösen. Auch ist eine bestehende Rückstellung erfolgswirksam aufzulösen, wenn die ursprünglichen Gründe für die Bildung später wegfallen. Das folgende Beispiel illustriert die Verbuchung von Rückstellungen (vgl. Abb. 7/14).

Abbildung 7/14:   Verbuchung Garantierückstellungen

Es sind folgende Tatsachen bekannt:
1) Im Jahr 20.0 wurde ein neues Automodell auf den Markt gebracht, womit ein Umsatz von 10 Mio. generiert wird.
2) Es wird erwartet, dass aufgrund einer gewährten Garantie 8% der verkauften Fahrzeuge zurückgenommen werden müssen, wobei den Kunden der Kaufpreis zurückerstattet wird.
3) 20.1 müssen qualitativ ungenügende Fahrzeuge im Wert von 0.7 Mio. zurückgenommen werden.
4) Der Umsatz 20.1 konnte auf 20 Mio. gesteigert werden.
5) Infolge Qualitätsverbesserungen kann bei der zweiten Serie mit einer Rücknahmequote von 5% gerechnet werden.
6) Im Dezember läuft die Garantieverpflichtung für die Verkäufe während des Jahres 20.0 aus.

Bewertung

S (-)	Garantierückstellungen (20.0)		H (+)
		2)	800
SB	800		
Total	800	Total	800

S (-)	Verkaufserlös (20.0)		H (+)
		2)	800	1)	10 000
		S	9 200
Total	10 000	Total	10 000

S (-)	Garantierückstellungen (20.1)		H (+)
3)	700	AB	800
6)	100	5)	1 000
SB	1 000		
Total	1 800	Total	1 800

S (-)	Verkaufserlös (20.1)		H (+)
5)	1 000	4)	20 000
S	19 000		
Total	20 000	Total	20 000

20.0:	1)	Flüssige Mittel	/	Verkaufserlös	10 000 000
	2)	Verkaufserlös	/	Garantierückstellungen	800 000
20.1:	3)	Garantierückstellungen	/	Flüssige Mittel	700 000
	4)	Flüssige Mittel	/	Verkaufserlös	20 000 000
	5)	Verkaufserlös	/	Garantierückstellungen	1 000 000
	6)	Garantierückstellungen	/	Neutraler Ertrag	100 000

Die Auflösung der im Jahr 20.0 zu hoch angesetzten Rückstellungen wird als neutraler Ertrag verbucht, da es sich um einen periodenfremden Erfolg handelt. Mit diesem Vorgehen wird das ordentliche Ergebnis der aktuellen Periode nicht verfälscht. Unschön ist allerdings, dass aus heutiger Sicht der Aufwand derjenigen Periode, in der die Rückstellung gebildet wurde, nicht den ökonomischen Gegebenheiten entsprach. Es ist aber anzumerken, dass die Information über den effektiven zukünftigen Geldabfluss damals nicht vorhanden war. Damit war der früher gebuchte Aufwand aus der damaligen Optik gleichwohl korrekt.

Abschliessend ist festzuhalten, dass Rückstellungen nicht mit Reserven oder sonstigen Eigenkapitalpositionen verwechselt werden dürfen. Bei Rückstellungen handelt es sich um verursachte, aber noch nicht restlos geklärte zukünftige Geld-, Sachgüter- oder Dienstleistungsabgänge gegenüber Dritten. Reserven dagegen verkörpern in der Regel einbehaltene Gewinne und sind damit Teil des Eigenkapitals, wobei die zukünftigen Geld-, Sachgüter- oder Dienstleistungsabgänge gegenüber den Eigentümern erfolgen.

8 Ausgewählte Fragen der Rechnungsführung

Dieses Kapitel widmet sich einzelnen Fragestellungen, denen aus der Sicht der praktischen Handhabung des Rechnungswesens eine besondere Bedeutung zukommt. Dazu gehören die Verbuchung des Wertschriften- und Immobilienverkehrs – zwei Bereiche, die im Allgemeinen nicht der betrieblichen Tätigkeit eines Unternehmens zugeordnet werden, jedoch die ausgewiesenen Ergebnisse massgeblich beeinflussen können. Neben einer kurzen Einführung zum Wesen des jeweiligen Geschäftsbereichs liegt der Schwerpunkt bei der konkreten Darstellung der buchhalterischen Abwicklung. Beim Wertschriftenverkehr werden mehrere Verfahren gezeigt, um den Informationsgehalt unterschiedlicher Buchungsvarianten aufzuzeigen. Beim Immobilienverkehr hingegen steht die Abgrenzung zwischen Aufwendungen und Investitionen im Vordergrund der Ausführungen. Beide Bereiche sind hervorragend geeignet, um die Kenntnisse im Rechnungswesen zu vertiefen und für konkrete Problemstellungen anzuwenden. Das Kapitel wird beendet mit einem Abschnitt zu den stillen Reserven. Die Bildung und Auflösung stiller Reserven und die konkreten Auswirkungen auf die Aussagekraft der Daten des Rechnungswesens werden anhand eines Beispiels verdeutlicht. Die Bereinigung der Daten um die stillen Reserven stellt eine zentrale Vorbereitungsarbeit für das Erstellen der Geldflussrechnung und die Kennzahlenanalyse dar, die in späteren Kapiteln behandelt werden.

8.1 Führen der Wertschriftenkonten

- **Grundproblematik**

Bei den folgenden Ausführungen werden unter Wertschriften Aktien und Obligationen verstanden. Dabei investiert ein Unternehmen aus zwei Gründen in solche Papiere:

- ertragbringende Anlage von flüssigen Mitteln auf kurze Sicht
- langfristige Beteiligung an anderen Unternehmen.

Im ersten Fall sind die Wertschriften als leicht verwertbare Aktiven im Konto «Wertschriften» dem Umlaufvermögen zuzuordnen, während sie im zweiten Fall im Konto «Beteiligungen» unter dem Anlagevermögen aufgeführt sind. Die Ausführungen konzentrieren sich auf die Behandlung der Wertschriften des Umlaufvermögens.

Analog zur Verbuchung der Warenkonten werden auch bei Wertschriften zwei Kontotypen unterschieden:
- Wertschriftenbestandeskonten
- Wertschriftenerfolgskonten (häufig gegliedert in Wertschriftenaufwand und -ertrag).

Die Konten werden regelmässig durch eine Mengenkontrolle (Wertschriftenkontrolle) ergänzt.

- **Verbuchungsmethoden des Wertschriftenverkehrs**

Zur Erfassung des Wertschriftenverkehrs können detaillierte, mehrteilige Konten-Konzepte angewendet werden. Denkbar sind z.B. separate Konten für die Wertschriftenbestände, Wertschriftenkäufe und -verkäufe, Kurserfolge, Zins- und Dividendenerfolge sowie für die Verwaltungskosten. Abgesehen von Unternehmen, die sich auf Wertschriftentransaktionen spezialisiert haben (Banken, Versicherungen usw.), wird in der Regel auf eine detaillierte Kontenführung verzichtet.

Zur Verbuchung der Wertschriften werden grundsätzlich drei Methoden unterschieden:

- *Verbuchung aufgrund der Endbeträge der Bankabrechnungen:* Bei dieser Methode werden in der Bilanz die Endbeträge der Bankabrechnungen aktiviert.

- *Verbuchung aufgrund der Kurswerte:* Bei diesem Verfahren werden in der Bilanz nur die Kurswerte aktiviert. Allfällige Spesen und Marchzinsen (d.h. aufgelaufene Zinsen) werden direkt in der Erfolgsrechnung erfasst.

- *Separate Verbuchung der Einstandskosten und der Erfolgsbeiträge:* Bei dieser Methode, die eine Kombination der vorherigen Methoden darstellt, werden die Kurswerte sowie die Spesen aktiviert. Die Marchzinsen werden jedoch direkt in der Erfolgsrechnung erfasst.

Die einzelnen Methoden werden im Folgenden vorgestellt und gewürdigt. Sie unterscheiden sich in der Frage, welche Kostenelemente in der Bilanz (Konto «Wertschriften») und welche in der Erfolgsrechnung (Konten «Wertschriftenaufwand» und «Wertschriftenertrag») zu berücksichtigen sind (vgl. Abb. 8/1).

Ausgewählte Fragen der Rechnungsführung 111

Abbildung 8/1: Methoden zur Verbuchung des Wertschriftenverkehrs

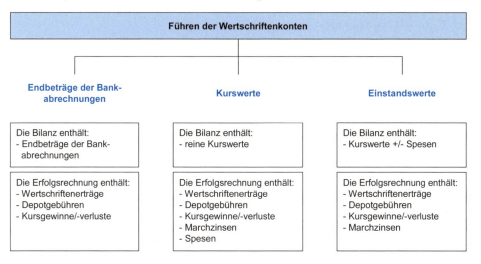

Die Unterschiede der drei Verfahren werden anhand eines Beispiels verdeutlicht.

Es sind folgende Sachverhalte bekannt:

Das Unternehmen verfügt zu Beginn des Geschäftsjahres 20.1 über 10 Aktien der Y-AG zum Kurs von jeweils 450. Bis zum Jahresende finden folgende Wertschriftentransaktionen statt:

1) Kauf 10 000 nominal, 3% Obligation zum Kurs von 102 per 1.4.20.1:
Kaufpreis	10 200
Aufgelaufene Marchzinsen vom 1.10.20.0 (Zinstermin) bis 1.4.20.1	150
Kommissionen, Stempel und Gebühren	100
Bankabrechnung	10 450

2) Verkauf 10 Aktien Y-AG zum Kurs von 525 per 12.6.20.1:
Verkaufserlös	5 250
Kommissionen, Stempel und Gebühren	60
Bankabrechnung	5 190

3) Zinszahlung für die Obligation per 1.10.20.1:
Zinsertrag von 3%	300
Abzüglich 35% Verrechnungssteuer (VSt)	105
Bankabrechnung	195

4) Schlussbestand per 31.12.20.1:

Obligation zum Kurs von 101.50	10 150
Aufgelaufene Marchzinsen vom 1.10. – 31.12.20.1	75
Inventarbetrag	10 225

Erläuterungen zum Beispiel:

- Die Kursangaben für Obligationenanleihen verstehen sich in Prozent des Nominalwerts.
- Unter Marchzinsen werden die aufgelaufenen, jedoch noch nicht vergüteten Zinsguthaben, die dem Eigentümer eines Wertpapiers zustehen, verstanden. Im vorliegenden Beispiel erfolgt die jährliche Zinszahlung am 1.10. Die Käuferin wird am 1.10.20.1 eine Zinsgutschrift von 300 erhalten. Da sie aber nicht über die ganze Laufzeit vom 1.10.20.0 bis 1.10.20.1 Eigentümerin war, muss sie dem Verkäufer im Zeitpunkt des Kaufs den aufgelaufenen Zinsanteil (für die Zeit vom 1.10.20.0 bis zum 1.4.20.1) vergüten.
- Die Verrechnungssteuer (VSt) wird insbesondere bei Dividendenausschüttungen auf Aktien oder Zinszahlungen auf Obligationen von Schweizer Unternehmen an der Quelle erhoben. Der jeweilige Empfänger der Leistung (d.h. der Aktionär bzw. der Gläubiger) kann die Verrechnungssteuer – sofern er die Dividenden bzw. Zinsen korrekt als Einkommen in der Steuererklärung deklariert – zurückfordern. Er verfügt somit über ein Guthaben gegenüber der Steuerverwaltung, das er z.B. unter dem Konto «Debitor Verrechnungssteuer» verbucht.

- **Verbuchung auf der Basis der Endbeträge der Bankabrechnungen**

Bei dieser Methode werden jeweils die Endbeträge der Bankabrechnungen in der Bilanz aktiviert. Die Wertschriftenerträge, Depotgebühren sowie allfällige Kursgewinne oder -verluste werden direkt in der Erfolgsrechnung erfasst. Am Ende der Periode ist eine Inventur mit Festlegung der Bilanzkurse am Jahresende unerlässlich. Der ermittelte Soll-Endbestand wird mit dem bisherigen Ist-Bestand des Kontos «Wertschriften» verglichen und die Differenz über den Wertschriftenaufwand (Verlust) bzw. Wertschriftenertrag (Gewinn) verbucht (vgl. Abb. 8/2).

Abbildung 8/2: Verbuchung auf der Basis der Endbeträge der Bankabrechnungen

S (+)	Wertschriften		H (-)
AB	4 500	2)	5 190
1)	10 450		
4)	465		
		SB	10 225
Total	15 415	Total	15 415

S (-)	Wertschriftenertrag		H (+)
		3a)	195
		3b)	105
		4)	465
S	765		
Total	765	Total	765

1.4.20.1	1)	Wertschriften	/	Bankguthaben	10 450
12.6.20.1	2)	Bankguthaben	/	Wertschriften	5 190
1.10.20.1	3a)	Bankguthaben	/	Wertschriftenertrag	195
	3b)	Debitor VSt	/	Wertschriftenertrag	105
31.12.20.1	4)	Wertschriften	/	Wertschriftenertrag	465

Der Schlussbestand lässt sich bei dieser Methode aufgrund des durchgeführten Inventars, das einen Schlussbestand von 10 225 für das Konto «Wertschriften» ergibt, ermitteln. Dieser Soll-Endbestand wird mit dem bisherigen Kontostand verglichen, was anschliessend die entsprechende Korrekturbuchung auslöst.

Ermittlung des Betrags für die Korrekturbuchung:

Soll-Bestand gemäss Inventar (10 150 + 75)	10 225
Ist-Bestand gemäss Konto «Wertschriften» (4 500 + 10 450 – 5 190)	- 9 760
Differenz für Korrekturbuchung (Gewinn)	465

Bei der Verbuchung gemäss Endbeträgen der Bankabrechnungen handelt es sich um das einfachste Verfahren, das im Konto «Wertschriften» eine Mischung von Kurswerten, Kauf- bzw. Verkaufsspesen sowie Marchzinsen in Kauf nimmt. Am Ende des Jahres werden die im Bestand verbuchten Erfolgselemente mit einer Korrekturbuchung auf das Konto «Wertschriftenaufwand» bzw. «Wertschriftenertrag» übertragen.

- **Verbuchung auf der Basis reiner Kurswerte**

Bei dieser Methode werden jeweils die reinen Kurswerte in der Bilanz aktiviert. Spesen, anfallende Marchzinsen, Wertschriftenerträge, Depotgebühren sowie allfällige Kursgewinne oder -verluste werden direkt in der Erfolgsrechnung erfasst. Auch bei dieser Methode ist am Ende der Periode eine Inventur mit Festlegung der Bilanzkurse am Jahresende erforderlich. Der ermittelte Soll-Endbestand wird mit dem bisherigen Ist-Bestand des Kontos «Wertschriften» verglichen und die Differenz über den Wertschriftenaufwand bzw. -ertrag verbucht (vgl. Abb. 8/3).

Abbildung 8/3:   Verbuchung auf Basis der Kurswerte

S (+)	Wertschriften		H (-)
AB	4 500	2c)	5 250
1a)	10 200	4a)	50
2a)	750		
		SB	10 150
Total	15 450	Total	15 450

S (+)	Wertschriftenaufwand		H (-)
1c)	100		
2b)	60		
4a)	50		
		S	210
Total	210	Total	210

S (-)	Wertschriftenertrag		H (+)
1b)	150	2a)	750
		3a)	195
		3b)	105
		4b)	75
S	975		
Total	1 125	Total	1 125

1.4.20.1	1a)	Wertschriften	/	Bankguthaben	10 200
	1b)	Wertschriftenertrag	/	Bankguthaben	150
	1c)	Wertschriftenaufwand	/	Bankguthaben	100
12.6.20.1	2a)	Wertschriften	/	Wertschriftenertrag	750
	2b)	Wertschriftenaufwand	/	Bankguthaben	60
	2c)	Bankguthaben	/	Wertschriften	5 250
1.10.20.1	3a)	Bankguthaben	/	Wertschriftenertrag	195
	3b)	Debitor VSt	/	Wertschriftenertrag	105
31.12.20.1	4a)	Wertschriftenaufwand	/	Wertschriften	50
	4b)	Transitorische Aktiven	/	Wertschriftenertrag	75

Die Marchzinsen (vgl. Buchungssatz 1b), die an den Verkäufer bezahlt werden, sind als Ertragsminderung zu verbuchen. Der Schlussbestand lässt sich bei dieser Methode aufgrund des durchgeführten Inventars, das einen Schlussbestand von 10 150 für das Konto «Wertschriften» ergibt, ermitteln. Dieser Soll-Endbestand wird mit dem bisherigen Kontostand verglichen, was anschliessend die entsprechende Korrekturbuchung auslöst.

Ermittlung des Betrags für die Korrekturbuchung:

Soll-Bestand gemäss Inventar (Kurswert 31.12.20.1)	10 150
Ist-Bestand gemäss Konto «Wertschriften» (4 500 + 10 200 + 750 – 5 250)	- 10 200
Differenz für Korrekturbuchung (Verlust)	- 50

Mit der reinen Kurswertmethode erhält das buchführende Unternehmen eine Übersicht über den unverfälschten Kursverlust bzw. -gewinn aus dem Halten der Wertschriften. In der Bilanz werden dementsprechend nur die Kurswerte erfasst, während sämtliche Spesen und Marchzinsen der Erfolgsrechnung belastet werden. Bei Verkäufen wird der reine Kursverlust bzw. -gewinn gesondert ausgewiesen.

Am Jahresende werden die Wertschriften auf der Basis des jeweiligen Kurswerts bilanziert, was zur Folge hat, dass der Bestand um die unrealisierten Kursverluste bzw. -gewinne zu korrigieren ist. Allfällige aufgelaufene Marchzinsen werden nicht im Konto «Wertschriften», sondern im Konto «Transitorische Aktiven» erfasst. Diese Methode mit reinen Kurswerten liefert wertvolle Informationen. Dies darf aber nicht darüber hinwegtäuschen, dass die reinen Kursverluste bzw. -gewinne effektiv gar nicht erzielt werden, da bei jeder Wertschriftentransaktion immer gleichzeitig auch Spesen anfallen.

- **Verbuchung auf der Basis der Einstandswerte**

Bei dieser Methode werden jeweils die Kurswerte abzüglich bzw. zuzüglich allfälliger Spesen in der Bilanz aktiviert. Die anfallenden Marchzinsen, Wertschriftenerträge, Depotgebühren sowie allfällige Kursgewinne oder -verluste werden direkt in der Erfolgsrechnung erfasst. Auch bei dieser Methode ist am Ende der Periode eine Inventur mit Festlegung der Bilanzkurse am Jahresende unerlässlich. Der ermittelte Soll-Endbestand wird mit dem bisherigen Ist-Bestand des Kontos «Wertschriften» verglichen und die Differenz über den Wertschriftenaufwand bzw. -ertrag verbucht (vgl. Abb. 8/4).

Abbildung 8/4:   Verbuchung auf Basis der Einstandswerte

S (+)	Wertschriften		H (-)	S (-)	Wertschriftenertrag		H (+)
AB	4 500	2)	5 190	1b)	150	3a)	195
1a)	10 300					3b)	105
4a)	540					4a)	540
						4b)	75
		SB	10 150	S	765		
Total	15 340	Total	15 340	Total	915	Total	915

1.4.20.1	1a)	Wertschriften	/	Bankguthaben	10 300
	1b)	Wertschriftenertrag	/	Bankguthaben	150
12.6.20.1	2)	Bankguthaben	/	Wertschriften	5 190
1.10.20.1	3a)	Bankguthaben	/	Wertschriftenertrag	195
	3b)	Debitor VSt	/	Wertschriftenertrag	105
31.12.20.1	4a)	Wertschriften	/	Wertschriftenertrag	540
	4b)	Transitorische Aktiven	/	Wertschriftenertrag	75

Der Schlussbestand wird bei dieser Methode aufgrund des durchgeführten Inventars ermittelt, das einen Schlussbestand von 10 150 für das Konto «Wertschriften» ergibt. Dieser Soll-Endbestand wird mit dem bisherigen Kontostand verglichen, was anschliessend die entsprechende Korrekturbuchung auslöst.

Ermittlung des Betrags für die Korrekturbuchung:

Soll-Bestand gemäss Inventar (Kurswert 31.12.20.1)	10 150
Ist-Bestand gemäss Konto «Wertschriften»	
(4 500 + 10 300 – 5 190)	- 9 610
Differenz für Korrekturbuchung (Gewinn)	540

Die Überlegung, dass bei der Kurswertmethode die reinen Kursverluste bzw. -gewinne nicht realisiert werden können, führt zur Trennung in bilanzwirksame Einstandskosten und Erfolgsbeiträge. Das Konto «Wertschriften» wird dabei während des Jahres immer mit Brutto-Einstandspreisen (Kurswerte zuzüglich Spesen ohne Marchzinsen) bzw. Netto-Verkaufspreisen geführt. Am Ende des Jahres erfolgt die Anpassung an aktuelle Werte. Allfällige aufgelaufene Marchzinsen werden nicht im Konto «Wertschriften», sondern im Konto «Transitorische Aktiven» erfasst. In den Erfolgsrechnungskonten werden grundsätzlich sämtliche Ertragskomponenten (Zinsen und Dividenden) erfasst. Erst am Ende der Periode wird zusätzlich der Aufwertungs- oder Abwertungsbetrag verbucht.

Bezüglich der Frage, welche Methode in der Praxis die sinnvollste ist, kann keine eindeutige Antwort gegeben werden. Auch hier spielen Kosten-/Nutzenüberlegungen eine wichtige Rolle. Die Entscheidung wird massgeblich von der Relevanz der erforderlichen Informationen bezüglich des Kontos «Wertschriften» beeinflusst. Zusätzlich dürfte der Umfang des gehaltenen Portfolios einen Einfluss auf die konkrete Wahl des Verfahrens haben.

- **Analyse des Wertschriftenerfolgs**

Wie die bisherigen Ausführungen gezeigt haben, setzt sich der Netto-Wertschriftenertrag aus den Wertschriftenerträgen (Zinsen, Dividenden), den Wertschriftenaufwendungen (Kommissionen, Stempel, Depot- und andere Gebühren) sowie den auf den Wertschriften während der Periode erzielten Kursverlusten bzw. -gewinnen zusammen. Kursverluste bzw. -gewinne können grundsätzlich zwei Ursachen haben, wobei zur Verdeutlichung auf das vorher gezeigte Beispiel verwiesen wird:

– *Realisierte Verluste bzw. Gewinne:* Sie entstehen bei Verkäufen als Differenz zwischen dem Kauf- und Verkaufswert und sind damit realisierte Kursdifferenzen. Im Beispiel wurde beim Verkauf der 10 Aktien der Y-AG ein Kursgewinn von 750 realisiert (Wert per 1.1.20.1: 4 500; Verkaufswert: 5 250).

- *Unrealisierte Verluste bzw. Gewinne:* Sie sind das Resultat der Bewertung am Abschlussstichtag. Im gezeigten Beispiel wird die Obligation am Jahresende zum Kurs von 101.5 bewertet bei einem Kaufkurs von 102. Daraus resultiert ein Kursverlust von 0.50 Prozentpunkten (was 50 entspricht), der allerdings nicht realisiert worden ist, da sich die Obligation noch immer im Eigentum des Unternehmens befindet.

Es ergibt sich somit für das gezeigte Beispiel folgende Zusammensetzung des Wertschriftenerfolgs:

Realisierter Wertschriftenerfolg

Kursgewinn bei Verkauf Y-Aktien	750
Zinsertrag	300
Bezahlte Marchzinsen	- 150
Kommissionen/Stempel/Gebühren	- 160
Total realisierter Gewinn	740

Unrealisierter Wertschriftenerfolg

Aufgelaufene Marchzinsen	75
Kursverlust Obligationen	- 50
Total unrealisierter Gewinn	25
Total Wertschriftenerfolg	**765**

8.2 Führen der Immobilienkonten

- **Grundproblematik**

Bei der Erläuterung der Verbuchung des Immobilienverkehrs steht nicht wie beim Wertschriftenverkehr die Wahl zwischen mehreren Buchungsmethoden im Vordergrund, sondern vielmehr der unterschiedliche Charakter von Aufwendungen und Investitionen. Die Verbuchungsverfahren des Wertschriftenverkehrs unterscheiden sich aber letztlich immer in der Frage, was in der Bilanz und was in der Erfolgsrechnung verbucht werden soll.

Unter Immobilien sind abgegrenzte Bodenflächen mit Einschluss der damit fest verbundenen Bauten, Pflanzen, Quellen und des Grundwassers zu verstehen (vgl. Art. 667 ZGB). Über die Rechtsverhältnisse an den Liegenschaften wird ein Grundbuch geführt (vgl. Art. 942ff. ZGB). Dies ist ein öffentliches Register, in das jeder – unter Nachweis cines rechtsschutzwürdigen Interesses – Einsicht nehmen kann.

Verträge über die Veräusserung und Belastung von Immobilien müssen zu ihrer Gültigkeit in das Grundbuch eingetragen werden. Mit der Eintragung erwirbt sich der Käufer das Eigentum der Immobilie. In vielen Fällen finanziert der Käufer die Immobilie durch eine oder mehrere Hypotheken. Die damit entstehenden Schulden sind dadurch gekennzeichnet, dass sie durch ein Grundpfandrecht auf die betreffende Immobilie sichergestellt werden.

Im Folgenden werden zunächst die aus Sicht der Immobilien relevanten Konten kurz vorgestellt. Anschliessend wird die Vorgehensweise bei Käufen und Verkäufen von Immobilien an einem Beispiel gezeigt.

- **Inhalte der Immobilienkonten**

Zu den Konten des Immobilienbereichs gehören die Bilanzkonten «Immobilien» und «Hypothekarschulden» sowie die Erfolgsrechnungskonten «Immobilienaufwand», «Immobilienertrag» und «Ausserordentlicher Erfolg aus Immobilien». Die einzelnen Konten werden kurz vorgestellt:

- *Immobilien:* Das Konto «Immobilien» erfasst die Bestände und Bewegungen der Immobilien (vgl. Abb. 8/5). In vielen Fällen ist es zweckmässig, für unbebaute Grundstücke, Geschäftsliegenschaften und Wohnhäuser getrennte Konten zu führen und sie in betriebliche und ausserbetriebliche Immobilien zu gliedern.

Abbildung 8/5:   Kontenschema Immobilien

Soll (+)		Immobilien	Haben (-)
Anfangsbestand	AB	Abnahme Bestand durch: - Immobilienverkauf - Abschreibungen	
Zunahme Bestand durch: - Immobilienkauf - Neubauten - Wertvermehrende Umbauten		Verluste aus Immobilienverkauf	
Gewinne aus Immobilienverkauf		Schlussbestand	SB

- *Hypothekarschulden:* Zur Erfassung der Hypothekarschulden werden separate Konten «Hypothekarschulden» innerhalb des Fremdkapitals geführt (vgl. Abb. 8/6). Sie erfassen die für den Kauf und den Betrieb der Immobilien erfolgte Finanzierung mittels Sicherheit durch Grundpfandrechte. In der Regel werden auch für Hypotheken mehrere Konten geführt, sofern verschiedene Pfandrechte bestehen (1., 2. Hypothek usw.) oder falls die auf den einzelnen Immobilien lastenden Hypotheken getrennt ausgewiesen werden sollen (Hypothek Immobilie A, Hypothek Immobilie B).

Abbildung 8/6: Kontenschema Hypothekarschulden

Soll (-)	Hypothekarschulden	Haben (+)
Abnahme der Hypothekarschulden durch: - Amortisationen - Rückzahlungen Schlussbestand SB	Anfangsbestand Zunahme der Hypothekarschulden	AB

- *Immobilienaufwand:* Der mit den Immobilien zusammenhängende ordentliche Aufwand und Ertrag wird auf den Konten «Immobilienaufwand» und «Immobilienertrag» erfasst. Bei ausschliesslich für betriebliche Zwecke genutzten Immobilien kann auf die Führung besonderer Konten für den Immobilienerfolg verzichtet werden. Der durch die Betriebsimmobilien verursachte Aufwand wird dann über die klassischen Erfolgskonten des Unternehmens abgewickelt (z.B. Energieaufwand, Geschäftsaufwand, Zinsaufwand, Allgemeine Unkosten).

Werden Immobilienerfolgskonten geführt, erfasst das Konto «Immobilienaufwand» alle Nutzenabgänge, die durch die Immobilien verursacht worden sind (vgl. Abb. 8/7). Je nach Bedürfnis können separate Konten geführt werden, z.B. unterteilt nach Aufwandsarten (Hypothekarzinsen, Unterhalt, Abschreibungen, Übriger Immobilienaufwand) oder nach Immobilien (Aufwand Immobilie A, Aufwand Immobilie B usw.).

Abbildung 8/7: Kontenschema Immobilienaufwand

Soll (+)	Immobilienaufwand	Haben (-)
Aufwendungen für: - Hypothekarzinsen - Abschreibungen - Reparaturen und Unterhalt - Energie - Versicherungen - Öffentliche Abgaben	Aufwandsminderungen: - Berichtigungen Saldo	 S

Wie bereits früher aufgezeigt, wird der Aufwand, der eine Werterhaltung bezweckt, grundsätzlich erfolgswirksam verbucht. Alle Investitionen hingegen, die den Wert der Immobilien erhöhen, sind auf dem Bestandeskonto «Immobilien» zu aktivieren.

In der Praxis lässt sich eine Aufteilung des Renovationsaufwands vielfach nicht vermeiden. Dieser Sachverhalt wird anhand eines Beispiels verdeutlicht (vgl. Abb. 8/8).

Abbildung 8/8:   Abgrenzung Wertvermehrung

Die Renovation der Sanitäranlagen einer Immobilie kostet 300 000. Eine Analyse ergibt, dass 1/3 als Wertvermehrung und 2/3 als Werterhaltung zu interpretieren sind.

Es sind folgende Buchungssätze erforderlich:

Immobilien	/ Flüssige Mittel	100 000	(1/3 wertvermehrend)
Immobilienaufwand	/ Flüssige Mittel	200 000	(2/3 werterhaltend)

In begründeten Fällen kann es zweckmässig sein, den Aufwand z.B. auf zwei Jahre zu verteilen. Dabei zeigt das folgende Beispiel, dass die jeweilige Verbuchung von subjektiven Einschätzungen geprägt ist (vgl. Abb. 8/9). Umso wichtiger sind eine sorgfältige Beurteilung der Sachlage und eine korrekte Dokumentation der Buchungen.

Abbildung 8/9:   Aktivierung Immobilienaufwand

Eine bestehende Zentralheizung mit Ölfeuerung wird erneuert. Am 10.10.20.1 wird die Rechnung von 200 000 mittels Banküberweisung beglichen. 80 000 werden als Wertvermehrung, der Rest als Werterhaltung interpretiert. Das Management entscheidet sich dafür, den werterhaltenden Betrag über einen Zeithorizont von zwei Jahren abzuschreiben. Für eine sachgerechte Lösung des Problems wird der werterhaltende Betrag auf ein besonderes Konto «Heizungserneuerung» gebucht. Im Rahmen des Jahresabschlusses wird der als Aufwand zu berücksichtigende Betrag abgeschrieben. Das Konto «Immobilien» wird jährlich mit 5% abgeschrieben.

Kontenführung Aktivierung Immobilienaufwand (in Tausend)

S (+)	Immobilien	H (−)		S (+)	Heizungs-erneuerung	H (−)		S (+)	Immobilienaufwand	H (−)
AB	900	3a) 49		2)	120	3b) 60		3a)	49	
1)	80							3b)	60	
		SB 931				SB 60				S 109
Total	980	Total 980		Total	120	Total 120		Total	109	Total 109

Ausgewählte Fragen der Rechnungsführung

Aktiven	Bilanz		Passiven
...	...		
Immobilien	931		
Heizungs-erneuerung	60		
...	...		
Total	...	Total	...

Aufwand	Erfolgsrechnung		Ertrag
...	...		
Immobilien-aufwand	109		
...	...		
Total	...	Total	...

Es sind folgende Buchungen erforderlich:

10.10.20.1	1)	Immobilien	/	Flüssige Mittel	80 000
10.10.20.1	2)	Heizungserneuerung	/	Flüssige Mittel	120 000
31.12.20.1	3a)	Immobilienaufwand	/	Immobilien	49 000
	3b)	Immobilienaufwand	/	Heizungserneuerung	60 000

– *Immobilienertrag:* Die Inhalte des Kontos «Immobilienertrag» zeigen, wann eine Beanspruchung der Immobilie durch die Betriebstätigkeit stattgefunden hat. In den Konten des Unternehmens ist der jeweilige Betrag als Mietaufwand, in der Immobilienrechnung als Immobilienertrag zu erfassen (vgl. Abb. 8/10). Diese Abgrenzung ist auch dann zu verbuchen, wenn effektiv keine Zahlung erfolgt. Nur so resultieren sowohl für das Rechnungswesen des Unternehmens als auch für die Immobilienrechnung aussagekräftige Daten. Ebenfalls erkennbar wird, dass bei einer privaten Nutzung der Immobilie durch den Eigentümer der Mietertrag, der bei einer Vermietung an Dritte verrechnet würde, zu berücksichtigen ist. Der Immobilienertrag kann unterteilt werden nach Ertragsarten (Mietzinseinnahmen, Mietwert Geschäft, Mietwert Privat) oder nach Immobilien (Ertrag Immobilie A, Ertrag Immobilie B usw.).

Abbildung 8/10: Kontenschema Immobilienertrag

Soll (-)	Immobilienertrag	Haben (+)
Ertragsminderungen: - Berichtigungen	Erträge: - Mietzinseinnahmen - Mietwert Geschäftsräume - Mietwert Privatwohnung	
Saldo S		

– *Ausserordentlicher Immobilienaufwand bzw. -ertrag:* Auch bei Immobilien sind ausserordentliche Aufwendungen und Erträge separat zu zeigen. Dazu zählen vor allem Gewinne und Verluste aus Immobilienverkäufen oder ausserordentliche Abschreibungen. Sie werden mit Vorteil auf besonderen Konten ausgewiesen. Dadurch wird erreicht, dass die Konten «Immobilienaufwand» und «Immobilienertrag» ausschliesslich ordentliche (normale) Erfolge zeigen. Gleichzeitig werden die Voraussetzungen für aussagekräftige Analysen der Ergebnisse des Immobilienbereichs geschaffen. Zudem ist zu beachten, dass in einigen Kantonen (z.B. Kanton Zürich) Gewinne aus Immobilienverkäufen separat besteuert werden (Grundstückgewinnsteuer). Dies rechtfertigt ebenfalls den gesonderten Ausweis von Erträgen aus Immobilienveräusserungen.

- **Buchungen beim Kauf und Verkauf von Immobilien**

Beim Kauf und Verkauf von Immobilien ergeben sich eine Vielzahl rechtlicher und auch steuerrechtlicher Konsequenzen, die zu beachten sind. Insbesondere die damit verbundenen Aufwendungen müssen im finanziellen Rechnungswesen angemessen erfasst werden. Dazu zählen z.B. Notariatsgebühren, Gebühren für die Eintragung ins Grundbuch, Grundstückgewinnsteuern, Provisionen, Kosten für die Neuvermessung des Grundstücks.

Es ist Aufgabe der Vertragsparteien zu vereinbaren, wer die Aufwendungen übernimmt. Häufig werden sie zwischen Käufer und Verkäufer aufgeteilt. Der Käufer verbucht die Kaufaufwendungen auf dem Konto «Immobilien», da sie den Einstandspreis erhöhen. Beim Verkäufer wird durch die Übernahme der Aufwendungen der Verkaufserlös reduziert.

Häufig ergeben sich bei einem Handwechsel einer Immobilie Abgrenzungsprobleme, die z.B. folgende Bereiche betreffen: Übernahme bestehender Hypotheken, aufgelaufene Hypothekarzinsen, aufgelaufene Mieteinnahmen, vorausbezahlte Versicherungsprämien, Heizölvorräte.

Die Abwicklung eines Immobilienverkaufs wird an einem Beispiel illustriert (vgl. Abb. 8/11).

Abbildung 8/11: Beispiel Immobilienkauf

Albert Sutter kauft per 31.12.20.1 von Heinz Bienz eine Immobilie, wobei Folgendes vereinbart wird:

1) Der Kaufpreis beträgt 1 800 000.
2) Albert Sutter übernimmt die auf der Immobilie lastende Hypothekarschuld im 1. Rang von 1 200 000 und den seit dem 31.10.20.1 aufgelaufenen Hypothekarzins zu 3.5% (aufgelaufener Hypothekarzins von 7 000).
3) Zugunsten von Heinz Bienz wird eine Hypothekarschuld von 200 000 im 2. Rang errichtet, Hypothekarzins 4.5%, Zinstermine sind jeweils der 30.6./31.12.

4) Der Käufer übernimmt den Vorrat an Heizmaterial im Wert von 4 000.
5) Die vom Verkäufer im Voraus bezahlte Gebäudeversicherung für das Jahr 20.2 von 2 000 wird übernommen.
6) Der effektive Verkaufspreis wird von Albert Sutter via Bankguthaben überwiesen.
7) Die Rechnung für Gebühren und Steuern (ohne Grundstückgewinnsteuer) lautet:

1‰ Notariatsgebühr (öffentliche Beurkundung)	1 800
2½‰ Gebühr für Eintragung ins Grundbuch	4 500
Total Rechnungsbetrag	6 300

Albert Sutter und Heinz Bienz zahlen jeweils die Hälfte der Rechnung via Bankguthaben.

Die Transaktionen aus Sicht von Albert Sutter, Käuferpartei, führen zu folgenden Buchungssätzen:

1)	Immobilien	/	Verbindlichkeit Bienz	1 800 000
2a)	Verbindlichkeit Bienz	/	Hypothekarschuld	1 200 000
2b)	Verbindlichkeit Bienz	/	Immobilienaufwand	7 000
3)	Verbindlichkeit Bienz	/	Hypothekarschuld	200 000
4)	Immobilienaufwand	/	Verbindlichkeit Bienz	4 000
5)	Immobilienaufwand	/	Verbindlichkeit Bienz	2 000
6)	Verbindlichkeit Bienz	/	Bankguthaben	399 000
7)	Immobilien	/	Bankguthaben	3 150

Die Transaktionen aus Sicht von Heinz Bienz, Verkäuferpartei, führen zu folgenden Buchungssätzen:

1)	Guthaben Sutter	/	Immobilien	1 800 000
2a)	Hypothekarschuld	/	Guthaben Sutter	1 200 000
2b)	Immobilienaufwand	/	Guthaben Sutter	7 000
3)	Hypothekarschuld	/	Guthaben Sutter	200 000
4)	Guthaben Sutter	/	Immobilienaufwand	4 000
5)	Guthaben Sutter	/	Immobilienaufwand	2 000
6)	Bankguthaben	/	Guthaben Sutter	399 000
7)	Immobilien	/	Bankguthaben	3 150

8.3 Stille Reserven

- **Grundproblematik**

In den bisherigen Kapiteln wurde angenommen, dass die im finanziellen Rechnungswesen gezeigten Daten die tatsächliche Vermögens-, Finanz- und Ertragslage widerspiegeln. Sobald stille Reserven, häufig auch als verdeckte Reserven bezeichnet, vorhanden sind, stimmt diese Annahme nicht mehr. In diesem Fall weichen die extern gezeigten Daten von den effektiven Werten ab.

Die Bildung stiller Reserven führt dazu, dass jeweils zu tiefe Gewinne ausgewiesen werden und das Eigenkapital als Residualgrösse insgesamt einen zu tiefen Wert aufweist. Die stillen Reserven werden bis zu einer allfälligen Auflösung auf die folgenden Perioden übertragen.

Das Vorhandensein stiller Reserven erschwert eine sachgerechte Interpretation der Finanzdaten. Um eine aussagekräftige Analyse des Unternehmens durchführen zu können, sind die nach aussen publizierten Daten um die vorhandenen stillen Reserven zu bereinigen.

Stille Reserven können auf mehrere Arten gebildet werden bzw. vorhanden sein (vgl. Abb. 8/12).

Abbildung 8/12: Stille Reserven

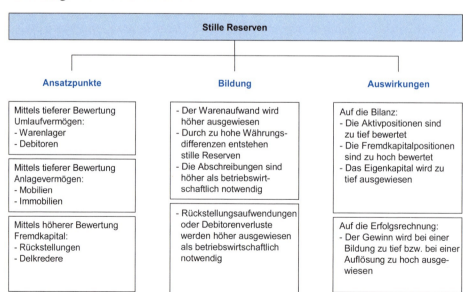

Häufig erfolgt in späteren Jahren, vor allem während Perioden mit schlechten Ergebnissen, eine Auflösung in Vorperioden gebildeter stiller Reserven. Das führt zu folgenden Konsequenzen:
- die Abschreibungen und der Rückstellungsaufwand werden in der aktuellen Periode tiefer gewählt als betriebswirtschaftlich effektiv erforderlich gewesen wäre
- es werden zu hohe Gewinne ausgewiesen
- die stillen Reserven reduzieren sich.

Stille Reserven unterstützen das Vorsichtsprinzip und sollen dem Unternehmen erlauben, in wirtschaftlich erfolgreichen Zeiten geringere Gewinne auszuweisen und somit auch tiefere Dividenden zu zahlen, um während schlechteren Geschäftsjahren die gebildeten stillen Reserven aufzulösen und das Ergebnis zu verbessern.

Das schweizerische Aktienrecht erlaubt die Bildung stiller Reserven. Allerdings muss der Betrag der während einer Periode netto aufgelösten stillen Reserven im Anhang ausgewiesen werden, soweit dadurch das erwirtschaftete Ergebnis wesentlich günstiger dargestellt wird. Der Entwurf für die Revision des schweizerischen Aktienrechts akzeptiert weiterhin stille (aber nicht «willkürliche») Reserven. Allerdings besteht neu für die Abschlussadressaten die Möglichkeit, sich über den Betrag der steuerlich nicht anerkannten stillen Reserven zu informieren. Unternehmen haben die Wahl, die Auswirkungen der Auflösung stiller Reserven entweder im Anhang in einem Gesamtbetrag offen zu legen oder eine Korrektur der einbehaltenen Gewinne (Gewinnreserven) und der entsprechenden Gegenpositionen in der Bilanz vorzunehmen (vgl. Art. 960f OR). Die nationalen und internationalen Accountingstandards verlangen demgegenüber einen Ausweis der Vermögens-, Finanz- und Ertragslage nach dem Prinzip der Fair Presentation. Willkürlich gebildete und aufgelöste stille Reserven sind in Abschlüssen nach Swiss GAAP FER, IFRS oder US GAAP nicht erlaubt.

- **Illustration zu den stillen Reserven**

Die Bildung und Auflösung stiller Reserven wird an einem Beispiel illustriert (vgl. Abb. 8/13).

Abbildung 8/13: Beispiel zu stillen Reserven (in Tausend)

Aktiven per 1.1.20.1	Buchwert	Effektive Werte	Stille Reserven	Passiven per 1.1.20.1	Buchwert	Effektive Werte	Stille Reserven
Flüssige Mittel	50	50	-	Kreditoren	650	650	-
Warenlager	400	450	+ 50	Garantierückstellungen	200	100	- 100
Übriges Umlaufvermögen	150	150	-	Aktienkapital	400	400	-
Mobilien	800	1 100	+ 300	Reserven	150	150	-
				Stille Reserven		450	+ 450
Total	1 400	1 750	+ 350		1 400	1 750	+ 350

Aufwand pro 20.1	Buchwert	Effektive Werte	Stille Reserven	Ertrag pro 20.1	Buchwert	Effektive Werte	Stille Reserven
Warenaufwand	1 150	1 200	- 50	Warenertrag	2 000	2 000	-
Personalaufwand	500	500	-				
Abschreibungen	200	300	- 100				
Rückstellungsaufwand	100	150	- 50				
Gewinn	50	-	-	Verlust	-	150	-
Total	2 000	2 150	- 200		2 000	2 150	-

Aktiven per 31.12.20.1	Buchwert	Effektive Werte	Stille Reserven	Passiven per 31.12.20.1	Buchwert	Effektive Werte	Stille Reserven
Flüssige Mittel	20	20	-	Kreditoren	690	690	-
Warenlager	470	470	-	Garantierückstellungen	150	100	- 50
Übriges Umlaufvermögen	330	330	-	Aktienkapital	400	400	-
Mobilien	600	800	+ 200	Reserven	180	180	-
				Stille Reserven		250	+ 250
Total	1 420	1 620	+ 200		1 420	1 620	+ 200

Das Beispiel lässt erkennen, dass das tatsächliche Eigenkapital sowohl bei Beginn als auch am Ende der Periode höher gewesen ist und zwar jeweils um den Bestand der stillen Reserven per Betrachtungszeitpunkt (1.1.20.1: 450 000; 31.12.20.1: 250 000). Die Veränderung stiller Reserven (im Beispiel eine Auflösung um 200 000) hat zum einen den Bestand der stillen Reserven in der Schlussbilanz um 200 000 auf 250 000 reduziert, zum anderen wird klar, dass das Unternehmen anstelle eines für Aussenstehende erkennbaren Gewinns von 50 000 effektiv einen Verlust von 150 000 erzielt hat.

Das Beispiel zeigt im Weiteren eindrücklich, dass durch die Bildung und Auflösung stiller Reserven der grundsätzliche Gehalt des Abschlusses völlig entstellt werden kann. Damit erfolgt ein Verstoss gegen das Prinzip einer Fair Presentation, der letztlich sowohl intern als auch extern nur Probleme bereitet. Fortschrittliche Unternehmen verzichten deshalb auf die Bildung solcher «Willkürreserven».

9 Geldflussrechnung

9.1 Wesen und Bedeutung der Geldflussrechnung

- **Grundidee**

Die Bilanz zeigt als Momentaufnahme z.B. am Anfang oder am Ende einer Periode die Aktiven (zukünftiger Nutzenzugang), das Fremdkapital (zukünftiger Nutzenabgang an Dritte) sowie das Eigenkapital (zukünftiger Nutzenabgang an die Eigentümer). Demgegenüber orientiert die Erfolgsrechnung über den während einer Periode erfolgten Nutzenzu- (Gewinn) bzw. Nutzenabgang (Verlust). Die Geldflussrechnung als dritter Bestandteil des Abschlusses hat die Aufgabe, über den während einer Periode erfolgten Geldfluss zu berichten. Zwischen den drei Elementen Bilanz, Erfolgsrechnung und Geldflussrechnung besteht ein enger Zusammenhang (vgl. Abb. 9/1).

Abbildung 9/1: Zusammenhang zwischen Bilanz, Erfolgsrechnung und Geldflussrechnung

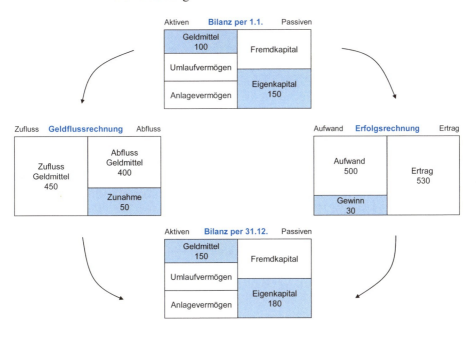

Die Geldflussrechnung ist für die Beurteilung der Geschäftsaktivitäten von hoher Bedeutung. Mit der Geldflussrechnung gelingt es, die Veränderung der Geldmittel zu beurteilen und die Ursachen zu klären. Diese Aufstellung kann als vergangenheitsorientierte Geldflussrechnung (Welcher Geldfluss hat stattgefunden?), aber auch als zukunftsorientierte Geldflussrechnung (Welcher Geldfluss wird erwartet?) erfolgen. Aus kurzfristiger Sicht, z.b. monatlich erstellt, bildet die Geldflussrechnung ein wichtiges Instrument zur Beurteilung der Höhe der Zahlungsströme. Langfristig orientiert, z.b. als mehrjährige Finanzplanung, vermag sie wertvolle Hinweise zur strategischen Finanzlage zu geben.

In vielen Fällen findet die Geldflussrechnung auch deshalb eine besondere Beachtung, weil der Geldfluss eine von Bewertungsfragen weitgehend unabhängige Orientierungsgrösse darstellt. Insbesondere werden durch die Erfassung der effektiv erfolgten Geldströme Manipulationsspielräume wie z.B. die Abschreibung oder die Bildung und Auflösung von Rückstellungen neutralisiert.

Das schweizerische Aktienrecht hat bisher auf die Pflicht zur Erstellung einer Geldflussrechnung verzichtet. Mit der Revision des Aktienrechts wird für sämtliche Unternehmen, die über eine bestimmte wirtschaftliche Grösse verfügen, das Erstellen der Geldflussrechnung zum notwendigen Bestandteil des Jahresabschlusses. Bei nationalen und internationalen Accountingstandards ist eine Geldflussrechnung als Bestandteil der Jahresrechnung zwingend vorgeschrieben.

- **Fondswahl**

Die Grundidee der Geldflussrechnung besteht in der Analyse des Geldflusses. Dazu muss aber primär definiert werden, was unter Geldfluss zu verstehen ist. Normalerweise gehören dazu die flüssigen Mittel, d.h. Geld sowie geldnahe Positionen wie Postguthaben, Bankguthaben und kurzfristige Festgeldanlagen. Aus Sicht der Beurteilung der Finanzlage spielt es in der Regel eine geringe Rolle, wie die flüssigen Mittel zusammengesetzt sind. Da die Höhe der einzelnen Positionen zufällig ist, werden sie für die Geldflussrechnung zu einem Fonds «Flüssige Mittel» zusammengefasst und als Gesamtheit betrachtet (vgl. Abb. 9/2).

Abbildung 9/2:   Fonds «Flüssige Mittel»

Aktiven	Bilanz	Passiven
Kasse / **Postguthaben** / **Bankguthaben** / **Kurzfristige Festgeldanlagen**		Fremdkapital
Übriges Umlaufvermögen		
Anlagevermögen		Eigenkapital

In der Praxis sind kurzfristige, jederzeit fällige Bankverbindlichkeiten (Kontokorrente) oft Teil des Cash Managements und stehen deshalb in engem Zusammenhang mit den «Flüssigen Mitteln». Trifft dies zu, kann es sinnvoll sein, einen Fonds «Netto-Flüssige Mittel» abzugrenzen (vgl. Abb. 9/3).

Abbildung 9/3:   Fonds «Netto-Flüssige Mittel»

Aktiven	Bilanz	Passiven
Kasse / **Postguthaben** / **Bankguthaben** / **Kurzfristige Festgeldanlagen**	Kurzfristige Bankverbindlichkeiten	
	Übriges Fremdkapital	
Übriges Umlaufvermögen		
Anlagevermögen	Eigenkapital	

Weiter gefasste Fonds, die z.B. «Flüssige Mittel und Wertschriften» oder das gesamte Nettoumlaufvermögen (Umlaufvermögen – kurzfristiges Fremdkapital) zusammenfassen, sind abzulehnen, da die von ihnen verwendete Interpretation des Mittelflusses mit der Idee einer Beurteilung des Geldflusses nicht mehr übereinstimmt. Die Aussagekraft solcher Rechnungen wird zudem durch die Bewertung der Wertschriften, der Debitoren und vor allem auch der Warenlager, die sich in vollem Umfang auf den Fonds auswirken, stark beeinträchtigt. Die folgenden Überlegungen basieren – wenn von Geldfluss gesprochen wird – auf dem Fonds

«Flüssige Mittel», wobei darunter immer die Mittelgesamtheit «Geld, Post- und Bankguthaben sowie kurzfristige Festgeldanlagen» verstanden wird. Dieser Fonds findet in der Schweiz immer stärkere Beachtung.

- **Aufbau der Geldflussrechnung**

  Eine moderne Geldflussrechnung differenziert den Geldfluss nach Ursachen. Wichtigste Kategorien sind die Geldflüsse (Cash Flows) aus Betriebs-, Investitions- sowie Finanzierungstätigkeit. Die Bereiche lassen sich wie folgt charakterisieren:

  – *Cash Flow aus Betriebstätigkeit:* Dieser erfasst sämtliche Geldflüsse, die im Zusammenhang mit der eigentlichen Betriebstätigkeit des Unternehmens stehen. Es handelt sich um den wichtigsten Teil der Geldflussrechnung. Der Cash Flow aus Betriebstätigkeit zeigt, welche Gelder aufgrund der Betriebstätigkeit dem Unternehmen während der Betrachtungsperiode zu- bzw. abgeflossen sind. Bestandteile des Cash Flows aus Betriebstätigkeit sind:
    – alle Geldzuflüsse durch die Betriebstätigkeit (Einzahlungen von Kunden, übrige Einzahlungen aus Betriebstätigkeit)
    – alle Geldabflüsse durch die Betriebstätigkeit (Auszahlungen an Lieferanten, an das Personal sowie für den übrigen Betriebsaufwand).

  – *Cash Flow aus Investitionstätigkeit:* Zu diesem Teil der Geldflussrechnung gehören sämtliche Geldabflüsse für z.B. den Kauf von Wertschriften, Maschinen, Mobilien, Fahrzeugen, Grundstücken, Gebäuden, Beteiligungen. Es handelt sich um eine langfristige Bindung von flüssigen Mitteln in Aktiven. Ebenfalls zur Investitionstätigkeit gehören Geldzuflüsse aus Devestitionen von Positionen des Umlaufs- und vor allem auch des Anlagevermögens.

  – *Cash Flow aus Finanzierungstätigkeit:* Der Geldfluss aus Finanzierungstätigkeit erfasst alle Mittelzuflüsse aus der Aufnahme langfristiger Fremdkapitalien und der Erhöhung des Eigenkapitals. Zusätzlich gehören in diesen Bereich der Geldflussrechnung Geldabflüsse durch die Rückzahlung von Fremdkapital oder Eigenkapital.

Zur Illustration wird der Aufbau einer modern gegliederten Geldflussrechnung gezeigt (vgl. Abb. 9/4).

Abbildung 9/4: Gliederung der Geldflussrechnung

Geldzufluss aus Betriebstätigkeit			
Einzahlungen von Kunden	...		
Sonstige Einzahlungen	...	...	
Geldabfluss aus Betriebstätigkeit			
Auszahlungen an Lieferanten	...		
Auszahlungen an Mitarbeitende	...		
Sonstige Auszahlungen	...	...	
Cash Flow aus Betriebstätigkeit		...	...
Geldabfluss aus Investitionen			
Auszahlungen für Investitionen in Sachanlagen	...		
Auszahlungen für Investitionen in Finanzanlagen	...		
Auszahlungen für Investitionen in immaterielle Anlagen	...	...	
Geldzufluss aus Devestitionen			
Einzahlungen für Devestitionen in Sachanlagen	...		
Einzahlungen für Devestitionen in Finanzanlagen	...		
Einzahlungen für Devestitionen in immaterielle Anlagen	...	...	
Cash Flow aus Investitionstätigkeit		...	...
Geldzufluss aus Finanzierungen			
Einzahlungen aus Erhöhung des Fremdkapitals	...		
Einzahlungen aus Erhöhung des Eigenkapitals	...	...	
Geldabfluss aus Definanzierungen			
Auszahlungen aus Herabsetzung des Fremdkapitals	...		
Auszahlungen aus Herabsetzung des Eigenkapitals	...		
Auszahlungen für Gewinnausschüttungen	...	...	
Cash Flow aus Finanzierungstätigkeit		...	...
Zu-/Abfluss flüssige Mittel = Veränderung Fonds			...

9.2 Erstellen der Geldflussrechnung

- **Liquiditätsnachweis**

Eine Geldflussrechnung im weiteren Sinne besteht aus den beiden Elementen «Liquiditätsnachweis» und «Geldflussrechnung» im engeren Sinne.

Der Liquiditätsnachweis zeigt, wie sich der Fonds zusammensetzt, welche Veränderung die einzelnen Fondskonten während der Periode erfahren haben und inwieweit sich der Gesamtbetrag der «Flüssigen Mittel» erhöht bzw. reduziert hat (vgl. Abb. 9/5).

Abbildung 9/5: Liquiditätsnachweis

Position	1.1.20.0	31.12.20.0	Veränderung
Kasse	...	...	+/-
Postguthaben	...	...	+/-
Bankguthaben	...	...	+/-
Kurzfristige Festgeldanlagen	...	...	+/-
Fonds «Flüssige Mittel»	...	...	+/-

In der Praxis wird oft auf eine Wiedergabe dieses Teils der Geldflussrechnung verzichtet, da der Informationsgehalt eher gering ist. Für einen doppelten Nachweis des Geldflusses ist er allerdings erforderlich.

- **Geldflussrechnung**

Es ist die Aufgabe der Geldflussrechnung, die Veränderung des Fonds nachzuweisen. Dazu sind die Fondsänderungen nach Ursachen zu analysieren und gemäss Einflussbereichen systematisch zu erfassen (vgl. Abb. 9/6).

Die Übersicht zeigt, dass der Geldfluss aus den Gegenbeständen zu den Fondskonten, d.h. allen Konten der Bilanz, die nicht dem Fonds angehören sowie der Erfolgsrechnung lückenlos hergeleitet werden kann. Die Zu- und Abflüsse an Geldmitteln aus Positionen der Erfolgsrechnung gehören in die erste Stufe, die geldrelevanten Konsequenzen aus dem Umlaufvermögen (ohne Fondskonten) und dem Anlagevermögen in die zweite und die Geldströme aus dem Fremd- und Eigenkapital in die dritte Stufe der Geldflussrechnung.

Abbildung 9/6: Quellen des Geldflusses

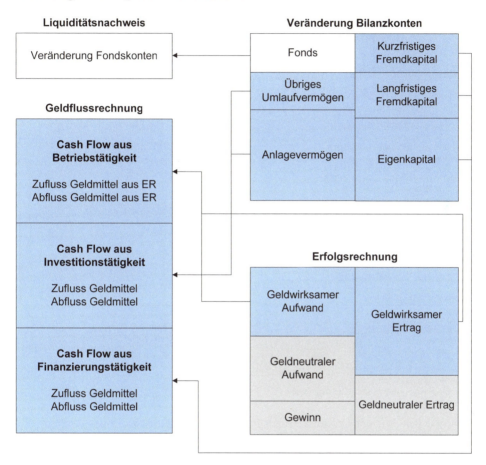

- **Direkte und indirekte Ermittlung des Cash Flows aus Betriebstätigkeit**

Der Nachweis des Cash Flows aus Betriebstätigkeit ist besonders wichtig, weil er eine unmittelbare Beurteilung der operativen Tätigkeit des Unternehmens erlaubt. Die höchste Qualität an Information resultiert, wenn – wie oben dargestellt – der effektive Geldzu- bzw. Geldabfluss aus der Betriebstätigkeit direkt ermittelt und brutto gezeigt wird. Dies erfordert aber, dass bei jeder einzelnen Buchung analysiert wird, inwieweit die jeweilige Buchungstatsache zu einem Geldfluss (Veränderung der Konten «Geld», «Postguthaben» und «Bankguthaben» sowie «Kurzfristige Festgeldanlagen») geführt hat. Dieser Prozess, der den gesamten Buchungsverkehr der Periode erfasst, ist sehr aufwändig.

Anstelle der Isolierung der geldrelevanten Buchungstatsachen können sämtliche geldneutralen Geschäftsfälle erfasst werden (indirekte Ermittlung des Geldflusses aus Betriebstätigkeit). Dies führt zu einem gleich hohen Cash Flow aus Betriebstätigkeit (vgl. Abb. 9/7).

Abbildung 9/7: Direkte und indirekte Ermittlung des Cash Flows aus Betriebstätigkeit

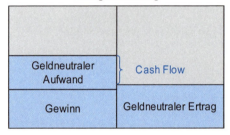

Beispiele

Geldwirksame Erträge:
- Einzahlungen für Warenverkäufe
- Einzahlungen für Lizenzerträge

Geldwirksame Aufwendungen:
- Auszahlungen für Wareneinkäufe
- Auszahlungen für Mitarbeitende
- Auszahlungen für verschiedene Aufwendungen

Beispiele

Geldneutrale Erträge:
- Aufwertung der Wertpapieranlagen
- Auflösung nicht erforderlicher Reserven

Geldneutrale Aufwendungen:
- Abschreibungen
- Bildung Rückstellungen

9.3 Illustration der Geldflussrechnung

- **Ausgangslage**

Die Herleitung der Geldflussrechnung wird am Beispiel der «Oechsle AG» dargestellt. Es handelt sich um ein Unternehmen mit Sitz in Zürich, das fassweise Rot- und Weisswein einkauft und diesen mit modernen Anlagen in 7dl-Flaschen «Züribieter rot» und «Züribieter weiss» abfüllt. Den Vertrieb der fertigen Produkte erledigt die «Oechsle AG» selbstständig.

Die für die Erstellung der Geldflussrechnung massgebenden Bilanzen per 1.1.20.1 und 31.12.20.1 sowie die Erfolgsrechnung 20.1 zeigen folgendes Bild (vgl. Abb. 9/8 und Abb. 9/9).

Abbildung 9/8: Bilanz der «Oechsle AG» (in Tausend)

Aktiven	1.1.20.1		31.12.20.1		Passiven	1.1.20.1	31.12.20.1
Kasse		8		6	Kreditoren	253	256
Postguthaben		16		20	Garantierückstellungen	12	14
Bankguthaben		23		20	**Kfr. Fremdkapital**	**265**	**270**
Debitoren	240		220				
./. Delkredere	-12	228	-11	209			
Warenlager		410		420	Darlehensschuld	265	250
Transitorische Aktiven		15		15	Hypothekarschuld	500	550
Umlaufvermögen		**700**		**690**	**Lfr. Fremdkapital**	**765**	**800**
Mobilien	300		380				
./. WB Mobilien	-100	200	-140	240			
Fahrzeuge	100		100				
./. WB Fahrzeuge	-20	80	-40	60			
Immobilien	1 000		1 100		Aktienkapital	500	500
./. WB Immobilien	-200	800	-250	850	Reserven	250	270
Anlagevermögen		**1 080**		**1 150**	**Eigenkapital**	**750**	**770**
Total		1 780		1 840	Total	1 780	1 840

Abbildung 9/9: Erfolgsrechnung der «Oechsle AG» (in Tausend)

Aufwand	Erfolgsrechnung pro 20.1		Ertrag
Warenaufwand	2 100	Warenertrag	2 800
Bruttogewinn	700		
	2 800		2 800
Personalaufwand	400	**Bruttogewinn**	700
Garantieaufwand	7		
Abschreibungen Mobilien	40		
Abschreibungen Fahrzeuge	20		
Abschreibungen Immobilien	50		
Übriger Aufwand	83		
Zinsaufwand	20		
Gewinn	80		
	700		700

Zusätzlich stehen folgende Informationen für die abgelaufene Periode zur Verfügung:
- vom Gewinn werden 60 000 als Dividende ausgeschüttet
- Kauf neuer Mobilien im Betrag von 80 000
- Erneuerung eines Teils der Liegenschaft im Betrag von 100 000
- Auszahlung von Garantieleistungen im Betrag von 5 000 und Erhöhung der restlichen Garantierückstellung um 7 000.

- **Liquiditätsnachweis und Geldflussrechnung**

In einem ersten Schritt wird im Liquiditätsnachweis gezeigt, wie sich die Konten des Fonds entwickelt haben (vgl. Abb. 9/10). Dabei resultiert eine Abnahme des Fonds «Flüssige Mittel» von 1 000.

Abbildung 9/10: Liquiditätsnachweis der «Oechsle AG» (in Tausend)

Position	1.1.20.1	31.12.20.1	Veränderung
Kasse	8	6	- 2
Postguthaben	16	20	+ 4
Bankguthaben	23	20	- 3
Fonds «Flüssige Mittel»	47	46	- 1

- **Erarbeitung der Kerndaten**

Die Herleitung der Geldflussrechnung hat aufgrund eines systematischen Vorgehens zu erfolgen. Basis bildet das von Schuler/Weilenmann empfohlene Arbeitsblatt (vgl. Abb. 9/11).

Zunächst sind alle Salden der Gegenbestände, d.h. der nicht im Fonds enthaltenen Aktiven und Passiven per 1.1.20.1 und per 31.12.20.1 im «Kopf» des Formulars einzutragen. Dabei sind die Netto-Beträge zu verwenden (Buchwerte nach Abzug des Delkrederes bzw. der Wertberichtigungen). Als Differenzbetrag erscheint bei der Eröffnungs- und der Schlussbilanz der Gesamtbetrag der Salden der «Fondskonten» unter der Rubrik «Flüssige Mittel» (Bestände der Konten «Geld», «Postguthaben» und «Bankguthaben») sowie in der Doppelkolonne die Veränderung des Saldos der Fondskonten.

Im Weiteren sind folgende Arbeitsschritte erforderlich:
1. Eintrag der gesamten Erfolgsrechnung im «Stamm» der Doppelkolonne «Veränderungen» und zwar den Ertrag ins «Soll» und den Aufwand ins «Haben».

2. Eintrag aller Veränderungen in den Gegenfondskonten, die während der Periode zu keiner «Geldbewegung» geführt haben, d.h. die keines der Konten des Fonds tangiert haben. Die Beträge sind sowohl in der Zeile des jeweiligen Kontos als auch im «Stamm» des Formulars festzuhalten. Es handelt sich im gezeigten Beispiel um den Periodengewinn, die Abschreibungen der Mobilien, der Fahrzeuge und der Immobilien sowie um die Erhöhung der Garantierückstellung.
3. Analyse aller Positionen des Umlaufvermögens und des kurzfristigen Fremdkapitals (ohne Fondskonten) und Eintrag der Veränderungen in der Zeile des Kontos und im «Stamm» des Arbeitsblatts. Dazu gehören die Veränderungen der Konten «Debitoren», «Warenlager», «Transitorische Aktiven» (im Beispiel unverändert), «Kreditoren» und «Garantierückstellungen». Die Konten des Umlaufvermögens und des kurzfristigen Fremdkapitals sind nach diesen Eintragungen vollständig erklärt, d.h. es existieren keine Differenzen zwischen Eröffnungs- und Schlussbilanz mehr.
4. Analyse aller Positionen des Anlagevermögens und Eintrag der Veränderungen in das jeweilige Konto und in den «Stamm» des Formulars. Dazu gehören die Veränderungen der Konten «Mobilien», «WB Mobilien», «Fahrzeuge», «WB Fahrzeuge», «Immobilien» und «WB Immobilien». Auch diese Konten sind nach dem Eintrag der Beträge vollständig erklärt.
5. Analyse aller Positionen des Fremd- und Eigenkapitals und Eintrag der Veränderungen in das jeweilige Konto und in den «Stamm» des Arbeitsblatts. Dazu gehören die Veränderungen der Konten «Darlehensschuld», «Hypothekarschuld», «Aktienkapital» (im Beispiel unverändert) und «Reserven». Diese Konten sind damit ebenfalls ausgeglichen.

Nach dem doppelten Eintrag aller Veränderungen resultiert sowohl im «Kopf» als auch im «Stamm» des Arbeitsblatts der gleiche Saldo, nämlich die Veränderung des Saldos der Fondskonten (im Beispiel eine Abnahme der flüssigen Mittel um 1 000). Damit sind die Voraussetzungen geschaffen für die Erstellung der Geldflussrechnung.

Abbildung 9/11: Schematische Herleitung der Geldflussrechnung der «Oechsle AG» mit direktem Cash Flow (in Tausend)

Konten	Aktiven 1.1.20.1	Passiven	Soll	Veränderung	Haben	Aktiven 31.12.20.1	Passiven
Debitoren	228				3) 19	209	
Warenlager	410		3)	10		420	
Transitorische Aktiven	15					15	
Mobilien	200		4)	80	2) 40	240	
Fahrzeuge	80				2) 20	60	
Immobilien	800		4)	100	2) 50	850	
Kreditoren		253			3) 3		256
Garantierückstellungen		12	3)	5	2) 7		14
Darlehensschuld		265	5)	15			250
Hypothekarschuld		500			5) 50		550
Aktienkapital		500					500
Reserven		250	5)	60	2) 80		270
Flüssige Mittel	**47**				**1**	**46**	
Total	1 780	1 780		270	270	1 840	1 840

Warenertrag		1)	2 800			
				1)	2 100	Warenaufwand
				1)	400	Personalaufwand
Erhöhung Garantierückstellungen		2)	7	1)	7	Garantieaufwand
Abschreibungen Mobilien		2)	40	1)	40	Abschreibungen Mobilien
Abschreibungen Fahrzeuge		2)	20	1)	20	Abschreibungen Fahrzeuge
Abschreibungen Immobilien		2)	50	1)	50	Abschreibungen Immobilien
				1)	83	Übriger Aufwand
				1)	20	Zinsaufwand
Gewinn		2)	80	1)	80	Gewinn
Abnahme Debitoren		3)	19			
				3)	10	Zunahme Warenlager
Zunahme Kreditoren		3)	3			
				3)	5	Garantiezahlungen
				4)	80	Investitionen Mobilien
				4)	100	Investitionen Immobilien
				5)	15	Rückzahlung Darlehen
Erhöhung Hypothekarschuld		5)	50			
				5)	60	Ausschüttung Dividenden
			3 069		3 070	
Geldabfluss			1			
			3 070		3 070	

Anschliessend sind alle Beträge im Stamm des Arbeitsblatts, die nicht durch Gegenpositionen ausgeglichen werden, in die entsprechende Stufe der Geldflussrechnung zu übertragen (vgl. Abb. 9/12).

Abbildung 9/12: Geldflussrechnung 20.1 der «Oechsle AG» mit direktem Ausweis des Cash Flows aus Betriebstätigkeit (in Tausend)

Geldzufluss aus Betriebstätigkeit				
Einzahlungen von Kunden				
Warenertrag	1)	2 800		
Abnahme Debitoren	3)	19	2 819	
Geldabfluss aus Betriebstätigkeit				
Auszahlungen an Lieferanten				
Warenaufwand	1)	- 2 100		
Zunahme Warenlager	3)	- 10		
Zunahme Kreditoren	3)	3	- 2 107	
Auszahlungen an Mitarbeitende	1)	- 400		
Auszahlungen für Garantieleistungen	3)	- 5		
Auszahlungen für übrigen Aufwand	1)	- 83		
Auszahlungen für Zinsen	1)	- 20	- 508	
Cash Flow aus Betriebstätigkeit			**204**	**204**
Geldabfluss aus Investitionen				
Kauf von Mobilien	4)	- 80		
Kauf von Immobilien	4)	- 100	- 180	
Cash Flow aus Investitionstätigkeit			**- 180**	**- 180**
Geldzufluss aus Finanzierungen				
Erhöhung Hypothekarschuld	5)	50	50	
Geldabfluss aus Definanzierungen				
Rückzahlung Darlehensschuld	5)	- 15		
Ausschüttung Dividenden	5)	- 60	- 75	
Cash Flow aus Finanzierungstätigkeit			**- 25**	**- 25**
Abnahme «Flüssige Mittel»				**-1**
Flüssige Mittel am Anfang der Periode				47
Flüssige Mittel am Ende der Periode				46

Interessant ist die Analyse des Geldflusses für drei Fragestellungen:

- *Einzahlungen von Kunden:* Während der Berichtsperiode wurde ein Warenertrag von 2 800 000 erzielt. Damit erhöhten sich die per 1.1.20.1 vorhandenen Debitoren von 228 000 auf 3 028 000. Per 31.12.20.1 betrug der Bestand der Debitoren (nach Berücksichtigung des Delkrederes) noch 209 000. Damit sind Einzahlungen von Kunden im Betrag von 2 819 000 eingegangen. Dieser Betrag resultiert im Rahmen der Erarbeitung der Geldflussrechnung durch die Addition des Warenertrags (2 800 000) und der Abnahme der Debitoren (19 000).

- *Auszahlungen an Lieferanten:* Während der Berichtsperiode wurden Waren mit einem Einstandspreis von 2 100 000 (Warenaufwand) verkauft. Gleichzeitig hat sich das Warenlager um 10 000 erhöht. Damit wurden Waren im Wert von 2 110 000 eingekauft. Die per 1.1.20.1 vorhandenen Kreditoren von 253 000 erhöhen sich während der Periode um 2 110 000 auf 2 363 000. Da per 31.12.20.1 noch Kreditoren im Betrag von 256 000 offen waren, erfolgten Auszahlungen für Kreditoren im Betrag von 2 107 000. Dieser Betrag resultiert im Rahmen der Erarbeitung der Geldflussrechnung durch die Addition des Warenaufwands (- 2 100 000) und der Zunahme des Warenlagers (- 10 000) sowie die Berücksichtigung der Erhöhung der Kreditoren (3 000).

- *Garantieleistungen:* Während der Berichtsperiode wurde eine erfolgswirksame Erhöhung der Garantierückstellungen von 12 000 auf 19 000 vorgenommen. Diese Buchung hat keinen Einfluss auf den Geldfluss des Unternehmens. Da die Rückstellung per 31.12.20.1 noch 14 000 beträgt, erfolgten während der Periode Auszahlungen von 5 000. Dieser Betrag ist als Teil des Cash Flows aus Betriebstätigkeit zu zeigen.

Die nach Betrachtung aller Daten im Stamm des Arbeitsblatts resultierende Geldflussrechnung zeigt in Übereinstimmung mit dem Liquiditätsnachweis ebenfalls eine Abnahme der flüssigen Mittel von 1 000. Wesentlich wichtiger ist allerdings der Nachweis der Ursachen, welche zu dieser Abnahme geführt haben. Im Beispiel «Oechsle AG» wurde ein Cash Flow aus Betriebstätigkeit von 204 000 erzielt. Während der gleichen Periode wurden 180 000 in das Anlagevermögen investiert. Der Finanzierungsbereich zeigt eine Abnahme der flüssigen Mittel um 25 000 (erhöhte Fremdfinanzierung von netto 35 000 sowie eine Gewinnausschüttung von 60 000).

Die gezeigte Geldflussrechnung basiert auf einer direkten Ermittlung des Cash Flows aus Betriebstätigkeit. Damit verbunden ist ein vollständiger Ausweis der Geldbewegungen, die aufgrund der operativen Tätigkeit erfolgt sind. Im gezeigten Beispiel werden die Geldflüsse allerdings aus der Erfolgsrechnung abgeleitet und nachkonstruiert. Beispiele dazu sind die Zuflüsse aus den Verkäufen (Verkaufserlös erhöht um die zusätzlichen Zahlungen der Debitoren, da der Saldo der Debitoren während der Periode abgenommen hat) oder die Zahlungen für Wareneinkäufe (Warenaufwand korrigiert um die Lageränderung und um die Zunahme der Kreditoren). Effektiv sachgerecht wäre eine Erfassung aller Geldbewegungen bei jeder einzelnen Buchung. Dies würde zu einem erheblichen Aufwand führen.

In der Praxis weit häufiger ist der Ausweis der Umsatztätigkeit mit einem indirekt ermittelten Cash Flow. Bei diesem Vorgehen werden alle geldwirksamen Erfolgsvorgänge durch den geldneutralen Aufwand und Ertrag ersetzt. Im Arbeitsblatt fallen alle Positionen der Erfolgsrechnung mit Index 1 weg. Sämtliche übrigen Herleitungen bleiben unverändert (vgl. Abb. 9/13).

Abbildung 9/13: Schematische Herleitung der Geldflussrechnung der «Oechsle AG» mit indirektem Cash Flow (in Tausend)

Konten	Aktiven 1.1.20.1	Passiven	Soll	Veränderung	Haben	Aktiven 31.12.20.1	Passiven
Debitoren	228				3) 19	209	
Warenlager	410		3)	10		420	
Transitorische Aktiven	15					15	
Mobilien	200		4)	80	2) 40	240	
Fahrzeuge	80				2) 20	60	
Immobilien	800		4)	100	2) 50	850	
Kreditoren		253			3) 3		256
Garantierückstellungen		12	3)	5	2) 7		14
Darlehensschuld		265	5)	15			250
Hypothekarschuld		500			5) 50		550
Aktienkapital		500					500
Reserven		250	5)	60	2) 80		270
Flüssige Mittel	**47**				1	**46**	
Total	1 780	1 780		270	270	1 840	1 840
Gewinn			2)	80			
Erhöhung Garantierückstellungen			2)	7			
Abschreibungen Mobilien			2)	40			
Abschreibungen Fahrzeuge			2)	20			
Abschreibungen Immobilien			2)	50			
Abnahme Debitoren			3)	19			
					3) 10	Zunahme Warenlager	
Zunahme Kreditoren			3)	3			
					3) 5	Garantiezahlungen	
					4) 80	Investitionen Mobilien	
					4) 100	Investitionen Immobilien	
					5) 15	Rückzahlung Darlehen	
Erhöhung Hypothekarschuld			5)	50			
					5) 60	Ausschüttung Dividenden	
				269	270		
Geldabfluss				1			
				270	270		

Der Cash Flow kann bei dieser Methode sehr einfach aus den geldneutralen Veränderungen der Erfolgsrechnung und den Veränderungen der entsprechenden Konten des Umlaufvermögens (Debitoren, Kreditoren und Warenlager) abgeleitet werden. Es resultiert eine Geldflussrechnung mit indirektem Ausweis des Cash Flows aus Betriebstätigkeit (vgl. Abb. 9/14).

Abbildung 9/14: Geldflussrechnung 20.1 der «Oechsle AG» mit indirektem Ausweis des Cash Flows aus Betriebstätigkeit (in Tausend)

Betriebsbereich				
Gewinn	2)	80		
Erhöhung Garantierückstellungen	2)	7		
Abschreibungen Mobilien	2)	40		
Abschreibungen Fahrzeuge	2)	20		
Abschreibungen Immobilien	2)	50		
Abnahme Debitoren	3)	19		
Zunahme Warenlager	3)	-10		
Zunahme Kreditoren	3)	3		
Auszahlungen für Garantieleistungen	3)	-5	204	
Cash Flow aus Betriebstätigkeit			**204**	**204**
Geldabfluss aus Investitionen				
Kauf von Mobilien	4)	-80		
Kauf von Immobilien	4)	-100	-180	
Cash Flow aus Investitionstätigkeit			**-180**	**-180**
Geldzufluss aus Finanzierungen				
Erhöhung Hypothekarschuld	5)	50	50	
Geldabfluss aus Definanzierungen				
Rückzahlung Darlehensschuld	5)	-15		
Ausschüttung Dividenden	5)	-60	-75	
Cash Flow aus Finanzierungstätigkeit			**-25**	**-25**
Abnahme «Flüssige Mittel»				**-1**
Flüssige Mittel am Anfang der Periode				47
Flüssige Mittel am Ende der Periode				46

10 Kennzahlenanalyse

10.1 Wesen und Bedeutung der Kennzahlenanalyse

- **Grundproblematik**

Ziel der Analyse von Daten des Rechnungswesens ist es, einen möglichst umfassenden Einblick in die aktuelle Vermögens-, Finanz- und Ertragslage des Unternehmens zu erhalten. Finanzielle Kennzahlen leisten dabei eine wertvolle Hilfe, indem sie die Fülle verfügbarer Informationen auf einige wenige, ausgewählte Ratios konzentrieren und Quervergleiche zwischen Unternehmen erlauben. Sie ermöglichen ein rasches Erkennen von Trends, Sonderfaktoren und Ausreissern. Die Interpretation der Daten setzt Vergleichsmassstäbe voraus. Zu den wichtigsten Vergleichsmöglichkeiten gehören:

– *Zeitvergleiche:* Bei dieser Methode wird mit Hilfe von Daten aus früheren Perioden die Entwicklung über die Zeit hinweg analysiert.

– *Betriebsvergleiche:* Im Zentrum steht eine vergleichende Darstellung von Unternehmen derselben Branche.

– *Soll-Ist-Vergleiche:* Bei dieser Methode werden den effektiven Zahlen Daten mit Vorgabecharakter gegenübergestellt.

Kennzahlen entstehen, wenn zwei oder mehrere betriebswirtschaftliche Grössen zueinander in Beziehung gesetzt werden. Als Kriterien dienen Ursache-/Wirkungs-Relationen oder die Darstellung einer Teilgrösse am übergeordneten Ganzen. Anstelle einzelner Ratios gelangen häufig Kennzahlensysteme zur Anwendung, welche die Veränderung einer spezifischen Spitzenkennzahl anhand ihrer Komponenten erläutern.

Die Beurteilung eines Unternehmens auf Basis von Kennzahlen hat stets aufgrund einer Gesamtperspektive zu erfolgen:

– *Strategieanalyse:* Dazu gehört eine Analyse der Branchenstruktur, der Anspruchsgruppen sowie der gewählten Strategie des Unternehmens.

– *Accountinganalyse:* Sie besteht aus einer Analyse der gewählten Grundsätze der Rechnungslegung, der Informationsgestaltung und -verbreitung.

– *Kennzahlenanalyse:* Die Kennzahlenanalyse selbst ist eine wesentliche Voraussetzung für die Zukunftsprognose (Prognose künftiger Gewinn-, Cash Flow- und Dividendenströme) sowie für die Unternehmensbewertung (Beurteilung des Werts des Unternehmens als Ganzes und einzelner Teilbereiche).

Nur eine solche ganzheitliche Betrachtung zeigt den vollen Stellenwert der Kennzahlenanalyse (vgl. Abb. 10/1; vgl. dazu auch Meyer, Conrad; Hail, Luzi: Abschlussanalyse und Unternehmensbewertung).

Abbildung 10/1: Framework zur Abschlussanalyse und Unternehmensbewertung

Für die Ermittlung und Interpretation konkreter Kennzahlen lassen sich eine Reihe von Problembereichen identifizieren:

- *Kennzahlenauswahl:* Gesucht sind finanzielle Kenngrössen mit einem hohen Informationsgehalt bezüglich eines bestimmten Analysezwecks. Werden zu viele Ratios beigezogen, geht die Übersicht verloren, und ein Teil der Information ist redundant. Umgekehrt besteht die Gefahr, dass wichtige Angaben unbemerkt bleiben. Ideal ist ein Kennzahlenset mit hoher Korrelation zu weggelassenen Ratios, jedoch ohne allzu starke Überschneidungen.

- *Datenqualität und -verfügbarkeit:* Die Angaben des finanziellen Rechnungswesens sind in hohem Masse subjektiv geprägt. Trotz Anwendung anerkannter Rechnungslegungsnormen bestehen zahlreiche Unterschiede sowohl innerhalb eines Accountingstandards als auch zwischen den verschiedenen Regelwerken. Für Vergleichszwecke ist eine sorgfältige Aufbereitung des Zahlenmaterials unumgänglich. Bei Daten für kleine, nicht kotierte Unternehmen oder bei Angaben auf Segments- bzw. Produktebene stellt sich zusätzlich das Problem fehlender Daten.

- *Beobachtungszeitraum:* Der Erstellungszeitpunkt von Bilanz und Erfolgsrechnung ist mehr oder weniger willkürlich und steht selten in Einklang mit dem operativen Geschäftszyklus. Vor allem saisonale Schwankungen kommen nur beschränkt zum Ausdruck. Ausserdem kann mit buchhalterischen Massnahmen gezielt Bilanzpolitik im Hinblick auf eine Verbesserung der finanziellen Eckwerte betrieben werden (Window Dressing).

- *Grösseneffekte:* Der Vergleich zweier, unterschiedlich grosser Unternehmen beruht auf der impliziten Annahme der Proportionalität. Das Verhältnis zwischen dem jeweiligen Zähler und Nenner wird als unabhängig von der Unternehmensgrösse betrachtet. Empirisch ist dieser Zusammenhang jedoch keineswegs gesichert.

- *Negative Zahlen und kleine Grössen im Nenner:* Unbedacht übernommen führen beide Phänomene zu rechnerisch korrekten, jedoch inhaltlich falschen Aussagen. So ergibt z.B. ein Verlust in Kombination mit einem negativen Eigenkapital eine positive Eigenkapital-Rendite, tatsächlich ist das Unternehmen jedoch weit von einer Verzinsung des risikotragenden Kapitals entfernt.

- **Beispiel zur Kennzahlenanalyse**

Die Kennzahlenanalyse wird wiederum am Beispiel der «Oechsle AG» illustriert (vgl. Abb. 10/2 und Abb. 10/3).

Abbildung 10/2: Bilanz der «Oechsle AG» (in Tausend)

Aktiven		1.1.20.1		31.12.20.1	Passiven	1.1.20.1	31.12.20.1
Kasse			8	6	Kreditoren	253	256
Postguthaben			16	20	Garantierückstellungen	12	14
Bankguthaben			23	20	**Kfr. Fremdkapital**	**265**	**270**
Debitoren		240		220			
./. Delkredere		- 12	228	- 11	209		
Warenlager			410	420	Darlehensschuld	265	250
Transitorische Aktiven			15	15	Hypothekarschuld	500	550
Umlaufvermögen			**700**	**690**	**Lfr. Fremdkapital**	**765**	**800**
Mobilien		300		380			
./. WB Mobilien		- 100	200	- 140	240		
Fahrzeuge		100		100			
./. WB Fahrzeuge		- 20	80	- 40	60		
Immobilien		1 000		1 100	Aktienkapital	500	500
./. WB Immobilien		- 200	800	- 250	850	Reserven	250	270
Anlagevermögen			**1 080**	**1 150**	**Eigenkapital**	**750**	**770**
Total			1 780	1 840	Total	1 780	1 840

Abbildung 10/3: Erfolgsrechnung der «Oechsle AG» (in Tausend)

Aufwand	Erfolgsrechnung pro 20.1		Ertrag
Warenaufwand	2 100	Warenertrag	2 800
Bruttogewinn	700		
	2 800		2 800
Personalaufwand	400	Bruttogewinn	700
Garantieaufwand	7		
Abschreibungen Mobilien	40		
Abschreibungen Fahrzeuge	20		
Abschreibungen Immobilien	50		
Übriger Aufwand	83		
Zinsaufwand	20		
Gewinn	80		
	700		700

Für die Berechnung der einzelnen Ratios sind folgende Zusatzinformationen erforderlich:

- Cash Flow aus Betriebstätigkeit 20.1   204 000
- liquiditätswirksamer Aufwand 20.1   2 615 000
- Anzahl Aktien (nominal 100)   5 000
- Börsenkurs Ende 20.1   200
- ausgeschüttete Dividende 20.1   60 000

Die am Beispiel der «Oechsle AG» gezeigte Kennzahlenanalyse lässt sich inhaltlich in fünf Bereiche gliedern (vgl. Abb. 10/4).

Abbildung 10/4: Übersicht zur Kennzahlenanalyse

Kennzahlen zur Analyse der aktuellen Vermögens-, Finanz- und Ertragslage

Rentabilität
Verhältnis zwischen generiertem Einkommen und investiertem Kapital

- Eigenkapitalrendite
- Gesamtkapitalrendite
- Bruttomarge
- Bruttogewinnzuschlag
- EBITDA-Marge
- EBI-Marge
- Umsatzrendite

Kapitalmarkt
Externe Gewinn- und Wachstumserwartungen

- Gewinn pro Aktie
- Kurs-Gewinn-Verhältnis
- Kurs-Cash-Flow-Verhältnis
- Dividendenrendite
- Gewinnrendite

Liquidität
Zahlungsfähigkeit

- Cash Ratio
- Quick Ratio
- Current Ratio
- Operativer Cash Flow
- Cash Flow Ratio
- Cash Burn Rate
- Liquiditätsverbrauch

Vermögensstruktur
Operative Nutzung des bestehenden Kapitals

- Intensität UV und AV
- Investitionsverhältnis
- Kapitalumschlag
- Debitorenumschlag/-frist
- Kreditorenumschlag/-frist
- Warenlagerumschlag/-dauer
- Anlagedeckungsgrad I und II

Risiko
Kapitalstruktur und Zins- sowie Rückzahlungsverpflichtungen

- Eigenfinanzierungsgrad
- Selbstfinanzierungsgrad
- Verschuldungsgrad
- Finanzierungsverhältnis
- Verschuldungsfaktor
- Zinsdeckungsfaktor

Im Folgenden werden zu jedem Analysebereich einige repräsentative Ratios vorgestellt. Im Einzelfall hat diese Auswahl individuell und zweckbezogen zu erfolgen. Neben der Formel für die Berechnung der jeweiligen Ratios werden immer auch die Werte für die «Oechsle AG» gezeigt.

10.2 Analyse der Rentabilität, Liquidität und Vermögensstruktur

- **Analyse der Rentabilität**

Die Kennzahlen zur Rentabilität sind die wohl wichtigsten Anhaltspunkte für die Beurteilung der operativen Leistungskraft eines Unternehmens. Insbesondere die aktuelle und potenzielle Anlegerschaft ist zur Fundierung ihrer Investitionsentscheide an Informationen über den Erfolgsverlauf interessiert. Wird es einer Gesellschaft auch in Zukunft gelingen, nachhaltige Gewinne zu erarbeiten? Kann das bisherige Ertragswachstum beibehalten werden oder droht eine Einbusse? Aus betriebswirtschaftlicher Sicht wird erst dann ein ökonomischer Gewinn erzielt, wenn sämtliche Kosten – inklusive der kalkulatorischen Eigenkapitalverzinsung – gedeckt sind.

Bei der Kalkulation der Rendite wird eine Gewinngrösse zum investierten Kapital bzw. generierten Umsatz ins Verhältnis gesetzt. Die praktische Umsetzung erweist sich häufig als komplexe Angelegenheit. Entscheidungen über die Art der einzubeziehenden Gewinngrösse (z.B. Reingewinn, Betriebsgewinn oder Bruttogewinn), die zu wählende Bezugsbasis (z.B. Eigenkapital, Gesamtkapital oder betrieblich gebundenes Kapital) sowie die anzuwendende Verzinsung (z.B. vor oder nach Abzug der Fremd- bzw. Eigenkapitalzinsen) sind erforderlich. Es erstaunt daher nicht, dass in Theorie und Praxis keine einheitliche Definition der Renditekennzahlen existiert, sondern je nach konkretem Untersuchungsgegenstand unterschiedliche Varianten zum Einsatz gelangen. Die Offenlegung der Berechnungsgrundlagen erhält unter diesen Umständen eine wichtige Bedeutung:

- *Eigenkapitalrendite (ROE = Return on Equity):* Diese Kennzahl ermittelt die Verzinsung des Eigenkapitals. Die Kernaussage der Eigenkapitalrendite bezieht sich auf die Effizienz des Mitteleinsatzes aus Sicht der Inhaber und gilt als eine der wichtigsten Steuerungs- und Beurteilungsgrössen der operativen Leistungsfähigkeit. Im direkten Quervergleich sind branchentypische Eigenheiten, die individuelle Finanzierungssituation sowie das geschäftsspezifische Risiko angemessen zu berücksichtigen. Für die Berechnung wird der Reingewinn – allenfalls bereinigt um ausserordentliche und betriebsfremde Aufwands- und Ertragspositionen – zum durchschnittlichen, während einer Periode gebundenen Eigenkapital in Relation gesetzt.

$$\text{Eigenkapitalrendite (ROE)} = \frac{\text{Reingewinn}}{\text{Ø Eigenkapital}} * 100\% = \frac{80}{760} * 100\% = \mathbf{10.5\%}$$

- *Gesamtkapitalrendite (ROA = Return on Assets):* Diese Kennzahl gilt als zentrale finanzwirtschaftliche Zielgrösse eines Unternehmens. Einerseits misst sie die Fähigkeit des Managements zur wirtschaftlich optimalen Nutzung des investierten Vermögens (Aktivseite der Bilanz) und andererseits zeigt sie die gesamten Rückflüsse an die Kapitalgeber, losgelöst der konkreten Finanzierungsform (Passivseite der Bilanz). Die Gesamtkapitalrendite ermittelt somit die Verzinsung des Eigenkapitals unter Berücksichtigung der Fremdkapitalzinsen. Daher sind die Fremdkapitalzinsen in die Berechnung einzubeziehen.

$$\text{Gesamtkapitalrendite (ROA)} = \frac{\text{Reingewinn + Zinsen}}{\text{Ø Gesamtkapital}} * 100\%$$

$$= \frac{80 + 20}{1\,810} * 100\% = \mathbf{5.5\%}$$

- *Gewinnmargen und Umsatzrendite:* Die zweite Kategorie von Rentabilitätskennzahlen untersucht den Zusammenhang zwischen dem erwirtschafteten Erfolg und dem zumeist wichtigsten Gewinntreiber, dem operativen Umsatz. Hohe Verkaufserlöse ohne entsprechende Gewinne stellen auf Dauer keine

Option dar, weshalb das Umsatzwachstum stets auf seine Rentabilitätsfolgen zu prüfen ist. Die Bruttomarge (oft auch Handelsmarge genannt) erfasst das Verhältnis zwischen Warenaufwand (Handelsbetrieb) und Nettoerlös bzw. Herstellungskosten der verkauften Ware (Fabrikationsbetrieb) und Nettoerlös, ohne durch die Verwaltungs- und Vertriebskosten, die Investitions- und Finanzierungstätigkeit sowie die Steuern belastet zu werden. Je nach Informationsbedarf können einzelne Aufwandskomponenten dazugezählt werden, um ein von bestimmten Elementen unverfälschtes Ergebnis zu erhalten. Auf Stufe EBITDA (Earnings Before Interests, Taxes, Depreciation and Amortization) z.B. resultiert ein von willkürlichen Abschreibungen auf Sachanlagen und Amortisationen auf immateriellen Gütern unverzerrtes Bild. Schliesslich verdeutlicht die Umsatzrendite (ROS = Return on Sales) den pro Umsatzwerteinheit im Unternehmen verbleibenden Reingewinn.

$$\text{Bruttomarge} = \frac{\text{Bruttogewinn}}{\text{Nettoerlös}} * 100\% = \frac{700}{2\,800} * 100\%$$
$$= \mathbf{25\%}$$

$$\text{Bruttogewinnzuschlag} = \frac{\text{Bruttogewinn}}{\text{Warenaufwand}} * 100\% = \frac{700}{2\,100} * 100\%$$
$$= \mathbf{33.3\%}$$

$$\text{EBITDA-Marge} = \frac{\text{Reingewinn vor Zinsen, Steuern, Abschreibungen und Amortisationen}}{\text{Nettoerlös}} * 100\%$$
$$= \frac{80 + 20 + 110}{2\,800} * 100\% = \mathbf{7.5\%}$$

$$\text{EBI-Marge} = \frac{\text{Reingewinn + Zinsen}}{\text{Nettoerlös}} * 100\%$$
$$= \frac{80 + 20}{2\,800} * 100\% = \mathbf{3.6\%}$$

$$\text{Nettomarge = Umsatzrendite (ROS)} = \frac{\text{Reingewinn}}{\text{Nettoerlös}} * 100\% = \frac{80}{2\,800} * 100\%$$
$$= \mathbf{2.9\%}$$

Wichtiger als die Analyse einzelner Kennzahlen ist die Zerlegung der Renditekennzahlen in ihre Komponenten. Die Überleitung von der EBI-Marge zur Gesamtkapitalrendite führt über den Kapitalumschlag, einer Kennzahl zur Umsatzwirkung je Geldeinheit des eingesetzten Kapitals. Vor allem in Handelsbetrieben und bei Massengütern ist eine hohe Kapitalnutzung erforderlich, da von tendenziell tiefen Margen ausgegangen werden muss.

$$\frac{\text{Reingewinn + Zinsen}}{\text{Nettoerlös}} *100\% \qquad \frac{\text{Nettoerlös}}{\varnothing \text{ Gesamtkapital}} \qquad \frac{\text{Reingewinn + Zinsen}}{\varnothing \text{ Gesamtkapital}} *100\%$$

EBI-Marge * **Kapitalumschlag** = **Gesamtkapitalrendite**

$$\frac{80+20}{2\,800} *100\% \quad * \qquad \frac{2\,800}{1\,810} \qquad = \qquad \frac{80+20}{1\,810} *100\%$$

3.6% * **1.55** = **5.5%**

- **Analyse der Liquidität**

Die Fähigkeit der Unternehmen, den Zahlungsansprüchen jederzeit Folge zu leisten, gilt als zentrale unternehmerische Rahmenbedingung. Eine Abweichung von dieser Bedingung kann die Existenz ernsthaft bedrohen. Vor allem die kurzfristigen Finanzgläubiger und Lieferanten haben ein hohes Interesse an einer laufenden Überwachung der Liquidität. Langfristig wird jedoch das Rentabilitätsziel höher als die Liquiditätssicherung eingestuft, da genügend Zahlungsmittel zwar eine notwendige, nicht aber hinreichende Voraussetzung für den Erfolg darstellen. Grundsätzlich wird zwischen dispositiver und struktureller Liquidität unterschieden, wobei die beiden wichtigsten Geldquellen, die kurzfristig geldnahen Guthaben auf der Aktivseite der Bilanz sowie die Generierung von Cash im Verlauf der regulären Geschäftstätigkeit, zum Ausdruck kommen:

- *Dispositive Liquidität:* Bei diesem bestandesorientierten Konzept wird untersucht, inwieweit die in einem bestimmten Zeitpunkt vorhandenen flüssigen oder geldnahen Mittel in der Lage sind, die kurzfristig erwarteten Zahlungsverpflichtungen zu erfüllen. Dazu wird eine horizontale Verknüpfung liquiditätsrelevanter Aktivposten mit den kurzfristigen Verbindlichkeiten vorgenommen.

Cash Ratio (Liquiditätsgrad I) $= \dfrac{\text{flüssige Mittel}}{\text{kurzfristige Verbindlichkeiten}} *100\%$

$= \dfrac{46}{270} *100\% \quad = \quad \mathbf{17\%}$

Quick Ratio (Liquiditätsgrad II) $= \dfrac{\text{flüssige Mittel + kurzfristige Forderungen}}{\text{kurzfristige Verbindlichkeiten}} *100\%$

$= \dfrac{46 + 209}{270} *100\% \quad = \quad \mathbf{94.4\%}$

Current Ratio (Liquiditätsgrad III) $= \dfrac{\text{Umlaufvermögen}}{\text{kurzfristige Verbindlichkeiten}} *100\%$

$= \dfrac{690}{270} *100\% \quad = \quad \mathbf{255.6\%}$

Die aussagekräftigste Kennzahl stellt die Quick Ratio dar. Diese stellt Geld und kurzfristig realisierbare Positionen des Umlaufvermögens dem kurzfristigen Fremdkapital gegenüber. Im Gegensatz zur Current Ratio bleibt das Warenlager von der Analyse ausgeschlossen, um dem Umstand Rechnung zu tragen, dass bei physischen Warenlagervorräten sowohl das Realisieren als auch die Höhe einer Umwandlung in flüssige Mittel mit erheblichen Unsicherheiten behaftet sind. Gegenüber der Cash Ratio erfolgt die Abgrenzung über den Einbezug der Debitoren. Es wird angenommen, dass die ausstehenden Kundenforderungen innert nützlicher Frist beglichen werden und die gebildeten Wertberichtigungen die effektiven Zahlungsausfälle abzudecken vermögen. Liquiditätsgradkennzahlen sind statische Grössen und erlauben daher nur bedingt Rückschlüsse auf die zukünftigen Zahlungsströme.

- *Strukturelle Liquidität:* Bei diesem Konzept steht die Frage im Zentrum, ob die operative Nutzung des Betriebsvermögens geeignet ist, einen Beitrag an die künftigen Liquiditätsverpflichtungen zu leisten. Vor allem der Cash Flow erlangt in diesem stromgrössenorientierten Konzept eine hohe Bedeutung, dient er doch als Massgrösse für die Innenfinanzierungskraft des Unternehmens, d.h. den Zufluss an selbst erarbeiteten flüssigen Mitteln aus Betriebstätigkeit.

Die zentrale Informationsbasis zur Bestimmung des Cash Flows bildet die Geldflussrechnung. Sie liefert Angaben zum Fondsbeitrag aus Betriebstätigkeit sowie zu zahlungswirksamen Investitions- und Finanzierungsvorgängen. Insbesondere eine Analyse mit Plan- statt mit Vergangenheitsdaten verspricht einen hohen Aussagegehalt hinsichtlich der künftigen Liquiditätsentwicklung. Beispiele für zeitraumbezogene, dynamische Kennzahlen sind die Cash Flow Ratio als Massstab zur Bedienung des kurzfristigen Fremdkapitals aus betrieblichen Umsätzen oder die Cash Burn Rate. Letztere zeigt, wie lange (in Tagen, Monaten oder Jahren) die heute vorhandenen flüssigen und geldnahen Mittel zur Deckung der laufenden Betriebsausgaben ausreichen. Neue Finanzierungsquellen oder Einnahmen aus künftigen Verkäufen werden dabei vernachlässigt.

$$\text{Cash Flow Ratio} = \frac{\text{Cash Flow aus Betriebstätigkeit}}{\text{kurzfristige Verbindlichkeiten}} * 100\% = \frac{204}{270} * 100\%$$

$$= \mathbf{75.6\%}$$

$$\text{Cash Burn Rate} = \frac{\text{flüssige Mittel + kurzfristige Forderungen}}{\text{liquiditätswirksame Aufwendungen}} * 365 \text{ Tage}$$

$$= \frac{46 + 209}{2\,615} * 365 \text{ Tage} = \mathbf{35 \text{ Tage}}$$

- **Analyse der Vermögensstruktur**

Mit Hilfe der Kennzahlen zur Vermögensstruktur wird untersucht, ob dem Management eine effiziente Nutzung der Investitionen gelungen ist, und zwar in Bezug auf die Zusammensetzung, den Umschlag und die Finanzierung des Vermögens. In der Bilanz eines Unternehmens schlägt sich die operative Tätigkeit primär in den Konten «Debitoren», «Kreditoren», «Warenlager» und «Anlagen» nieder. Zusätzlich existieren zahlreiche andere potenzielle zukünftige Nutzenzugänge ohne Gegenleistungen (= Aktiven), die nur unter bestimmten Bedingungen, häufig sogar überhaupt nicht, im finanziellen Rechnungswesen in Erscheinung treten. Angaben zu Leasinggeschäften, immateriellen Gütern wie Forschung und Entwicklung sowie derivativen Finanzinstrumenten sollten – wenn nicht in der Bilanz – zumindest im Anhang zur Jahresrechnung ersichtlich sein. Eng mit der Unvollständigkeit der Bilanz ist die Frage der Bewertung verknüpft. Da es den Gesetzen und Standards zur Rechnungslegung nur ansatzweise gelingt, die grundsätzlich subjektive Wertfindung objektiv fassbar zu machen, verbleibt ein erheblicher Ermessensspielraum:

– *Intensitätsgrad und Investitionsverhältnis:* Die Zusammensetzung der Aktivseite gibt Hinweise auf das Investitionsvolumen eines Unternehmens und dient als Indikator für die Kapitalbindung und damit das operative Geschäftsrisiko. Je höher der Anteil des langfristig gebundenen Anlagevermögens, desto anfälliger reagiert das Unternehmen auf konjunkturelle Schwankungen und desto länger ist tendenziell die Amortisationsdauer für die getätigten Investitionen. Ein hohes relatives Umlaufvermögen hingegen bewirkt einen ständigen Druck zur effizienten Warenlager- und Debitorenbewirtschaftung. Vor allem das Warenlager ist vielfältigen Einflüssen wie unerwartetem Preiszerfall, Verderblichkeit oder Änderungen im Konsumverhalten ausgesetzt. Als Kennzahlen, welche diese Wechselwirkungen zum Ausdruck bringen, eignen sich die Intensität des Umlauf- und Anlagevermögens sowie das Investitionsverhältnis.

$$\text{Intensität des Umlaufvermögens} = \frac{\text{Umlaufvermögen}}{\text{Gesamtkapital}} * 100\%$$

$$= \frac{690}{1\,840} * 100\% = \mathbf{37.5\%}$$

$$\text{Intensität des Anlagevermögens} = \frac{\text{Anlagevermögen}}{\text{Gesamtkapital}} * 100\%$$

$$= \frac{1\,150}{1\,840} * 100\% = \mathbf{62.5\%}$$

Investitionsverhältnis $= \dfrac{\text{Umlaufvermögen}}{\text{Anlagevermögen}} * 100\%$

$= \dfrac{690}{1\,150} * 100\% \quad = \quad \mathbf{60\%}$

- *Umschlagskennzahlen:* Umschlags- oder Aktivitätskennzahlen zeigen die Beziehung zwischen dem aktuellen Leistungsniveau und den dafür benötigten Investitionen. In ihrer Grundform bestehen sie aus einer Erfolgsgrösse dividiert durch die entsprechende Bilanzposition und verdeutlichen die pro investierte Geldeinheit erzielten Erträge bzw. angefallenen Aufwendungen. Grundsätzlich gilt, je höher der Umschlag, desto besser die betriebliche Kapitalnutzung, was Rückschlüsse auf die Profitabilität und Liquidität zulässt. Aus der Verbindung von Bilanz und Erfolgsrechnung lassen sich Aussagen bezüglich des Kapitalbedarfs herleiten.

Kapitalumschlag $= \dfrac{\text{Nettoerlös}}{\varnothing \text{ Gesamtkapital}} = \dfrac{2\,800}{1\,810} = \mathbf{1.5x}$

Debitorenumschlag $= \dfrac{\text{Umsatz gegen Rechnung}}{\varnothing \text{ Debitorenbestand}} = \dfrac{2\,800}{218.5} = \mathbf{12.8x}$

Debitorenfrist $= \dfrac{365 \text{ Tage}}{\text{Debitorenumschlag}} = \dfrac{365}{12.8} = \mathbf{28 \text{ Tage}}$

Kreditorenumschlag $= \dfrac{\text{Einkauf gegen Rechnung}}{\varnothing \text{ Kreditorenbestand}}$

$= \dfrac{\text{Warenaufwand} \pm \text{Lageränderung}}{\varnothing \text{ Kreditorenbestand}}$

$= \dfrac{2\,100 + 10}{254.5} = \mathbf{8.3x}$

Kreditorenfrist $= \dfrac{365 \text{ Tage}}{\text{Kreditorenumschlag}} = \dfrac{365}{8.3} = \mathbf{43 \text{ Tage}}$

Warenlagerumschlag $= \dfrac{\text{Warenaufwand}}{\varnothing \text{ Warenlagerbestand}} = \dfrac{2\,100}{415} = \mathbf{5.1x}$

Warenlagerdauer $= \dfrac{365 \text{ Tage}}{\text{Warenlagerumschlag}} = \dfrac{365}{5.1} = \mathbf{71 \text{ Tage}}$

Die wichtigste Kenngrösse ist der Kapitalumschlag, der zeigt, wie oft sich das gesamte Vermögen im Umsatz niederschlägt. Gleichzeitig führt die Multiplikation mit der EBI-Marge zur Gesamtkapitalrendite. Über die Bewirtschaftung der Debitoren und Kreditoren geben der Debitoren- und Kreditorenumschlag Auskunft. Zahlungskonditionen und -moral lassen sich ebenso ablesen wie zu erwartende Finanzierungskonsequenzen einer aggressiven Expansion. Der Warenlagerumschlag gibt an, wie oft die Halb- und Fertigfabrikate bzw. die Handelswaren pro Periode umgesetzt werden, wobei die Methode der Warenlagerverbuchung (z.B. LIFO oder FIFO) das Ergebnis beeinflusst. Umgerechnet auf eine durchschnittliche Verweildauer gilt folgender Zusammenhang: Die Summe aus Warenlagerdauer und Debitorenfrist zeigt, wie lange es durchschnittlich dauert ab dem Zeitpunkt des Waren- oder Materialeingangs bis zur Bezahlung der Ware durch die Kunden (operativer Geschäftszyklus). Wird zusätzlich die Kreditorenfrist in Abzug gebracht, resultiert eine Masszahl für die Anzahl Tage, während derer die Betriebstätigkeit flüssige Mittel im Unternehmen bindet (operativer Geldzyklus).

– *Deckungsgrade:* Basierend auf der goldenen Bilanzregel, die besagt, dass langfristig gebundene Vermögenspositionen durch langfristig zur Verfügung gestelltes Kapital zu finanzieren sind, erfolgt die Berechnung der Anlagedeckungsgrade. Im Zentrum steht die Fristenkongruenz zwischen Kapitalbindung und Finanzierung. In einer weiterführenden Analyse wären zusätzlich die Aktiv- und Passivseite der Bilanz gemäss ihrer rechtlichen bzw. betriebswirtschaftlichen Fälligkeitsstruktur zu gliedern, um allfällige Finanzierungs- sowie Anlagelücken zu eruieren. Ebenso von Interesse wären Angaben zur Zinsbindung und Währungszusammensetzung. Die Analyse der horizontalen Bilanzrelationen basiert auf folgenden Kennzahlen:

$$\text{Anlagedeckungsgrad I} = \frac{\text{Eigenkapital}}{\text{Anlagevermögen}} * 100\% = \frac{770}{1150} * 100\% = \mathbf{67\%}$$

$$\text{Anlagedeckungsgrad II} = \frac{\text{Eigenkapital + langfristiges Fremdkapital}}{\text{Anlagevermögen}} * 100\%$$

$$= \frac{770 + 800}{1150} * 100\% = \mathbf{136.5\%}$$

10.3 Analyse des Finanzierungsrisikos und Einschätzung durch den Kapitalmarkt

- **Analyse des Finanzierungsrisikos**

Die Aufteilung der Passiven in Fremd- und Eigenkapital sowie die damit verbundenen Zahlungsströme (Zinsen, Dividenden, Kapitalein- und Rückzahlungen) erlauben einen Einblick in das Risikoverhalten und die Risikoposition des Unternehmens. Dabei gilt folgender Zusammenhang: Je höher der Fremdkapitalanteil, desto höher die Rendite des Eigenkapitals, aber nur solange, als die Rendite des Gesamtkapitals die Verzinsung des Fremdkapitals übertrifft. Zugleich ist zu beachten, dass das Risiko der Eigenkapitalgeber mit zunehmender Verschuldung ansteigt. Eine Beurteilung der Kapitalstruktur hat daher stets vor dem Hintergrund einer Risiko-/Rendite-Abwägung zu erfolgen. Ebenfalls relevant ist die Frage der Vollständigkeit der Erfassung allfälliger nicht bilanzierter, potenzieller zukünftiger Nutzenabgänge ohne Gegenleistung (= Passiven). Der Einbezug von Verpflichtungen aus z.B. Leasingkontrakten, schwebenden Geschäften, Rückstellungen gehört ebenso zur Abschlussbereinigung wie die eindeutige Zuordnung von Passivposten zum Fremd- oder Eigenkapital (z.B. latente Steuern oder Rückstellungen mit Reservecharakter):

- *Eigen- und Selbstfinanzierungsgrad:* Neben Risiko-/Rendite-Überlegungen hängt der Entscheid zugunsten einer Fremd- oder Eigenfinanzierung von zahlreichen weiteren Faktoren ab, wie z.B. den Kosten für die Kapitalbeschaffung, dem Mitspracherecht, der Dauer der Kapitalüberlassung, konkreten Haftungsverhältnissen oder einer Beteiligung am betrieblichen Erfolg. Es ist die Aufgabe der Unternehmensleitung, unter Berücksichtigung der unterschiedlichen Rechte und Pflichten, der Informations- und Transaktionskosten, der steuerlichen Aspekte sowie der eigenen Motive und Anreize eine möglichst optimale Kapitalstruktur zu definieren. Ein hoher Eigenkapitalanteil, gemessen am Eigenfinanzierungsgrad, gilt als Zeichen für unternehmerische Unabhängigkeit und Bonität, steht aber zugleich in einem gewissen Widerspruch zur Rentabilität, handelt es sich doch den Risiken entsprechend um eine teure Finanzierungsquelle. Der Selbstfinanzierungsgrad zeigt, inwieweit es einem Unternehmen gelungen ist, nach Ausschüttung der Dividenden das betriebliche Wachstum aus eigener Kraft voranzutreiben.

$$\text{Eigenfinanzierungsgrad} = \frac{\text{Eigenkapital}}{\text{Gesamtkapital}} * 100\% = \frac{770}{1\,840} * 100\% = \mathbf{41.8\%}$$

$$\text{Selbstfinanzierungsgrad} = \frac{\text{einbehaltene Gewinne}}{\text{Eigenkapital}} * 100\%$$

$$= \frac{270}{770} * 100\% = \mathbf{35.1\%}$$

- *Verschuldungskennzahlen:* Dieser Bereich der Kennzahlen berücksichtigt bei der Analyse die Gläubigerperspektive. Im Vordergrund steht die uneingeschränkte Fähigkeit zur Begleichung der Zinsen sowie zur Rückzahlung der Schulden. Eine Unterscheidung zwischen operativen Verpflichtungen ohne explizite Zinslast (z.B. Kreditoren) und Finanzschulden ist sinnvoll. Als Differenz aus Letzteren und den flüssigen Mitteln resultiert die Netto-Finanzsituation, die entweder als Net Cash oder als Net Debt eine Aussage zu den zinspflichtigen Kapitalien und zur damit einhergehenden Fixkostenbelastung erlaubt. Aus steuerlicher Sicht ist ausserdem die Abzugsfähigkeit der Zinskosten zu beachten.

Folgende Kennzahlen liefern Hinweise zur Verschuldung:

$$\text{Verschuldungsgrad} = \frac{\text{Fremdkapital}}{\text{Gesamtkapital}} * 100\% = \frac{1\,070}{1\,840} * 100\% = \mathbf{58.2\%}$$

$$\text{Finanzierungsverhältnis} = \frac{\text{Fremdkapital}}{\text{Eigenkapital}} * 100\% = \frac{1\,070}{770} * 100\% = \mathbf{139\%}$$

$$\text{Verschuldungsfaktor} = \frac{\text{Effektivverschuldung}}{\text{Cash Flow aus Betriebstätigkeit}}$$

$$= \frac{\text{Fremdkapital} - \text{flüssige Mittel} - \text{Debitoren}}{\text{Cash Flow aus Betriebstätigkeit}}$$

$$= \frac{1\,070 - 46 - 209}{204} = \mathbf{4}$$

$$\text{Zinsdeckungsfaktor} = \frac{\text{Reingewinn vor Zinsen und Steuern}}{\text{Zinsaufwand}}$$

$$= \frac{\text{EBIT}}{\text{Zinsaufwand}} = \frac{80 + 20}{20} = \mathbf{5}$$

Der Verschuldungsgrad und das Finanzierungsverhältnis zeigen, in welchem Umfang sich ein Unternehmen über Dritte finanziert. Bei der Beurteilung sind neben der allgemeinen Wirtschaftslage auch branchen- und länderspezifische Eigenheiten sowie die jeweilige Rechtsform zu berücksichtigen. Der Verschuldungsfaktor dient als Massstab für die Fähigkeit eines Unternehmens, die Netto-Verbindlichkeiten (entweder gemessen am totalen Fremdkapital oder an den Finanzschulden) aus dem Cash Flow aus Betriebstätigkeit zu begleichen. Die Berechnung beruht auf effektiven Zahlungsströmen und nicht auf Aufwands- oder Ertragsgrössen. Demgegenüber illustriert der Zinsdeckungsfaktor (Times Interest Earned), wie oft die Zinskosten der Fremdfinanzierung durch das Betriebsergebnis gedeckt werden können. Als Richtmass für die regelmässige Bedienung der Finanzschulden sollte ein Wert von zwei nicht unterschritten werden.

- **Einschätzung durch den Kapitalmarkt**

Kotierte Gesellschaften stehen unter ständiger Beobachtung des Kapitalmarkts. Anlegerinnen und Anleger verlangen zur Fundierung ihrer Investitionsentscheide Angaben zum Risiko-/Rendite-Profil der verfügbaren Anlagen. Der Börse als Informationsplattform kommt eine wichtige Bedeutung zu, da in einem effizienten Kapitalmarkt die vorherrschenden Aktienkurse jederzeit den aktuellen Wissensstand antizipieren. Die Auffassung, dass neue Informationen rasch und weitgehend vollständig in den Börsenkursen verarbeitet werden, gilt heute als akzeptiert, obwohl immer wieder Marktanomalien wie z.B. der Januar- oder ein Grösseneffekt und vermeintlich irrationale Verhaltensweisen wie z.B. die Tendenz zur Selbstüberschätzung, eine Aversion gegenüber dem Ausweis von Verlusten oder Herdentrieb empirisch nachgewiesen werden können. Die Tatsache, dass den beobachtbaren Aktienkursen ein hoher, jedoch kein vollständiger Informationsgehalt zugestanden wird, macht sie zum idealen, weil objektiven Vergleichsmassstab für die Berechnung kapitalmarktorientierter Kennzahlen. Die Kombination einer Rechnungswesengrösse mit dem Börsenkurs soll Einblicke in die Zukunftsperspektiven eines Unternehmens ermöglichen, eingeschätzt durch neutrale Marktkräfte. Daraus leitet sich eine relative Beurteilung (über die Zeit oder im Branchenvergleich) der operativen Leistungskraft ab:

– *Gewinn pro Aktie (EPS = Earnings per Share):* Obwohl kein unmittelbarer Kapitalmarktbezug hergestellt wird, dient diese Kennzahl als Leistungsmass und zentrale Inputgrösse für die Ermittlung weiterführender Kennzahlen. Für die Berechnung sind die Grössen «Gewinn» und «Anzahl Aktien» näher zu präzisieren. Bei der Grundvariante wird der Reingewinn durch den zeitgewichteten Durchschnitt der ausstehenden Titel dividiert. Im Idealfall werden mit Blick auf die Unternehmensbewertung Prognosezahlen verwendet.

$$\text{Gewinn pro Aktie (EPS)} = \frac{\text{Reingewinn}}{\text{Ø Anzahl ausstehende Aktien}} = \frac{80\,000}{5\,000} = \mathbf{16}$$

– *Marktrenditen (Market Comparables):* Die wohl bekannteste Kennzahl zur relativen Beurteilung kotierter Unternehmen ist das Kurs-Gewinn-Verhältnis (PER = Price Earnings Ratio). Diese Grösse zeigt, wie oft der Reingewinn im aktuellen Aktienkurs enthalten ist, bzw. wie stark die Kapitalmärkte die zukünftigen Gewinnchancen auf den heutigen Zeitpunkt diskontieren. Eine im

Vergleich zum Gesamtmarkt oder zur Branche tiefe PER deutet auf eine mögliche Unterbewertung und damit eine Kaufgelegenheit hin. Als weitere Ursachen kommen aber auch eine schwache Gewinndynamik, das allgemeine Zinsniveau, die Qualität der publizierten Gewinne oder Unsicherheiten in Bezug auf die künftige Entwicklung in Frage. Eine hohe PER lässt sich in umgekehrter Weise interpretieren.

$$\text{Kurs-Gewinn-Verhältnis (PER)} = \frac{\text{Börsenkurs}}{\text{Gewinn pro Aktie}} = \frac{200}{16} = \mathbf{12.5}$$

$$\text{Kurs-Cash-Flow-Verhältnis} = \frac{\text{Börsenkurs}}{\text{Cash Flow pro Aktie}} = \frac{200}{40.8} = \mathbf{4.9}$$

Die Performance eines Unternehmens lässt sich nicht nur mit Rechnungswesendaten, sondern auch mit Marktangaben überprüfen. Bei der Dividendenrendite interessieren die effektiven Rückflüsse an die Investoren, d.h. die Dividenden- und Kapitalzahlungen, allenfalls unter Berücksichtigung von Steuereffekten. Dabei ist zu beachten, dass für eine vollständige Renditekalkulation zusätzlich auch die Kursgewinne und -verluste miteinzubeziehen sind. Die Gewinnrendite (Earnings Yield) verkörpert den Kehrwert des Kurs-Gewinn-Verhältnisses und zeigt die Verzinsung des marktbewerteten Eigenkapitals durch den Periodenerfolg. Aus einem Vergleich mit der Rendite risikofreier Kapitalanlagen (z.B. langfristige Staatsanleihen) resultiert ein Mass für die Risikoprämie des Markts.

$$\text{Dividendenrendite} = \frac{\text{Dividende pro Aktie}}{\text{Börsenkurs}} * 100\% = \frac{12}{200} * 100\% = \mathbf{6\%}$$

$$\text{Gewinnrendite} = \frac{\text{Gewinn pro Aktie}}{\text{Börsenkurs}} * 100\% = \frac{16}{200} * 100\% = \mathbf{8\%}$$

11 Gesetzliche Bestimmungen zur Rechnungsführung und Rechnungslegung

11.1 Gesetzliche Regelung der Rechnungslegung in der Schweiz

- **Zielsetzung der gesetzlichen Regelung**

Das Rechnungswesen ist nicht nur ein Führungsinstrument für das Unternehmen selbst, sondern dient auch der Information Aussenstehender. Sowohl Kapitalgeber als auch Gläubiger müssen sich darauf verlassen können, dass nach bestem Wissen und Gewissen mit ihren Mitteln gewirtschaftet wird, wobei das schweizerische Recht vor allem den Gläubigerschutz in den Vordergrund stellt. Der Gesetzgeber hat daher eine Reihe von Vorschriften zum Rechnungswesen der Unternehmen erlassen. Sie gliedern sich im Wesentlichen in Vorschriften zur kaufmännischen Buchführung (gelten grundsätzlich für alle im Handelsregister eingetragenen Firmen) sowie in aktienrechtliche Bestimmungen (Spezialvorschriften für Aktiengesellschaften). Entscheidend für die anzuwendenden Rechnungslegungsvorschriften gemäss schweizerischem Handelsrecht ist somit die Rechtsform (und nicht etwa die Unternehmensgrösse).

- **Bestimmungen zur kaufmännischen Buchführung (Art. 957 - 964 OR)**

Zu den wichtigsten Vorschriften des Obligationenrechts (OR), welche grundsätzlich für sämtliche Rechtsformen gelten, gehören:

- Art. 957   Für jede Firma, die zum Eintrag ins Handelsregister verpflichtet ist, gilt die Buchführungspflicht. Vermögens-, Schuld- und Forderungsverhältnisse sowie die Betriebsergebnisse müssen ersichtlich sein.
- Art. 958   Pro Jahr sind mindestens einmal ein Inventar, eine Bilanz und eine Erfolgsrechnung zu erstellen.
- Art. 959   Das OR fordert sämtliche Unternehmen zu Vollständigkeit, Klarheit und Übersichtlichkeit ihrer Buchführung auf (Prinzip der Bilanzwahrheit und Bilanzklarheit).
- Art. 960   Alle Aktiven sind höchstens zu dem Wert anzusetzen, der ihnen zum Zeitpunkt der Bilanzierung zukommt.

Bemerkenswert ist insbesondere, dass das allgemeine Buchführungsrecht in Art. 960 OR eine Bewertung zu aktuellen Ansätzen (die unter Umständen höher als die Anschaffungswerte sind) zulässt. Dies ist ein wichtiger Unterschied zu den nachfolgend dargestellten aktienrechtlichen Vorschriften.

- **Bestimmungen im Aktienrecht (Art. 662 - 671 OR)**

Für Aktiengesellschaften stellt das Obligationenrecht in Art. 662 - 671 OR zusätzliche, strengere Vorschriften auf. Die Regeln betreffen den Umfang des Jahresabschlusses, Bewertungen, Mindestgliederung von Bilanz und Erfolgsrechnung sowie Ausschüttung von Gewinnen:

- *Umfang des Jahresabschlusses*: Art. 662 OR legt fest, aus welchen Teilbereichen sich der Jahresabschluss, der Bestandteil des Geschäftberichts ist, zusammensetzt (vgl. Abb. 11/1).

Abbildung 11/1: Aufbau des Jahresabschlusses nach Aktienrecht

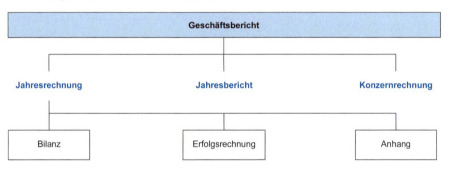

Der Inhalt des Anhangs wird in Art. 663b OR detailliert geregelt. Dazu gehören wichtige Informationen, die weder aus der Bilanz noch aus der Erfolgsrechnung ersichtlich sind. Beispiele sind Angaben zu Bürgschaften, Garantieverpflichtungen, verpfändeten Aktiven, Verbindlichkeiten gegenüber Vorsorgeeinrichtungen, Leasinggeschäften, Anleihensobligationen, netto aufgelösten stillen Reserven, Aufwertungen und eigenen Aktien.

Art. 663e OR legt fest, ob ein Unternehmen, wenn es ein oder mehrere andere Gesellschaften unter einheitlicher Leitung zusammenfasst, eine Konzernrechnung zu erstellen hat. Darunter wird eine Gesamtrechnung verstanden, welche die Abschlüsse der Muttergesellschaft sowie der verschiedenen Tochtergesellschaften zusammenfasst (zur konsolidierten Rechnungslegung vgl. z.B. Meyer, Conrad: Konzernrechnung, Einführung in die Systematik des konsolidierten Abschlusses). Die Frage, ob eine Konzernrechnung zu erstellen ist, richtet sich nach im Gesetz genannten Grössenkriterien. Das Aktienrecht verzichtet auf eine Vorgabe der für die Konzernrechnung anzuwendenden Prinzipien und Methoden. Vorgeschrieben wird lediglich, dass sie den Grundsätzen ordnungsmässiger Rechnungslegung zu gehorchen hat und dass die Konsolidierungs- und Bewertungsregeln im Anhang offen zu legen sind.

Die Daten der Jahresrechnung und allenfalls der Konzernrechnung werden ergänzt durch einen verbalen Teil, den Jahresbericht, in dem der Geschäftsverlauf sowie die wirtschaftliche und finanzielle Lage der Gesellschaft darzulegen ist (Art. 663d OR).
- *Bewertung:* Das schweizerische Aktienrecht nimmt durch eine Reihe von Regelungen Einfluss auf die Bewertung:
  - *Art. 662a*: Die Bestimmungen zur kaufmännischen Buchführung (Art. 657 - 964 OR) sind auch für Aktiengesellschaften anzuwenden. Ferner gelten folgende Grundsätze ordnungsmässiger Rechnungslegung (GoR):
    - Vollständigkeit der Jahresrechnung
    - Klarheit und Wesentlichkeit der Angaben
    - Vorsicht
    - Fortführung der Unternehmenstätigkeit
    - Stetigkeit in Darstellung und Bewertung
    - Unzulässigkeit der Verrechnung von Aktiven und Passiven sowie von Aufwand und Ertrag.
  - *Art. 664:* Gründungs-, Kapitalerhöhungs- und Organisationskosten dürfen bilanziert werden, d.h. sie müssen nicht sofort als Aufwand verbucht werden. Sie sind gesondert auszuweisen und innerhalb von fünf Jahren abzuschreiben.
  - *Art. 665:* Anlagen dürfen höchstens zu den Anschaffungs- oder Herstellungskosten – unter angemessener Abschreibung – in den Büchern enthalten sein. Zu den Anlagen zählen auch Beteiligungen.
  - *Art. 666:* Rohmaterialien, fertige und halbfertige Fabrikate sowie andere, zur Veräusserung bestimmte Vermögenswerte dürfen höchstens zu den Anschaffungs- oder Herstellungskosten bewertet werden. Sind diese Kosten höher als der im Zeitpunkt der Bilanzierung allgemein geltende Preis, darf höchstens gemäss aktuellen Preisen bewertet werden.
  - *Art. 667:* Wertschriften mit Kurswert dürfen höchstens zum Durchschnittskurs des letzten Monats vor dem Bilanzstichtag, Wertschriften ohne Kurswert höchstens zu Anschaffungskosten unter Abzug notwendiger Wertberichtigungen bilanziert werden.
  - *Art. 669:* Die Bildung stiller Reserven ist zulässig, soweit die Rücksicht auf das dauernde Gedeihen des Unternehmens oder auf die Verteilung einer möglichst gleichmässigen Dividende solche Massnahmen als angezeigt erscheinen lassen. Die Netto-Auflösung stiller Reserven ist im Anhang offen zu legen.

Im Gegensatz zu den Bestimmungen zur kaufmännischen Buchführung ist nach den aktienrechtlichen Bestimmungen eine Bewertung zu aktuellen Werten nicht gestattet. Diese vorsichtige Haltung äussert sich etwa in Art. 666 OR, der das Niederstwertprinzip für Waren festhält. Eine Ausnahme bildet die Bewertung von Wertschriften mit Kurswert, die gemäss Art. 667 OR am Jahresende auf aktuelle Werte (Durchschnittskurs des letzten Monats vor dem Bilanzstichtag) aufgewertet werden dürfen. Damit wird ein Ausweis (und allenfalls eine Ausschüttung) eines nicht realisierten Kursgewinns zugelassen, sofern der aktuelle Wert die ursprünglichen Anschaffungskosten übersteigt.

Die Zulässigkeit der Bildung stiller Reserven gemäss Art. 669 OR relativiert die in den Bestimmungen zur kaufmännischen Buchführung (Art. 959 OR) postulierten Prinzipien der Bilanzwahrheit und Bilanzklarheit.

- *Mindestgliederung:* In den Bestimmungen zur kaufmännischen Buchführung finden sich keine Mindestgliederungsvorschriften. Das Aktienrecht hingegen schreibt die minimal einzuhaltende Gliederung der Erfolgsrechnung (Art. 663 OR) und der Bilanz (Art. 663a OR) vor (vgl. Abb. 11/2 und Abb. 11/3).

Abbildung 11/2: Gliederung der Erfolgsrechnung nach Aktienrecht

Aufwand	Erfolgsrechnung	Ertrag
Betriebsaufwand - Material- und Warenaufwand - Personalaufwand - Finanzaufwand - Abschreibungen - Übriger Betriebsaufwand	Betriebsertrag - Erlös aus Lieferungen und Leistungen - Finanzertrag - Übriger Betriebsertrag	
Betriebsfremder Aufwand	Betriebsfremder Ertrag	
Ausserordentlicher Aufwand	Ausserordentlicher Ertrag	
Jahresgewinn	Jahresverlust	

Bezüglich der Erfolgsrechnung fällt auf, dass für die Erfolgskonten separate Aufwands- und Ertragskonten zu führen sind. Es wäre z.B. für Aktiengesellschaften nicht erlaubt, anstelle der Konten «Wertschriftenaufwand» und «Wertschriftenertrag» nur ein Konto «Wertschriftenerfolg» auszuweisen. Dies geht bereits aus dem Grundsatz ordnungsmässiger Rechnungslegung hervor, der festhält, dass Aufwendungen und Erträge nicht miteinander verrechnet werden dürfen (vgl. Art. 662a OR).

Abbildung 11/3: Gliederung der Bilanz nach Aktienrecht

Aktiven	Bilanz	Passiven
Umlaufvermögen - Flüssige Mittel - Forderungen aus Lieferungen und Leistungen - Andere Forderungen - Vorräte - Forderungen gegenüber nahe stehenden Gesellschaften und Aktionären - Übriges Umlaufvermögen - Aktive Rechnungsabgrenzungsposten	**Fremdkapital** - Verbindlichkeiten aus Lieferungen und Leistungen - Andere kurzfristige Verbindlichkeiten - Passive Rechnungsabgrenzungsposten - Verbindlichkeiten gegenüber nahe stehenden Gesellschaften und Aktionären - Langfristige Verbindlichkeiten - Rückstellungen	
Anlagevermögen - Sachanlagen - Finanzanlagen - Beteiligungen - Langfristige Guthaben gegenüber nahe stehenden Gesellschaften und Aktionären - Andere Finanzanlagen - Immaterielle Anlagen - Gründungs-, Kapitalerhöhungs- und Organisationskosten - Andere Immaterielle Anlagen - Nicht einbezahltes Aktienkapital - Bilanzverlust	**Eigenkapital** - Aktienkapital - Partizipationsscheinkapital - Gesetzliche Reserven - Reserven für eigene Aktien - Andere Reserven - Bilanzgewinn	

- *Gewinnausschüttung:* Als Konsequenz des Gläubigerschutzes versucht der Gesetzgeber sicherzustellen, dass Aktiengesellschaften über ein ausreichendes Eigenkapital verfügen. Er verfolgt diese Zielsetzung mit Bestimmungen
  - zum Aufbau eines ausreichenden Eigenkapitals (Mindesteinlage bei Gründung, Gewinnzuweisung)
  - zur Erhaltung des Eigenkapitals (Bewertungsvorschriften, Konsequenzen bei Unterbilanz und Überschuldung)
  - zur Rückzahlung des Eigenkapitals (Nachweis der Deckung der Schulden, Ankündigung der Rückzahlung, Regeln zum Besitz eigener Aktien).

Neben der Einlage des Eigenkapitals bei der Gründung gehört die anschliessende Erhöhung durch zurückbehaltene Gewinne zu den wichtigsten Quellen des Eigenkapitals. Deshalb regelt der Gesetzgeber die Gewinnverwendung und verhindert insbesondere übermässige Gewinnausschüttungen. Er will damit den Fortbestand des Unternehmens gewährleisten. Die Bestimmungen gemäss Art. 671 OR lauten wie folgt:
- *1. Reservezuweisung:* 5% des Jahresgewinns sind den gesetzlichen Reserven zuzuweisen, sofern diese noch nicht 20% des einbezahlten Aktienkapitals erreichen.
- *2. Reservezuweisung:* Auf sämtlichen Gewinnausschüttungen, die über Dividenden im Umfang von 5% des einbezahlten Aktienkapitals hinausge-

hen, sind 10% den allgemeinen Reserven zuzuweisen. Bei diesen Gewinnanteilen kann es sich insbesondere um sogenannte Superdividenden (Dividendenanteil, der mehr als 5% des einbezahlten Aktienkapitals beträgt) oder Tantiemen (Gewinnanteile für den Verwaltungsrat) handeln. Die 2. Reservezuweisung hat nur solange zu erfolgen, bis die gesetzlichen Reserven 50% des Aktienkapitals erreichen. Darüber hinaus kann über die Reserven frei verfügt werden.

Inwieweit die gesetzlichen Bestimmungen ihren Zweck, die Erhaltung finanziell gesunder Unternehmen, effektiv erfüllen, bleibt zweifelhaft. Vorschriften zur Bildung und Erhaltung des Eigenkapitals allein können nicht garantieren, dass die Einlagen der Gläubiger geschützt sind. Relevant ist vor allem die Frage, wie das Unternehmen die verfügbaren Ressourcen nutzt und wie eine Werterhaltung bzw. -vermehrung gelingt. Dazu sind weitergehende Konzepte für das Rechnungswesen und die Rechnungslegung erforderlich, als das schweizerische Aktienrecht vorgibt. Deshalb orientieren sich die Fachempfehlungen Swiss GAAP FER und die internationalen Regelwerke insbesondere an den Interessen der Investoren und verlangen eine Rechnungslegung, die einen Einblick in die tatsächliche Vermögens-, Ertrags- und Finanzlage ermöglicht.

11.2 Revisionsbestrebungen gesetzlicher Regelungen

- **Allgemeines**

Ende 2005 hat der Bundesrat einen Vorentwurf zur Revision des Aktien- und Rechnungslegungsrechts in die Vernehmlassung geschickt. Das Ziel der Revision ist, die Regelungen in den Bereichen Corporate Governance, Kapitalstruktur, Generalversammlung und Rechnungslegung im Obligationenrecht umfassend zu aktualisieren. Eine entsprechende Botschaft zur Revision des Aktien- und Rechnungslegungsrechts wurde Ende 2007 präsentiert.

Mit der Neuregelung des Rechnungslegungsrechts wird eine einheitliche Ordnung für alle Rechtsformen des Privatrechts vorgeschlagen. Die Rechnungslegungsvorschriften sollen künftig für alle privatrechtlichen Rechtsträger gelten, d.h. auch für Vereine und Stiftungen. Die Anforderungen werden nach der wirtschaftlichen Bedeutung und nicht mehr nach der Rechtsform des Unternehmens differenziert. Neben allgemeinen Vorschriften, die für alle buchführungspflichtigen Rechtsträger gelten, sind zusätzliche Vorgaben für Publikumsgesellschaften, andere wirtschaftlich bedeutende Unternehmen sowie Konzerne vorgesehen. Die Neuregelung erfolgt steuerneutral, d.h. es wird am Massgeblichkeitsprinzip festgehalten. Demnach dient der Jahresabschluss nach revidiertem Obligationenrecht wie im geltenden Recht als Grundlage für die Steuerbemessung. Unter gewissen Voraussetzungen hat das Unternehmen aber einen zusätzlichen Abschluss nach einem anerkannten Regelwerk zu erstellen.

- **Wichtigste Neuerungen**

Nachfolgend werden die grundlegenden Änderungen, die der Vorschlag zur Revision des Aktien- und Rechnungslegungsgesetzes enthält, dargestellt:

– Für die Pflicht zur Buchführung und Rechnungslegung ist nach wie vor die Eintragung ins Handelsregister massgebend. Bei nicht im Handelsregister eintragungspflichtigen Unternehmen, wie Einzelunternehmen, Vereine und Stiftungen, genügt eine einfache Buchhaltung über Ein- und Ausgaben (Art. 957 OR).

– Kleine und mittlere Unternehmen (KMU) erstellen eine Jahresrechnung (Bilanz, Erfolgsrechnung und Anhang). Publikumsgesellschaften und wirtschaftlich bedeutende Unternehmen erstellen zusätzlich einen Lagebericht und eine Geldflussrechnung und präsentieren erweiterte Angaben im Anhang (Art. 958 OR).

– Der Geschäftsbericht muss innerhalb von sechs Monaten nach Ablauf des Geschäftsjahres erstellt und den zuständigen Organen zugestellt sein (Art. 958 OR).

– Im Anhang ist neu eine Erklärung darüber abzugeben, ob die Anzahl der Vollzeitstellen über zehn, fünfzig oder zweihundert liegt (Art. 959c OR). Die genaue Anzahl soll im Lagebericht, der allerdings nicht von der Revisionsstelle geprüft werden muss, angegeben werden (Art. 961c OR). Dies ist vor allem im Hinblick auf die Abgrenzung KMU oder wirtschaftlich bedeutendes Unternehmen relevant.

– Stille (aber nicht «willkürliche») Reserven sind weiterhin erlaubt. Allerdings besteht neu die Möglichkeit für die Abschlussadressaten, sich über den Betrag der steuerlich nicht anerkannten stillen Reserven zu informieren. Unternehmen haben die Wahl, die Auswirkungen der Auflösung stiller Reserven entweder in einem Gesamtbetrag (im Anhang) offen zu legen oder eine Korrektur der einbehaltenen Gewinne (Gewinnreserven) und der entsprechenden Gegenpositionen in der Bilanz vorzunehmen (Art. 960f OR).

– Die Erstellung der Jahresrechnung auf Basis des Obligationenrechts ist nicht erforderlich, wenn die Abschlussrechnung nach einem anerkannten Standard (Swiss GAAP FER, IFRS oder US GAAP) erstellt wird (Art. 962 OR).

– Publikumsgesellschaften und Genossenschaften mit mindestens 2 000 Mitgliedern sowie Stiftungen, die von Gesetzes wegen zu einer ordentlichen Revision verpflichtet sind, haben neben einem Abschluss nach OR zusätzlich einen Abschluss nach einem anerkannten Regelwerk zu erstellen. Damit soll die

Transparenz zum Schutz von Personen und Organisationen mit Minderheitsbeteiligungen massgeblich verbessert werden. Ein Abschluss nach anerkanntem Regelwerk kann ausserdem verlangt werden von:
- Gesellschaftern, die mindestens 10% des Grundkapitals vertreten
- 10% der Genossenschafter oder 20% der Vereinsmitglieder
- Gesellschaftern oder Mitgliedern, die einer persönlichen Haftung oder Nachschusspflicht unterliegen (Art. 963 OR).

Ein Einzelabschluss nach anerkanntem Regelwerk ist jedoch nicht notwendig, falls dieser in eine Konzernrechnung einbezogen wird.
- Die Konzernrechnungslegung muss nach einem anerkannten Standard erfolgen. Lediglich Kleinkonzerne sind von der Pflicht zu einer Konzernrechnungslegung befreit (Art. 963 OR).

11.3 Grundsätze ordnungsmässiger Rechnungslegung

- **Allgemeines**

Die Grundsätze ordnungsmässiger Rechnungslegung haben die Aufgabe, innerhalb der Handlungsspielräume der Rechnungslegung, welche die gesetzlichen Bestimmungen bieten, Entscheidungshilfen zu gewähren. Sie erfüllen damit eine wichtige Aufgabe zur willkürfreien Handhabung der Rechnungslegung im Unternehmen selbst, aber auch zugunsten einer Fair Presentation für die externen Benutzer der Abschlussdaten. In der Theorie wie auch im praktischen Alltag haben sich zahlreiche solcher Accountingthesen etabliert.

Im Folgenden werden die heute wichtigsten Grundsätze vorgestellt. Sie lassen sich aufgrund ihrer inhaltlichen Ausrichtung in originäre und darauf aufbauende, abgeleitete Grundsätze gliedern.

- **Originäre Grundsätze ordnungsmässiger Rechnungslegung**

Die erste Gruppe definiert die eigentlichen Inhalte der Rechnungslegung. Zu diesen originären Grundsätzen gehören Going Concern, Substance over Form, Periodisierung, Wesentlichkeit, Vergleichbarkeit und Wirtschaftlichkeit:
- *Going Concern:* Die Rechnungslegung unter der Prämisse der Unternehmensfortführung unterscheidet sich grundsätzlich von einer Informationsgestaltung bei einer vorgesehenen freiwilligen oder zwangsläufigen Liquidation. Deshalb ist immer zuerst die Frage zu klären, ob eine Weiterführung der Unternehmensaktivitäten erfolgen kann und auch soll. Ist dies der Fall, hat sich die gesamte Gestaltung der Berichterstattung am Grundsatz des Going Concern zu orientieren. Beispiele, bei denen eine solche Voraussetzung nicht mehr erfüllt

ist, sind der Ablauf zeitlich befristeter Geschäftsaktivitäten, der fehlende Wille zu einer Fortführung des Unternehmens oder existenzielle Probleme, die eine Weiterführung des Unternehmens gefährden.

- *Substance over Form:* Eine weitere wichtige Voraussetzung, die geklärt werden muss, ist die Frage, ob die Rechnungslegung einer rechtlichen oder wirtschaftlichen Betrachtungsweise folgen soll. Je nach Interpretation werden unterschiedliche Sachverhalte als Buchungstatsachen erfasst. Nachdem die Rechnungslegung schweizerischer Unternehmen traditionell auf einer rechtlichen Betrachtungsweise basierte, hat sich vor allem im Rahmen der Konzernberichterstattung die wirtschaftliche Betrachtungsweise durchgesetzt. Für die Rechnungslegung relevant ist die Frage, inwieweit aus ökonomischer Sicht Nutzenzugänge bzw. -abgänge erfolgen, unabhängig davon, ob die betreffenden Vermögensobjekte juristisch im Eigentum des bilanzierenden Unternehmens stehen. Ein Beispiel sind Financial Leasing-Positionen, bei denen dem Unternehmen der Besitz und die Nutzung der Leasingobjekte, nicht aber das Eigentum übertragen wird. Bei einer wirtschaftlichen Betrachtungsweise sind solche Verträge als Buchungstatsachen so zu erfassen, als ob die Objekte im Eigentum des bilanzierenden Unternehmens stehen würden.

- *Periodisierung:* Der gesamte zusätzlich geschaffene Wert eines Unternehmens kann erst am Ende der «Lebenszeit» festgestellt werden. Zu diesem Zeitpunkt können die investierten Beträge der Summe aller Auszahlungen während der Betriebstätigkeit sowie dem Liquidationserlös gegenübergestellt werden. Die Differenz stellt den durch die Unternehmenstätigkeit tatsächlich generierten Mehrwert dar. Damit sich das Management, die Investoren und viele weitere Stakeholder umfassend über die aktuelle Performance und die zukünftigen Entwicklungspotenziale eines Unternehmens informieren können, besteht eine Kernaufgabe des finanziellen Rechnungswesens darin, periodisierte Abschlussdaten zur Verfügung zu stellen. Dazu sind die während einer bestimmten Periode relevanten Geld-, Sachgüter- und Dienstleistungszugänge bzw. -abgänge zu bestimmen. Dies bereitet in vielen Fällen Probleme, da die Periodisierung einen künstlichen Eingriff in die längerfristigen Aktivitäten eines Unternehmens darstellt. Beispiele dazu sind die Periodisierung von Aufwendungen für Forschung und Entwicklung (Abschätzung zukünftiger Erträge), die Zurechnung der Abschreibungen genutzter Anlagen auf einzelne Perioden (Nutzungspotenzial und -dauer sind zu beurteilen) sowie Marketingaufwendungen einer bestimmten Periode (die Erträge fallen möglicherweise während mehrerer Perioden an).

- *Wesentlichkeit:* Die Rechnungslegung hat den internen und externen Stakeholdern ausreichende Informationen zur Verfügung zu stellen, damit sie die Vermögens-, Finanz- und Ertragslage des Unternehmens möglichst zuverlässig beurteilen können. Den Adressaten der Abschlussdaten sollen damit fundierte Entscheidungen ermöglicht werden. Dabei ist es für alle Beteiligten von besonderem Interesse, ob und in welchem Ausmass es dem Unternehmen gelingt, Mehrwerte zu schaffen. Die Voraussetzung der Wesentlichkeit bedeutet, dass bei der Rechnungslegung alle Sachverhalte zu berücksichtigen sind, welche die Vermögens-, Finanz- und Ertragslage dahingehend beeinflussen, dass die Entscheidungen der Stakeholder tangiert werden. Gleichzeitig ist auf eine zu detaillierte Berichterstattung zu verzichten, da dies die Interpretation der Daten erschweren würde.

- *Vergleichbarkeit:* Es wurde immer wieder darauf hingewiesen, dass Abschlussdaten nie wahr, d.h. zweifelsfrei sein können. Es existieren immer Ermessens- und Handlungsspielräume. Als Konsequenz erhält das Postulat der Vergleichbarkeit eine besondere Bedeutung. Die Beurteilung der Performance eines Unternehmens über die Zeit hinweg oder im Vergleich zu anderen Unternehmen der gleichen Branche setzt voraus, dass die Abschlüsse nach einheitlichen bzw. gleich bleibenden Kriterien erstellt werden. Wird dieser Grundsatz verletzt, werden glaubwürdige Aussagen über die Vermögens-, Finanz- und Ertragslage verunmöglicht. Die Erarbeitung und Offenlegung vergleichbarer Abschlüsse ist an eine Reihe von Auflagen gebunden. Dazu gehören eine über mehrere Perioden gleich bleibende Bewertung und Gliederung des Abschlusses (Grundsatz der Stetigkeit), die Offenlegung der Abweichungen von der Stetigkeit (Erläuterungen mit allfälligen Restatements) sowie die Ausklammerung neutraler, d.h. betriebsfremder und ausserordentlicher Einflüsse von der ordentlichen Betriebstätigkeit.

- *Wirtschaftlichkeit:* Die Rechnungslegung ist mit hohen Kosten verbunden. Dabei variieren die entsprechenden Aufwendungen je nach Grösse und Struktur des Unternehmens sowie der Qualität der Rechnungslegung. Für ein kleines Unternehmen ohne Konzernrechnung, das lediglich die aktienrechtlichen Bestimmungen zu beachten hat, werden vergleichsweise niedrige Kosten anfallen. Dies deshalb, weil z.B. eine einfache Gliederung der Bilanz und Erfolgsrechnung gewählt wird, keine Geldflussrechnung erstellt wird, die Bewertung pauschal erfolgt (keine Einzelbewertungen von Buchungstatsachen), einfache Verfahren angewendet werden (Währungsumrechnung, Warenlagerbewertung), die Periodenabgrenzung grosszügig gewählt wird (wenige Abgrenzungen) sowie geringe Kosten für die Wirtschaftsprüfung entstehen. Den tiefen Kosten steht aber auch ein ebenso geringer Nutzen gegenüber. So wird es kaum möglich sein, dass die Adressaten des Abschlusses eine zuverlässige Beurteilung der Vermögens-, Finanz- und Ertragslage vornehmen können. Jede Gesellschaft hat deshalb sorgfältig abzuwägen, welches Kosten-/Nutzenverhältnis angestrebt werden soll.

- **Abgeleitete Grundsätze ordnungsmässiger Rechnungslegung**

Neben der Regelung der zentralen Inhalte der Rechnungslegung sind weitere abgeleitete Grundsätze ordnungsmässiger Rechnungslegung zu beachten. Dazu zählen Richtigkeit, Klarheit, Vollständigkeit, Realisationsprinzip, Imparitätsprinzip und Vorsichtsprinzip:

- *Richtigkeit:* Zahlreiche, vor allem kontinentaleuropäische Handelsgesetze waren geprägt von der Forderung nach einer wahren Rechnungslegung. In Theorie und Praxis wurde aber längst erkannt, dass dies eine Utopie ist. Auch der häufig genannte Grundsatz einer True and Fair View wird mittlerweile kritisch hinterfragt. Die Ansicht setzt sich durch, dass die Rechnungslegung einer Fair Presentation zu gehorchen hat. Eine der wichtigen Voraussetzungen dazu ist die Einhaltung des Grundsatzes der Richtigkeit. Zunächst einmal bedeutet dies, dass die gezeigten Werte in Bilanz, Erfolgsrechnung, Geldflussrechnung und Anhang ein korrektes Abbild (formelle Richtigkeit) der im Rechnungswesen geführten Daten darstellen. Immer dann, wenn für die Ermittlung der Werte keine zweifelsfreien Daten zur Verfügung stehen (materielle Richtigkeit) und Schätzungen erforderlich sind (z.B. bei der Bewertung des Anlagevermögens, der Beurteilung der Höhe erforderlicher Rückstellungen, der Schätzung immaterieller Werte), müssen subjektive Entscheide getroffen werden. Bei einer Respektierung des Grundsatzes der Richtigkeit sind die dabei erforderlichen Annahmen nach bestem Wissen und Gewissen zu treffen. Sie haben insbesondere den effektiven Verhältnissen möglichst exakt zu entsprechen. Das bedeutet, dass keine willkürlich geprägten Entscheidungen gefällt werden dürfen. Eng mit dieser Forderung verbunden sind eine sorgfältige Dokumentation der Entscheidungsverfahren, die Beachtung des Grundsatzes der Stetigkeit (gleiches Vorgehen in verschiedenen Perioden) sowie die Offenlegung der gewählten Bewertungsgrundsätze.

- *Klarheit:* Dieser Grundsatz verfolgt das Ziel, die Rechnungslegung aus formeller Sicht möglichst benutzerfreundlich darzustellen, d.h. es ist eine übersichtliche, verständliche und leicht auswertbare Präsentation der Daten zu wählen. Anstelle einer Flut von Informationen in Bilanz, Erfolgsrechnung, Geldflussrechnung und Anhang ist ein Mix aus zusammenfassenden Übersichten (z.B. das Wichtigste in Kürze, straff gegliederte Abschlussrechnungen) sowie ergänzenden Angaben (Tabellen, Fussnoten) zu präsentieren. Zusätzliche Bausteine einer klaren Rechnungslegung sind korrekte und aussagekräftige Bezeichnungen der einzelnen Positionen sowie eine moderne und während mehreren Perioden gleich bleibende Darstellung. Das wichtige Postulat einer übersichtlichen Präsentation der Daten darf aber nicht dazu führen, dass sachlich nicht zusammenhängende Positionen zusammengefasst werden oder das Bruttoprinzip verletzt wird. Beispiele dazu sind die Offenlegung von Teilerfolgsrechnungen (ab Bruttogewinn ohne Warenertrag und Warenaufwand), die Publikation von Netto-Werten für das Anlagevermögen (Anschaffungswerte nach Abzug der Abschreibungen) oder der zusammengefasste Ausweis von Verpflichtungen (z.b. Verpflichtungen aus Warenlieferungen inklusive Rückstellungen).

- *Vollständigkeit:* Dieser Grundsatz fordert, dass sämtliche für die Beurteilung der Vermögens-, Finanz- und Ertragslage relevanten Sachverhalte zu nennen sind. Nur so haben die Investoren und alle übrigen Stakeholder eine faire Chance, einen möglichst zuverlässigen Einblick in die wirtschaftliche Lage des Unternehmens zu erhalten. Dementsprechend sind im Rahmen der Rechnungslegung alle Sachverhalte zu zeigen, die zu relevanten künftigen Geld-, Sachgüter- und Dienstleistungszugängen bzw. -abgängen führen. Ein Verzicht auf die Bilanzierung aktivierungspflichtiger Positionen (Financial Leasing-Positionen, immaterielle Güter) wäre ebenso ein Verstoss sowohl gegen das Prinzip der Vollständigkeit als auch gegen das Ignorieren von Eventualverpflichtungen im Anhang.

- *Realisationsprinzip:* Im Mittelpunkt dieses Grundsatzes steht eine korrekte Abgrenzung der Gewinne. Sie dürfen erst dann ausgewiesen werden, wenn sie durch Erträge am Markt effektiv erzielt worden sind. Insbesondere ist zu verhindern, dass noch nicht realisierte potenzielle Gewinne z.B. aus produzierten, noch nicht verkauften Waren gezeigt werden. Auch dürfen sich Beschaffungsvorgänge, wie z.b. der Kauf von Waren oder Anlagen nicht erfolgsrelevant auswirken. Die entsprechenden Investitionen sind beim Jahresabschluss entweder gemäss Anschaffungs- oder Herstellungskosten zu bilanzieren oder, soweit die Güter verbraucht worden sind, der Erfolgsrechnung zu belasten. Als Konsequenz dürfen Erträge und allfällige Gewinne erst dann erfasst werden, wenn die Kunden die betrieblichen Dienstleistungen bezogen haben und eine Rechnungsstellung erfolgt ist (und kein Rückgaberecht vereinbart worden ist).

- *Imparitätsprinzip:* Ein weiteres Prinzip, das einer willkürfreien sachgerechten Abgrenzung der Erträge dient, ist das Imparitätsprinzip. Es verlangt im Sinne einer Ergänzung des Realisationsprinzips einen Ausweis nicht realisierter Verluste (im Gegensatz zum Verbot des Ausweises nicht realisierter Gewinne). Das bedeutet im Wesentlichen, dass bei Gütern, die gemäss Anschaffungs- bzw. Herstellungskosten erfasst werden, bei der Erstellung des Abschlusses zu prüfen ist, ob eine solche Bewertung den tatsächlichen Verhältnissen noch entspricht. Allfällige Wertminderungen und Verluste sind sofort zu erfassen und erfolgswirksam zu verbuchen. Damit werden potenzielle Belastungen zukünftiger Ergebnisse, die beim Abschlusstag bereits erkennbar sind, im laufenden Rechnungsjahr antizipiert. Dies ist ohne Zweifel richtig, liegen doch die Ursachen für die späteren Verluste in der aktuellen oder in früheren Perioden. Eine logisch konsequente Anwendung des Imparitätsprinzips führt bei der Bewertung der Warenlager (Rohmaterial, Halbfabrikate, Fabrikate, Handelswaren) zum Niederstwertprinzip, welches verlangt, dass aus den historischen Anschaffungs- bzw. Herstellungskosten und dem realisierbaren Veräusserungswert (Tages-, Marktwert) bei der Bilanzierung immer der tiefere Wert zu wählen ist.

– *Vorsichtsprinzip:* Einige der bisherigen Grundsätze bezwecken bereits eine vorsichtige Gestaltung der Abschlüsse. Insbesondere die Anwendung des Realisations-, Imparitäts- und Niederstwertprinzips gehören dazu. Einer zusätzlichen lückenlosen Anwendung des Grundsatzes der Vorsicht ist deshalb mit Skepsis zu begegnen. Sollen Abschlussdaten wirklich eine zuverlässige Beurteilung der Vermögens-, Finanz- und Ertragslage erlauben, ist eine offensive, aktive Politik der stillen Reserven zu verbieten. Aus dem Vorsichtsprinzip abgeleitete tiefere Bewertungen als bei Einhaltung des Realisationsprinzip oder Verstösse gegen die Grundsätze der Substance over Form, der Periodisierung und der Vollständigkeit widersprechen dem Grundsatz einer Fair Presentation. Das hier genannte Vorsichtsprinzip darf deshalb als ergänzender Grundsatz nur restriktiv und in begründeten Fällen angewendet werden. Beispiele dazu sind die zurückhaltende Bewertung von Positionen mit unsicheren Nutzenzugängen, die rechtzeitige Erfassung von Wertminderungen auf Anlagevermögen (sogenannte Impairments) oder die Anwendung vorsichtiger Kurse bei der Umrechnung von Fremdwährungspositionen.

12 Nationale und internationale Accountingstandards

12.1 Einleitung

Neben den gesetzlichen Bestimmungen und Grundsätzen ordnungsmässiger Rechnungslegung existieren eine Reihe nationaler und internationaler Accountingstandards. Ihr Ziel ist die Förderung der Rechnungslegung der Unternehmen. Die auf der Basis der nationalen gesetzlichen Regelungen gewährten Ermessens- und Handlungsspielräume für die Rechnungslegung sollen eingeschränkt werden.

Im Wesentlichen geht es um folgende Ziele:
– Bereitstellung strukturierter Informationen zur Vermögens-, Finanz- und Ertragslage
– Harmonisierung der Rechnungslegung und Erhöhung der Vergleichbarkeit
– Unterstützung der Entscheidungen der Investoren.

Grundlage für die Erreichung dieser Zielsetzungen bildet eine Rechnungslegung, die ein den tatsächlichen Verhältnissen entsprechendes Bild vermittelt (Fair Presentation).

Aus schweizerischer Sicht sind die Fachempfehlungen zur Rechnungslegung Swiss GAAP FER, die International Financial Reporting Standards (IFRS) sowie die US-Generally Accepted Accounting Principles (US GAAP) relevant (vgl. Abb. 12/1).

Abbildung 12/1: Übersicht zu den nationalen und internationalen Regelwerken

Regelwerk	Ziel	Charakter	Ausrichtung	Anerkennung	Umfang
Swiss GAAP FER	Fair Presentation/True and Fair View	Prinzipienorientiert, übersichtlich	Nationale kleine und mittelgrosse Unternehmen	Schweiz	200 Seiten
IFRS	Fair Presentation/True and Fair View	Prinzipienorientiert, detailliert	Publikumsgesellschaften mit internationaler Ausstrahlung	Fast weltweite Akzeptanz (insb. EU), ab 2008 auch USA	2 400 Seiten
US GAAP	Fair Presentation	Case Law, extreme Regelungsdichte	Publikumsgesellschaften an US-Börsen	Pflicht für Kotierung in den USA (seit 2008 ist IFRS-Abschluss gleichwertig)	Mehrere Bücher

In jüngster Zeit hat das noch vor einigen Jahren rege Interesse an einer Kotierung in den USA abgenommen. Dies ist unter anderem damit zu begründen, dass seit 2002 im Zuge von Bilanzskandalen (z.B. Enron, WorldCom) die Inkraftsetzung des Sarbanes-Oxley Act (SOX) die Berichterstattungspflichten in den USA für die bei der Securities and Exchange Commission (SEC) registrierten Unternehmen erheblich verschärft hat. Dadurch erhöhen sich nicht nur die rechtlichen Risiken für die Unternehmen, sondern auch die Kosten für die Rechnungslegung und die Prüfung der Abschlüsse. Zudem sind umfassende interne Kontrollen sowie deren Prüfung notwendig.

Im Weiteren haben das Financial Accounting Standards Board (FASB) und das International Accounting Standards Board (IASB) erkannt, dass es auf lange Sicht kaum sinnvoll sein kann, dass IFRS-Anwender eine aufwändige Überleitungsrechnung (Reconciliation) ihres Abschlusses auf die US GAAP zu erstellen haben, um in den USA kotiert sein zu können. Als Konsequenz wurde vom FASB und vom IASB im September 2002 die Vereinbarung zu einem Konvergenz-Projekt getroffen (Norwalk-Agreement), mit dem Ziel einer Zulassung von IFRS-Anwendern an den US-Börsen bis spätestens 2009. Am 21.12.2007 hat die SEC beschlossen, IFRS in der Form, in der sie vom IASB herausgegeben werden, zu akzeptieren. Demzufolge wird die Erstellung einer Überleitungsrechnung nach US GAAP für Geschäftsjahre, die nach dem 15.11.2007 enden, hinfällig. Damit dürften die US GAAP für in der Schweiz kotierte internationale Konzerngruppen an Bedeutung verlieren. Die folgenden Ausführungen konzentrieren sich deshalb auf die Swiss GAAP FER und die IFRS.

12.2 Swiss GAAP FER als nationaler Accountingstandard

- **Trägerschaft**

Auf Initiative der Treuhand-Kammer wurde 1984 die Fachkommission für Empfehlungen zur Rechnungslegung (FER) gegründet. Der Stiftungsrat beruft bis zu 30 Mitglieder in die Fachkommission und überwacht deren Arbeit. Die personelle Zusammensetzung der Kommission soll verschiedene Interessengruppen (unter anderem Anwender, Wirtschaftsprüfer, Wissenschaftler, Finanzanalysten und -journalisten, Vertreter von Behörden) und Sprachregionen möglichst ausgewogen berücksichtigen. Die Arbeiten der Fachkommission werden von einem maximal sechsköpfigen Fachausschuss, einem Fachsekretariat sowie verschiedenen Projektgruppen unterstützt. Die Themenvorgabe für die Ausarbeitung von Empfehlungen erfolgt in der Fachkommission (vgl. Abb.12/2).

Abbildung 12/2:   Organisation der Swiss GAAP FER

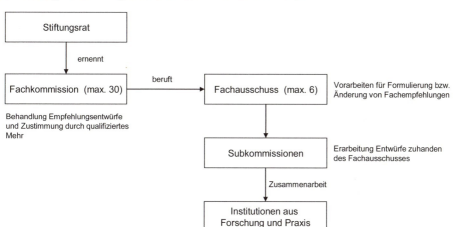

- **Konzept seit 2007**

Die Fachkommission FER beschloss 2004, den gesamten Accountingstandard zu überarbeiten. Der breit abgestützte Reformprozess konnte im Frühjahr 2006 abgeschlossen werden. Die überarbeiteten Fachempfehlungen traten per 1.1.2007 in Kraft.

Das neue Konzept basiert auf einer konsequenten Fokussierung auf die Anwender der Fachempfehlungen. Dazu gehören grosse, mittelgrosse und kleine Organisationen und Unternehmensgruppen mit – aus der Sicht der Investoren – nationaler Ausrichtung. Zu den weiteren Anwendern gehören Non-Profit-Organisationen und Pensionskassen. Den Organisationen, welche Swiss GAAP FER anwenden, wird ein taugliches Gerüst für eine aussagekräftige Rechnungslegung bereitgestellt. Gleichzeitig soll die Nutzung der Rechnungslegung als Führungsinstrument, aber auch die Kommunikation mit Investoren, Banken und anderen interessierten Kreisen gefördert werden.

Die Swiss GAAP FER sind modular aufgebaut und bestehen aus drei Bausteinen: die sogenannten Kern-Fachempfehlungen, weitere Fachempfehlungen sowie eine separate Fachempfehlung für Konzerne.

Kleine Organisationen haben die Möglichkeit, lediglich die Kern-FER (Rahmenkonzept und Swiss GAAP FER 1 - 6) einzuhalten (Kriterien vgl. Abb. 12/3).

Abbildung 12/3:   Kriterien für die Anwendung der Kern-FER

Kriterien für die Anwendung der Kern-FER
Falls zwei der nachstehenden Kriterien in zwei aufeinander folgenden Jahren nicht überschritten werden, kann sich eine Organisation auf die Anwendung der Kern-FER beschränken: - Bilanzsumme von CHF 10 Millionen - Jahresumsatz von CHF 20 Millionen - 50 Vollzeitstellen im Jahresdurchschnitt

Grosse und mittelgrosse Organisationen mit aus finanzieller Sicht nationaler Ausstrahlung, wie an Nebensegmenten der SWX kotierte Unternehmen oder nicht kotierte, mittelgrosse Organisationen haben das gesamte Regelwerk der Swiss GAAP FER einzuhalten (vgl. Abb. 12/4). Dazu gehören neben den Kern-FER 13 weitere Fachempfehlungen.

Eine gleichzeitige Behandlung von Fragen der Konsolidierung in den einzelnen Fachempfehlungen wird aus systematischen Gründen vermieden. Sowohl die Kern-FER als auch die weiteren Fachempfehlungen gelten für alle Abschlüsse nach Swiss GAAP FER, unabhängig davon, ob es sich um einen Einzelabschluss oder einen Konzernabschluss handelt. Alle Fragen, welche die Konsolidierung betreffen, werden in einer separaten Fachempfehlung (Swiss GAAP FER 30) behandelt. Damit vereinfacht sich die Anwendung der Swiss GAAP FER, indem kleine Unternehmensgruppen die Kern-FER und Swiss GAAP FER 30, grosse und mittelgrosse Unternehmensgruppen die Kern-FER, die weiteren Swiss GAAP FER und Swiss GAAP FER 30 anzuwenden haben.

Abbildung 12/4: Modularer Aufbau der Swiss GAAP FER

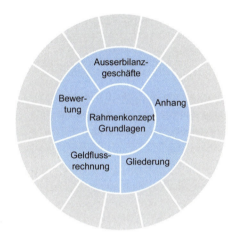

Kern-FER
für kleine Organisationen

Swiss GAAP FER für grosse
und mittelgrosse Organisationen

Swiss GAAP FER 30 für Konzerngruppen
Branchenspezifische Swiss GAAP FER

- **Kern-FER**

Das für sämtliche Unternehmen verbindliche Rahmenkonzept regelt die Prinzipien, die der Rechnungslegung nach Swiss GAAP FER zugrunde liegen. Es umfasst insbesondere folgende Elemente: Zweck und Inhalt, Zielsetzung und Grundlagen der Jahresrechnung, Definition der wichtigsten Bilanz- und Erfolgsrechnungspositionen, zulässige Bewertungskonzepte sowie qualitative Anforderungen an den Abschluss.

Basierend auf dem Rahmenkonzept regeln die Swiss GAAP FER 1 - 6 folgende Themenbereiche:
- Grundlagen (Swiss GAAP FER 1)
- Bewertung (Swiss GAAP FER 2)
- Darstellung und Gliederung (Swiss GAAP FER 3)
- Geldflussrechnung (Swiss GAAP FER 4)
- Ausserbilanzgeschäfte (Swiss GAAP FER 5)
- Anhang (Swiss GAAP FER 6).

- **Weitere Swiss GAAP FER**

In den weiteren Swiss GAAP FER werden immaterielle Werte, Steuern, Zwischenberichterstattung, Leasinggeschäfte, nahe stehende Personen, Vorsorgeverpflichtungen, Vorräte, Sachanlagen, Wertbeeinträchtigungen, langfristige Aufträge, Rückstellungen, Eigenkapital und Transaktionen mit Aktionären sowie derivative Finanzinstrumente geregelt.

Zusätzlich beinhalten die Swiss GAAP FER zurzeit drei branchenspezifische Fachempfehlungen, Swiss GAAP FER 14 «Konzernrechnung von Versicherungsunternehmen», Swiss GAAP FER 21 «Rechnungslegung für gemeinnützige, soziale Non-Profit-Organisationen» sowie Swiss GAAP FER 26 «Rechnungslegung von Personalvorsorgeeinrichtungen». Diese Spezialempfehlungen gehen den übrigen Fachempfehlungen vor.

- **Swiss GAAP FER 30**

Swiss GAAP FER 30 «Konzernrechnung» orientiert sich an einer modernen Auffassung der Problemstellungen, die bei der Konsolidierung mehrerer Abschlüsse zu einem Gruppenabschluss zu bearbeiten sind. Geregelt werden die Themen Konsolidierungskreis, Konsolidierungsverfahren, Goodwill, Fremdwährungen, Bewertung, Steuern, Geldflussrechnung und Offenlegung.

Mit den Swiss GAAP FER stehen seit 2007 sowohl für mittelgrosse als auch kleine Organisationen geeignete Regelungen für eine aussagekräftige Rechnungslegung zur Verfügung (vgl. Abb. 12/5). Sie entsprechen neuesten Erkenntnissen im Accounting und bilden ein konsistentes System. Gleichzeitig wurde die Leitidee, das neue Regelwerk – unter Respektierung des Oberziels einer Fair Presentation – möglichst einfach und praktikabel zu halten, umgesetzt.

Accountingstandards 181

Abbildung 12/5: Fachempfehlungen zur Rechnungslegung Swiss GAAP FER

Kern-FER

Rahmenkonzept
1. Grundlagen
2. Bewertung
3. Darstellung und Gliederung
4. Geldflussrechnung
5. Ausserbilanzgeschäfte
6. Anhang

Für kleine und mittelgrosse Organisationen

Weitere FER

10. Immaterielle Werte
11. Steuern
12. Zwischenberichterstattung
13. Leasinggeschäfte
15. Nahe stehende Personen
16. Vorsorgeverpflichtungen
17. Vorräte
18. Sachanlagen
20. Wertbeeinträchtigungen
22. Langfristige Aufträge
23. Rückstellungen
24. Eigenkapital und Transaktionen mit Aktionären
27. Derivative Finanzinstrumente

Zusätzlich für grosse und mittelgrosse Organisationen

Konzernrechnung

30. Konzernrechnung

Zusätzlich für kleine und mittelgrosse Unternehmensgruppen

Branchenspezifische FER

14. Versicherungsunternehmen
21. Non-Profit-Organisationen
26. Personalvorsorgeeinrichtungen

Für Versicherungen, Non-Profit-Organisationen resp. Personalvorsorgeeinrichtungen

12.3 International Financial Reporting Standards (IFRS)

- **Trägerschaft**

Im Jahr 1973 wurde in London das International Accounting Standards Committee (IASC) gegründet. Diese Fachorganisation hatte sich zum Ziel gesetzt, Rechnungslegungsstandards zu erarbeiten und auf deren weltweite Akzeptanz und Einhaltung hinzuwirken. Zentral sind die Förderung der Nutzung und das Bestreben nach einer konsequenten Anwendung der International Accounting Standards (IAS). Im Jahr 2001 wurde eine Umstrukturierung vollzogen. Aus dem IASC ging das International Accounting Standards Board (IASB) als Fachorganisation hervor. Zudem wurde als Dachorganisation die International Accounting Standards Committee Foundation (IASCF) gegründet (vgl. Abb. 12/6).

Abbildung 12/6: Institutionen der International Accounting Standards Committee Foundation

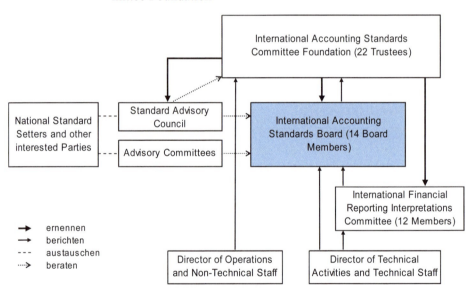

Die Stiftung hat die Aufgabe, hochwertige, verständliche und durchsetzbare, globale Standards zu entwickeln, deren Anwendung und strikte Durchsetzung zu erwirken und eine Konvergenz von nationalen Rechnungslegungsstandards mit den IFRS zu erreichen. Der Begriff IAS wurde im Jahr 2002 durch die Bezeichnung IFRS (International Financial Reporting Standards) abgelöst. Bereits bestehende Normen wurden jedoch übernommen und werden weiterhin mit IAS benannt. Neue Standards werden hingegen ausschliesslich mit IFRS bezeichnet.

- **Konzept**

Die IFRS richten sich primär an kapitalmarktorientierte Unternehmen. Deren Finanzberichterstattung dient in erster Linie der Bereitstellung von Informationen für Investoren (Anlegerschutz). Dies divergiert mit den nationalen gesetzlichen Regelungen in Kontinentaleuropa, die dem Gläubigerschutz verpflichtet sind. Die Vermittlung eines den tatsächlichen Verhältnissen entsprechenden Bilds der Vermögens-, Finanz- und Ertragslage (Fair Presentation/True and Fair View) steht bei IFRS als Principle-Based Standard im Vordergrund. Sollten sich bestimmte Normen für die Anwendung als unklar oder unvollständig erweisen, werden vom International Financial Reporting Interpretations Committee (IFRIC) spezifische Präzisierungen vorgenommen. Diese werden vom IASB verabschiedet und publiziert.

Basis für die Standards und Interpretationen bildet das Rahmenkonzept (Framework). Dieses umfasst insbesondere Prinzipien, die der Aufstellung und Darstellung externer Abschlüsse zugrunde liegen. Das Framework selbst ist kein Standard und definiert keine Richtlinien für konkrete Fragen der Bewertung oder der Offenlegung. Es setzt sich mit folgenden Themen auseinander:

– Zielsetzung der Abschlüsse
– zugrunde liegende Annahmen
– qualitative Anforderungen, die den Nutzen der in den Abschlüssen enthaltenen Informationen bestimmen
– Definition, Ansatz und Bewertung der Positionen, aus denen der Abschluss besteht
– Kapital- und Kapitalerhaltungskonzepte.

- **Übersicht zu den Standards**

Per 1. Januar 2008 waren 7 IFRS, 30 IAS und 24 Interpretationen in Kraft (vgl. Abb. 12/7).

Neben der Neugestaltung einzelner Standards versucht das IASB, umfassende Leitlinien zur Bestimmung der Fair Values zu erarbeiten. Dazu wurde Ende 2005 ein Discussion Paper (DP) mit einer Hierarchie verschiedener Bewertungsansätze publiziert. Die Bestrebungen konzentrieren sich auf ein generell gültiges Konzept zur Herleitung von Fair Values. In welchen Fällen diese Bewertungskonzeption zum Tragen kommen soll, wird auch in Zukunft in den einzelnen Standards geregelt.

Abbildung 12/7: Übersicht zu den Standards des IASB per 1. Januar 2008

IAS / IFRS	Aktueller Titel
IFRS 1	Erstmalige Anwendung der International Financial Reporting Standards
IFRS 2	Anteilsbasierte Vergütung
IFRS 3	Unternehmenszusammenschlüsse
IFRS 4	Versicherungsverträge
IFRS 5	Zur Veräusserung gehaltene langfristige Vermögenswerte und aufgegebene Geschäftsbereiche
IFRS 6	Exploration und Evaluation von mineralischen Ressourcen
IFRS 7	Finanzinstrumente: Angaben
IFRS 8	Segmentberichterstattung (Inkraftsetzung 1. Januar 2009)
IAS 1	Darstellung des Abschlusses
IAS 2	Vorräte
IAS 7	Geldflussrechnung
IAS 8	Bilanzierungs- und Bewertungsmethoden, Änderungen von Schätzungen und Fehlern
IAS 10	Ereignisse nach dem Bilanzstichtag
IAS 11	Fertigungsaufträge
IAS 12	Ertragssteuern
IAS 14	Segmentberichterstattung (bis 31. Dezember 2008)
IAS 16	Sachanlagen
IAS 17	Leasingverhältnisse
IAS 18	Erträge
IAS 19	Leistungen an Arbeitnehmer
IAS 20	Bilanzierung und Darstellung von Zuwendungen der öffentlichen Hand
IAS 21	Auswirkungen und Änderungen der Wechselkurse
IAS 23	Fremdkapitalkosten
IAS 24	Angaben über Beziehungen zu nahe stehenden Unternehmen und Personen
IAS 26	Bilanzierung und Berichterstattung von Altersvorsorgeplänen
IAS 27	Konzern- und separate Einzelabschlüsse nach IFRS
IAS 28	Anteile an assoziierten Unternehmen
IAS 29	Rechnungslegung in Hochinflationsländern
IAS 31	Anteile an Joint Ventures
IAS 32	Finanzinstrumente: Darstellung
IAS 33	Ergebnis je Aktie
IAS 34	Zwischenberichterstattung
IAS 36	Wertminderung von Vermögenswerten
IAS 37	Rückstellungen, Eventualschulden und Eventualforderungen
IAS 38	Immaterielle Vermögenswerte
IAS 39	Finanzinstrumente: Ansatz und Bewertung
IAS 40	Als Finanzinvestition gehaltene Immobilien
IAS 41	Landwirtschaft

Ferner ist das IASB bestrebt, einen separaten Standard für kleine und mittelgrosse Unternehmen (KMU) unter dem Arbeitstitel «IFRS for Private Entities» zu entwickeln. Die Regelung soll die Bedürfnisse der KMU's berücksichtigen und eine adressatengerechte Offenlegung bewirken. Das Konzept ist von folgenden Prämissen geprägt:

- Der Anwenderkreis umfasst Unternehmen, die nicht öffentlich rechenschaftspflichtig sind (not publicly accountable). Ausgeschlossen sind deshalb kotierte Unternehmen und Unternehmen, die treuhänderisch Vermögen verwalten (Banken, Pensionskassen). Als Leitlinie bei der Erarbeitung des IFRS for Private Entities dient dem IASB ein Unternehmen mit 50 Mitarbeitenden.
- Die nationalen Regelgeber legen fest, welche Unternehmen den IFRS for Private Entities anzuwenden haben bzw. anwenden dürfen.
- Die bestehenden IFRS bleiben ein Auffangnetz für Sachverhalte, die im IFRS for Private Entities nicht geregelt sind.
- Die Anwendung soll eine spätere Umstellung auf IFRS erleichtern.

Ein Standard soll 2008 publiziert werden.

Der Trend zur vermehrten Anwendung der IFRS hat sich in den letzten Jahren international sowohl bei börsenkotierten als auch bei nicht börsenkotierten Unternehmen verstärkt. Über 100 Länder fordern oder akzeptieren die IFRS als Basis für die Rechnungslegung. Diese Entwicklung wurde durch verschiedene Faktoren aus dem regulatorischen Umfeld begünstigt. Darunter fällt einerseits die Verpflichtung aller in der EU domizilierten Unternehmen, die an einer EU-Börse kotiert sind, seit 2005 einen Konzernabschluss nach IFRS zu erstellen. Andererseits haben auch die am Hauptsegment der SWX Swiss Exchange kotierten Unternehmen seit 2005 IFRS oder US GAAP anzuwenden.

13 Fallstudien zu den Grundlagen des finanziellen Rechnungswesens

13.1 Führen des Kontos «Kasse»

- **Ausgangslage**

Nach Ihrem Studium gründen Sie ein kleines Unternehmen A, das sich auf die Beratung von Start-up Unternehmen spezialisiert hat. Grundsätzlich wickeln Sie Ihre Geschäfte über das Konto «Kasse» ab. Das Konto «Kasse» weist per 1.1.20.1 einen Bargeldbestand von 3 000 auf. Während der Betrachtungsperiode fallen folgende Geschäfte an:

1)	Kauf eines Computers gegen bar	3 000
2)	Erbringen von Beratungsleistungen gegen Barzahlung	8 000
3)	Bargeldzahlung an Bankkonto	6 000
4)	Bargeldbezug von Postkonto	2 000

Am Ende der Geschäftsperiode zählen Sie das Bargeld und erhalten einen aktuellen Bestand von 4 000.

- **Aufgabenstellung**

a) Führen Sie das Konto «Kasse» und tragen Sie sämtliche Geschäftsfälle ein.

Konto «Kasse» des Unternehmens A

Soll (+)	Kasse	Haben (-)
Total	Total	

b) Wie können Sie überprüfen, ob alle Geschäftsfälle, die das Konto «Kasse» betreffen, erfasst wurden?

• **Lösungsvorschlag**

a) Das Konto «Kasse» enthält Bargeld, das im Interesse des Unternehmens eingesetzt werden kann und stiftet daher einen zukünftigen Nutzen. Somit handelt es sich um ein Aktivkonto, bei dem der Anfangsbestand auf der Soll-Seite einzutragen ist. Die Geschäftsfälle 2 und 4 führen zu einer Erhöhung des zukünftigen Nutzenzugangs und werden daher auf der Soll-Seite eingetragen. Bei den Geschäftsfällen 1 und 3 reduziert sich der zukünftige Nutzenzugang, was eine Eintragung auf der Haben-Seite bedeutet. Der Schlussbestand wird auf der Haben-Seite eingetragen (schwächere Seite).

Konto «Kasse» des Unternehmens A

Soll (+)		Kasse		Haben (-)
AB (Anfangsbestand)	3 000	1)	Kauf eines Computers	3 000
2) Erbringen von Beratungen	8 000	3)	Bargeldzahlung an Bankkonto	6 000
4) Bargeldbezug von Postkonto	2 000	SB (Schlussbestand)		4 000
Total	13 000	Total		13 000

b) Nach Verbuchen aller Geschäftsfälle stimmt der Schlussbestand des Kontos «Kasse» mit dem effektiv vorhandenen Bargeld überein.

13.2 Führen des Kontos «Debitoren»

- **Ausgangslage**

Das Unternehmen B ist im Detailhandel tätig und verkauft Lebensmittel. Die Lieferung der Lebensmittel an die Kunden erfolgt gegen Rechnung. Sie sind im Rechnungswesen des Unternehmens tätig und verantwortlich für das Führen des Kontos «Debitoren». Per 1.1.20.1 bestehen offene Kundenguthaben von 4 000. Im ersten Quartal fallen folgende Geschäftsfälle, die das Konto «Debitoren» tangieren, an:

1) 8.1. Warenlieferung an Kunde X gegen Rechnung 3 000
2) 22.1. Banküberweisung des Kunden X 3 000
3) 5.2. Kunde Y zahlt die Rechnung vom 24.12.20.0 bar 1 000
4) 8.3. Warenlieferung an Kunde Z gegen Rechnung 2 000
5) 17.3. Gutschrift an Kunde Z wegen mangelhafter Ware 500
6) 28.3. Postzahlung des Kunden Z 1 500

- **Aufgabenstellung**

Halten Sie die Geschäftsfälle des ersten Quartals im Konto «Debitoren» fest und ermitteln Sie den Schlussbestand des Kontos per 31.3.20.1.

Konto «Debitoren» des Unternehmens B

Soll (+)	Debitoren	Haben (-)
Total	Total	

- **Lösungsvorschlag**

Das Konto «Debitoren» ist ein Aktivkonto. Dessen Anfangsbestand wird auf der Soll-Seite des Kontos eingetragen. Die Geschäftsfälle 1 und 4 führen zu einer Erhöhung des zukünftigen Nutzenzugangs, da das Unternehmen in der Zukunft Geld erhalten wird. Bei Aktivkonten werden Zunahmen des zukünftigen Nutzenzugangs auf der Soll-Seite eingetragen. Transaktionen, die zu einer Abnahme des zukünftigen Nutzenzugangs führen, werden auf der Haben-Seite eingetragen. Die Geschäftsfälle 2, 3, 5 und 6 führen zu einer Abnahme und gehören somit auf die Haben-Seite. Bei einem Aktivkonto wird zuerst die Soll-Seite saldiert, die Summe auf die Haben-Seite übertragen und dann durch den Ausgleich der schwächeren Seite (Haben-Seite) der Schlussbestand ermittelt. Dieser befindet sich bei Aktivkonten immer auf der Haben-Seite.

Konto «Debitoren» des Unternehmens B

Soll (+)			Debitoren		Haben (−)
AB	(Anfangsbestand)	4 000	2)	Banküberweisung Kunde X	3 000
1)	Warenlieferung an Kunde X	3 000	3)	Barzahlung von Kunde Y	1 000
4)	Warenlieferung an Kunde Z	2 000	5)	Gutschrift an Kunde Z	500
			6)	Postzahlung von Kunde Z	1 500
			SB	(Schlussbestand)	3 000
Total		9 000	Total		9 000

13.3 Führen des Kontos «Kreditoren»

- **Ausgangslage**

Das Unternehmen C bezieht für die Produktion von Waren Rohstoffe und Halbfabrikate bei verschiedenen Lieferanten. Die Materialien werden gegen Rechnung eingekauft. Sie sind im Rechnungswesen des Unternehmens tätig und verantwortlich für das Führen des Kontos «Kreditoren». Per 1.1.20.1 bestehen offene Lieferantenschulden von 8 000. Im ersten Semester fallen folgende Geschäftsfälle, die das Konto «Kreditoren» tangieren, an:

1) 12.1. Bezug von Rohstoffen bei Lieferant X gegen Rechnung   2 000
2) 2.2. Banküberweisung an Lieferant X   2 000
3) 9.4. Postzahlung an Lieferant Y für die Rechnung vom 10.12.20.0   8 000
4) 8.6. Kauf von Halbfabrikaten des Lieferanten Z gegen Rechnung   4 000
5) 17.6. Rabatt des Lieferanten Z aufgrund mangelhafter Ware   800

- **Aufgabenstellung**

Halten Sie die Geschäftsfälle des ersten Semesters im Konto «Kreditoren» fest und ermitteln Sie den Schlussbestand des Kontos per 30.6.20.1.

Konto «Kreditoren» des Unternehmens C

Soll (-)	Kreditoren	Haben (+)
Total	Total	

- **Lösungsvorschlag**

Das Konto «Kreditoren» ist ein Passivkonto, dessen Anfangsbestand auf der Haben-Seite des Kontos eingetragen wird. Die Geschäftsfälle 1 und 4 führen zu einer Erhöhung des zukünftigen Nutzenabgangs, da das Unternehmen in Zukunft Geld zu bezahlen hat. Bei Passivkonten werden Zunahmen des zukünftigen Nutzenabgangs auf der Haben-Seite eingetragen. Transaktionen, die zu einer Abnahme des zukünftigen Nutzenabgangs führen, werden auf der Soll-Seite eingetragen. Die Geschäftsfälle 2, 3 und 5 führen zu einer Abnahme und gehören somit auf die Soll-Seite. Bei einem Passivkonto wird zuerst die Haben-Seite saldiert, die Summe auf die Soll-Seite übertragen und dann durch den Ausgleich der schwächeren Seite (Soll-Seite) der Schlussbestand ermittelt. Dieser befindet sich bei Passivkonten immer auf der Soll-Seite.

Konto «Kreditoren» des Unternehmens C

Soll (-)			Kreditoren		Haben (+)
2)	Bankzahlung an Lieferant X	2 000	AB (Anfangsbestand)		8 000
3)	Postzahlung an Lieferant Y	8 000	1) Rohstofflieferung von X		2 000
5)	Rabatt des Lieferanten Z	800	4) Lieferung Halbfabrikate von Z		4 000
SB (Schlussbestand)		3 200			
Total		14 000	Total		14 000

13.4 Gliederung der Bilanz

- **Ausgangslage**

Das Unternehmen D führt zur Erfassung der Geschäftstransaktionen mehrere Konten. Per 31.12.20.1 haben die Verantwortlichen des Rechnungswesens folgende Schlussbestände für die jeweiligen Konten ermittelt:

- Kasse   10 000
- Debitoren   120 000
- Immobilien   300 000
- Postguthaben   20 000
- Darlehensschuld   250 000
- Mobilien   30 000

- Bank-Kontokorrent (Schuld)   25 000
- Fahrzeuge   70 000
- Kreditoren   100 000
- Bankguthaben   75 000
- Eigenkapital   250 000

- **Aufgabenstellung**

a) Erstellen Sie eine gut gegliederte Bilanz per 31.12.20.1.

Bilanz des Unternehmens D

Aktiven	Bilanz per 31.12.20.1	Passiven
Total	Total	

b) Erläutern Sie, wie der Schlussbestand des Kontos «Eigenkapital» berechnet wird.

- **Lösungsvorschlag**

a) Aktiven werden in der Regel nach dem Liquiditätsprinzip abgebildet. Die Konten, die in Form von flüssigen Mitteln vorhanden sind oder bald in solche umgewandelt werden, sind zuerst aufzuführen.

Bei den Passiven werden die einzelnen Konten in der Regel nach dem Fälligkeitsprinzip gegliedert. Demnach werden zuerst die Konten aufgeführt, die bald zu einem Mittelabfluss führen. Anschliessend folgen die Konten, die längerfristig gebundene Mittel aufzeigen und am Schluss das Eigenkapital.

Um die Bilanz aussagekräftig zu gestalten, wird bei den Aktiven zwischen Umlaufvermögen und Anlagevermögen und bei den Passiven zwischen kurzfristigem Fremdkapital, langfristigem Fremdkapital und Eigenkapital unterschieden.

Bilanz des Unternehmens D

Aktiven	Bilanz per 31.12.20.1		Passiven
Kasse	10 000	Kreditoren	100 000
Postguthaben	20 000	Bank-Kontokorrent	25 000
Bankguthaben	75 000	**Kurzfristiges Fremdkapital**	**125 000**
Debitoren	120 000	Darlehensschuld	250 000
Umlaufvermögen	**225 000**	**Langfristiges Fremdkapital**	**250 000**
Mobilien	30 000		
Fahrzeuge	70 000	Eigenkapital	250 000
Immobilien	300 000	**Eigenkapital**	**250 000**
Anlagevermögen	**400 000**		
Total	625 000	Total	625 000

b) Das Eigenkapital lässt sich wie folgt berechnen:

Eigenkapital = Aktiven – Fremdkapital

13.5 Erarbeitung einer Bilanz

- **Ausgangslage**

Das Unternehmen E hat das Rechnungswesen in den letzten Monaten vernachlässigt. Zahlreiche Informationen liegen vor, jedoch fehlt eine aussagekräftige Bilanz. Sie werden hinzugezogen, um die Bücher zu ordnen. Sie verfügen über folgende Informationen:

- Der Wert der Mobilien wird auf 50 000 geschätzt.
- Das Unternehmen hat in Wertschriften investiert, die zu einem Kurswert von 4 000 gehandelt werden. Zusätzlich hält das Unternehmen 26% des Aktienkapitals der Firma eines Lieferanten (= Beteiligung). Diese Aktien haben einen Wert von 26 000.
- Das Unternehmen hat einen kurzfristigen Bankkredit von 30 000 aufgenommen.
- Beim Inventar wurden Vorräte im Gesamtwert von 198 000 ermittelt.
- Das Unternehmen verfügt bei seinen Kunden über Guthaben von 80 000.
- Bei der Kreditorenkontrolle wurden unbezahlte Rechnungen von 60 000 eruiert.
- Das Bankkonto weist ein Guthaben von 45 000 und das Postkonto ein Guthaben von 23 000 auf.
- Der Kassenbestand beträgt 18 500.
- Die bereits von Kunden erfolgten Vorauszahlungen betragen 40 000.
- Das Unternehmen hat einem Lieferanten eine Vorauszahlung von 10 000 geleistet.
- Die Immobilien haben einen Wert von 420 000 und sind mit Hypotheken im Betrag von 150 000 belastet.
- Das Unternehmen verfügt über ein Patent im Wert von 15 500.

- **Aufgabenstellung**

a) Erstellen Sie eine gut gegliederte Bilanz.

Bilanz Unternehmen E

Aktiven	Bilanz	Passiven
Total	Total	

b) Aus welchen Positionen setzt sich das Eigenkapital des Unternehmens E zusammen, wenn das Aktienkapital 100 000 beträgt?

c) Wie verändert sich die Bilanz, wenn das Unternehmen E ein Darlehen von 100 000 aufnimmt?

Erarbeitung einer Bilanz

- **Lösungsvorschlag**

a) Aus den vorhandenen Informationen lässt sich die Bilanz erstellen.

Bilanz des Unternehmens E

Aktiven		Bilanz	Passiven
Kasse	18 500	Kreditoren	60 000
Postguthaben	23 000	Bankschuld	30 000
Bankguthaben	45 000	Vorauszahlungen von Kunden	40 000
Wertschriften	4 000	**Kurzfristiges Fremdkapital**	**130 000**
Debitoren	80 000	Hypothekarschuld	150 000
Vorauszahlungen an Lieferanten	10 000	**Langfristiges Fremdkapital**	**150 000**
Warenlager	198 000		
Umlaufvermögen	**378 500**	Eigenkapital	610 000
Mobilien	50 000	**Eigenkapital**	**610 000**
Immobilien	420 000		
Beteiligungen	26 000		
Patente	15 500		
Anlagevermögen	**511 500**		
Total	890 000	Total	890 000

b) Das Eigenkapital setzt sich zusammen aus:

Aktienkapital	100 000
Reserven	510 000
Eigenkapital	610 000

c) Durch die Aufnahme eines Darlehens erhöht sich die Bilanzsumme. Es handelt sich um eine Bilanzzunahme bzw. Finanzierung.

Illustration der Bilanzzunahme

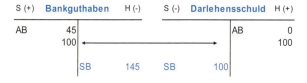

13.6 Buchungssätze innerhalb der Bilanz

- **Ausgangslage**

Das Unternehmen F handelt mit Haushaltsmaschinen. Es verwendet folgende Konten: Kasse, Postguthaben, Bankguthaben, Debitoren, Warenlager, Fahrzeuge, Mobilien, Kreditoren. Folgende Geschäftsfälle sind angefallen:

1)	Kauf von Waren gegen Rechnung	15 000
2)	Lieferant gewährt einen Rabatt von 20%	3 000
3)	Bezahlung der Lieferantenrechnung via Bankkonto	12 000
4)	Barbezug vom Postkonto	3 000
5)	Überweisung von Post- auf Bankkonto des Unternehmens	8 000
6)	Bankzahlung eines Kunden zur Begleichung einer Rechnung	7 000
7)	Kauf von Mobilien mittels Banküberweisung	20 000
8)	Kauf eines Fahrzeugs gegen Barzahlung	40 000

- **Aufgabenstellung**

Erstellen Sie für die bisherigen Geschäftsfälle die entsprechenden Buchungssätze unter Verwendung der angegebenen Konten.

Buchungssätze

Nr.	Buchungssatz	Betrag

- **Lösungsvorschlag**

Die Geschäftsfälle sind wie folgt zu verbuchen:

1)	Warenlager	/	Kreditoren	15 000
2)	Kreditoren	/	Warenlager	3 000
3)	Kreditoren	/	Bankguthaben	12 000
4)	Kasse	/	Postguthaben	3 000
5)	Bankguthaben	/	Postguthaben	8 000
6)	Bankguthaben	/	Debitoren	7 000
7)	Mobilien	/	Bankguthaben	20 000
8)	Fahrzeuge	/	Kasse	40 000

13.7 Gliederung der Erfolgsrechnung

- **Ausgangslage**

Das Unternehmen G führt zur Erfassung der erfolgswirksamen Transaktionen mehrere Konten. Per 31.12.20.1 haben die Verantwortlichen des Rechnungswesens folgende Salden für die jeweiligen Konten ermittelt:

– Personalaufwand	100 000	– Materialaufwand	220 000
– Finanzertrag	20 000	– Finanzaufwand	15 000
– Mietaufwand	45 000	– Immobilienertrag	80 000
– Immobilienaufwand	25 000	– Übriger Aufwand	5 000
– Verkaufserlöse	460 000	– Abschreibungen	10 000
– Steueraufwand	30 000	– Ausserordentlicher Aufwand	30 000

- **Aufgabenstellung**

Erstellen Sie eine Erfolgsrechnung in Staffelform. Gehen Sie davon aus, dass die Immobilie nicht zum betrieblichen Vermögen gehört.

Erfolgsrechnung des Unternehmens G

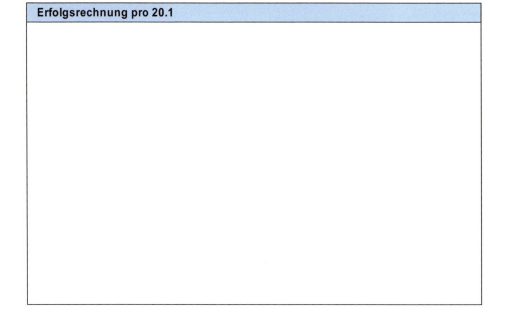

Gliederung der Erfolgsrechnung

- **Lösungsvorschlag**

Die Erfolgsrechnung in Staffelform wird in einen operativen, finanziellen und neutralen Bereich gegliedert. Die Staffel- oder Berichtsform ist weit verbreitet und erleichtert die Übersicht.

Erfolgsrechnung des Unternehmens G pro 20.1

Verkaufserlöse	460 000	
Materialaufwand	- 220 000	
Personalaufwand	- 100 000	
Mietaufwand	- 45 000	
Abschreibungen	- 10 000	
Übriger Aufwand	- 5 000	
Betriebsergebnis	**80 000**	**80 000**
Finanzertrag	20 000	
Finanzaufwand	- 15 000	
Finanzergebnis	**5 000**	**5 000**
Ordentliches Ergebnis vor Steuern		**85 000**
Immobilienertrag	80 000	
Immobilienaufwand	- 25 000	
Ausserordentlicher Aufwand	- 30 000	
Neutrales Ergebnis	**25 000**	**25 000**
Unternehmensergebnis vor Steuern		**110 000**
Steueraufwand		- 30 000
Unternehmensergebnis		**80 000**

13.8 Buchungssätze inklusive Erfolgsrechnung

- **Ausgangslage**

Das Unternehmen H erbringt Beratungsleistungen für KMU. Es verwendet unter anderem folgende Konten: Postguthaben, Personalaufwand, Übriger Aufwand, Debitoren, Kreditoren, Bankguthaben, Werbeaufwand, Mietaufwand, Finanzaufwand, Neutraler Aufwand, Finanzertrag, Honorarertrag, Neutraler Ertrag. Folgende erfolgswirksamen Geschäftsfälle sind angefallen:

1) Überweisung der Löhne via Postkonto	300 000
2) Bezahlung der Telefongebühren via Bankkonto	2 000
3) Rechnung für Reparaturen (Infrastruktur)	40 000
4) Geschäftsmiete wird via Postkonto überwiesen	50 000
5) Rechnung der Werbeagentur für eine laufende Kampagne	24 000
6) Gutschrift der Zinsen auf dem Bankguthaben	3 500
7) Versand von Rechnungen für Beratungsleistungen (Honorare)	420 000
8) Bezahlung der Fahrzeugversicherung via Bankkonto	2 000
9) Gutschrift der Bank für Dividenden (nicht betriebsnotwendige Beteiligungen)	8 100
10) Belastung der Bank für Kosten im Zusammenhang mit einem ausserordentlichen Schadensfall	3 500

- **Aufgabenstellung**

a) Erstellen Sie für die obigen Geschäftsfälle die entsprechenden Buchungssätze unter Verwendung der angegebenen Konten.

b) Erstellen Sie die Erfolgsrechnung für das aktuelle Geschäftsjahr unter Einbezug der unter a) gewählten Buchungssätze. Gliedern Sie die Erfolgsrechnung in «Betriebsbereich», «Finanzbereich», «Neutraler Bereich».

c) Bestimmen Sie, welche Geschäftsfälle erfolgswirksam sind und in welche Kategorie der erfolgswirksamen Buchungstatbestände diese gehören.

Buchungssätze inklusive Erfolgsrechnung 203

Buchungssätze

Nr.	Buchungssatz	Betrag

Erfolgsrechnung des Unternehmens H

Aufwand	Erfolgsrechnung	Ertrag
Total		Total

Klassifizierung der Geschäftsfälle

Nr.	Buchungstatbestand	1	2	3
1	Überweisung Löhne via Postkonto	☐	☐	☐
2	Bezahlung Telefongebühren via Bankkonto	☐	☐	☐
3	Rechnung für Reparaturen (Infrastruktur)	☐	☐	☐
4	Überweisung Geschäftsmiete via Postkonto	☐	☐	☐
5	Rechnung Werbeagentur für laufende Kampagne	☐	☐	☐
6	Gutschrift Zinsen auf Bankkonto	☐	☐	☐
7	Versand Rechnungen für Beratungsleistungen	☐	☐	☐
8	Bezahlung Fahrzeugversicherung via Bankkonto	☐	☐	☐
9	Erhaltene Dividenden (nicht betriebsnotwendig)	☐	☐	☐
10	Belastung der Bank für Schadensfall	☐	☐	☐

1 = erfolgswirksam, Betriebsbereich
2 = erfolgswirksam, Finanzbereich
3 = erfolgswirksam, neutraler Bereich

Buchungssätze inklusive Erfolgsrechnung

- **Lösungsvorschlag**

a) Die Geschäftsfälle sind wie folgt zu verbuchen:

1)	Personalaufwand	/	Postguthaben	300 000
2)	Übriger Aufwand	/	Bankguthaben	2 000
3)	Übriger Aufwand	/	Kreditoren	40 000
4)	Mietaufwand	/	Postguthaben	50 000
5)	Werbeaufwand	/	Kreditoren	24 000
6)	Bankguthaben	/	Finanzertrag	3 500
7)	Debitoren	/	Honorarertrag	420 000
8)	Übriger Aufwand	/	Bankguthaben	2 000
9)	Bankguthaben	/	Neutraler Ertrag	8 100
10)	Neutraler Aufwand	/	Bankguthaben	3 500

b) Aus den vorhandenen Informationen lässt sich folgende Erfolgsrechnung erstellen:

Erfolgsrechnung des Unternehmens H

Aufwand	Erfolgsrechnung		Ertrag
Personalaufwand	300 000	Honorarertrag	420 000
Mietaufwand	50 000		
Werbeaufwand	24 000		
Übriger Aufwand	44 000		
Betriebsergebnis	2 000		
	420 000		420 000
		Betriebsergebnis	2 000
		Finanzertrag	3 500
Ordentliches Ergebnis	5 500		
	5 500		5 500
		Ordentliches Ergebnis	5 500
Neutraler Aufwand	3 500	Neutraler Ertrag	8 100
Unternehmensergebnis	**10 100**		
	13 600		13 600

c) Die Buchungstatsachen lassen sich wie folgt klassifizieren:

Nr.	Buchungstatbestand	1	2	3
1	Überweisung Löhne via Postkonto	☒	☐	☐
2	Bezahlung Telefongebühren via Bankkonto	☒	☐	☐
3	Rechnung für Reparaturen (Infrastruktur)	☒	☐	☐
4	Überweisung Geschäftsmiete via Postkonto	☒	☐	☐
5	Rechnung Werbeagentur für laufende Kampagne	☒	☐	☐
6	Gutschrift Zinsen auf Bankkonto	☐	☒	☐
7	Versand Rechnungen für Beratungsleistungen	☒	☐	☐
8	Bezahlung Fahrzeugversicherung via Bankkonto	☒	☐	☐
9	Erhaltene Dividenden (nicht betriebsnotwendig)	☐	☐	☒
10	Belastung der Bank für Schadensfall	☐	☐	☒

13.9 Konzept der doppelten Buchhaltung

- **Ausgangslage**

Das Unternehmen I ist ein Beratungsunternehmen. Die Buchhaltung umfasst per 1.1.20.1 folgende Bilanzkonten:

– Kasse	60 000	– Bankschuld		25 000
– Debitoren	30 000	– Postguthaben		5 000
– Kreditoren	20 000	– Bankguthaben		134 000
– Fahrzeuge	70 000	– Mobilien		30 000
– Immobilien	300 000	– Darlehensschuld		250 000

Im laufenden Geschäftsjahr 20.1 sind folgende Geschäftsfälle angefallen:

1) Überweisung von der Kasse auf das Postkonto	50 000
2) Bezahlung von Kreditoren via Postkonto	15 000
3) Rechnungsstellung an Kunden für Beratungsleistungen (Honorare)	130 000
4) Überweisung der Löhne via Bankkonto	40 000
5) Zahlungseingänge auf das Bankkonto für Rechnungen	140 000
6) Eine fehlerhafte Beratung im vergangenen Jahr führt zu einer Barrückvergütung an einen Kunden	5 000
7) Gutschrift der Zinsen auf dem Bankguthaben	2 000
8) Postbelastung für Portokosten	1 000
9) Belastung der Bank für Zinsen auf dem Darlehen	10 000

- **Aufgabenstellung**

a) Erstellen Sie die Eröffnungsbilanz per 1.1.20.1.

b) Erstellen Sie für die Geschäftsfälle die entsprechenden Buchungssätze.

c) Führen Sie das Hauptbuch während des Geschäftsjahres.

d) Erstellen Sie eine gut gegliederte Erfolgsrechnung.

e) Erstellen Sie die Schlussbilanz I (Schlussbilanz vor Gewinnverteilung) per 31.12.20.1.

f) Erstellen Sie die Schlussbilanz II (Schlussbilanz nach Gewinnverteilung) per 31.12.20.1, wenn vom Gewinn 50 000 dem Eigentümer über das Bankkonto ausbezahlt und der Rest im Unternehmen belassen wird.

Eröffnungsbilanz des Unternehmens I

Aktiven	Eröffnungsbilanz per 1.1.20.1	Passiven
Total	Total	

Buchungssätze

Nr.	Buchungssatz	Betrag

Konzept der doppelten Buchhaltung

Hauptbuch des Unternehmens I

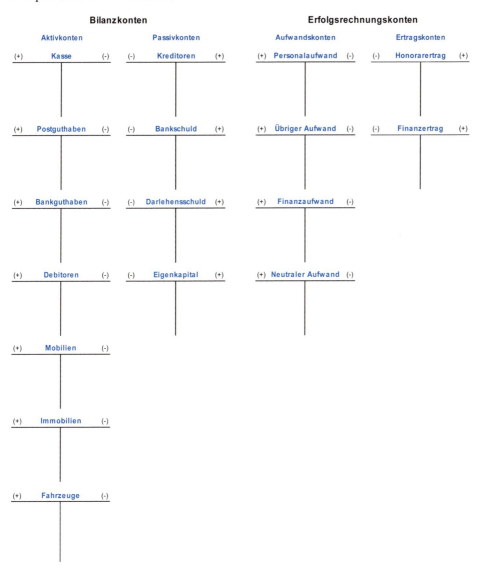

Erfolgsrechnung des Unternehmens I

Aufwand	Erfolgsrechnung pro 20.1	Ertrag
Total	Total	

Schlussbilanz I des Unternehmens I

Aktiven	Schlussbilanz I per 31.12.20.1	Passiven
Total	Total	

Schlussbilanz II des Unternehmens I

Aktiven	Schlussbilanz II per 31.12.20.1	Passiven
Total	Total	

- **Lösungsvorschlag**

a) Aus den vorhandenen Informationen lässt sich folgende Eröffnungsbilanz erstellen.

Eröffnungsbilanz des Unternehmens I

Aktiven	Eröffnungsbilanz per 1.1.20.1		Passiven
Kasse	60 000	Kreditoren	20 000
Postguthaben	5 000	Bankschuld	25 000
Bankguthaben	134 000	**Kurzfristiges Fremdkapital**	**45 000**
Debitoren	30 000	Darlehensschuld	250 000
Umlaufvermögen	**229 000**	**Langfristiges Fremdkapital**	**250 000**
Mobilien	30 000		
Fahrzeuge	70 000	Eigenkapital	334 000
Immobilien	300 000	**Eigenkapital**	**334 000**
Anlagevermögen	**400 000**		
Total	629 000	Total	629 000

b) Die Geschäftsfälle sind wie folgt zu verbuchen:

1) Postguthaben / Kasse 50 000
2) Kreditoren / Postguthaben 15 000
3) Debitoren / Honorarertrag 130 000
4) Personalaufwand / Bankguthaben 40 000
5) Bankguthaben / Debitoren 140 000
6) Neutraler Aufwand / Kasse 5 000
7) Bankguthaben / Finanzertrag 2 000
8) Übriger Aufwand / Postguthaben 1 000
9) Finanzaufwand / Bankguthaben 10 000

c) Das Hauptbuch wird durch die Transaktionen wie folgt beeinflusst:

Hauptbuch des Unternehmens I (in Tausend)

	Bilanzkonten						Erfolgsrechnungskonten			
	Aktivkonten			Passivkonten			Aufwandskonten			Ertragskonten

(+)	Kasse	(-)	(-)	Kreditoren	(+)	(+)	Personalaufwand	(-)	(-)	Honorarertrag	(+)
AB	60	1) 50	2)	15	AB 20	4)	40			3)	130
		6) 5									
		SB 5	SB	5				S 40	S	130	
Total	60	Total 60	Total	20	Total 20	Total	40	Total 40	Total	130	Total 130

(+)	Postguthaben	(-)	(-)	Bankschuld	(+)	(+)	Übriger Aufwand	(-)	(-)	Finanzertrag	(+)
AB	5	2) 15			AB 25	8)	1			7)	2
1)	50	8) 1									
		SB 39	SB	25				S 1	S	2	
Total	55	Total 55	Total	25	Total 25	Total	1	Total 1	Total	2	Total 2

(+)	Bankguthaben	(-)	(-)	Darlehensschuld	(+)	(+)	Finanzaufwand	(-)			
AB	134	4) 40			AB 250	9)	10				
5)	140	9) 10									
7)	2	SB 226	SB	250				S 10			
Total	276	Total 276	Total	250	Total 250	Total	10	Total 10			

(+)	Debitoren	(-)	(-)	Eigenkapital	(+)	(+)	Neutraler Aufwand	(-)			
AB	30	5) 140			AB 334	6)	5				
3)	130										
		SB 20	SB	334				S 5			
Total	160	Total 160	Total	334	Total 334	Total	5	Total 5			

(+)	Mobilien	(-)
AB	30	
		SB 30
Total	30	Total 30

(+)	Fahrzeuge	(-)
AB	70	
		SB 70
Total	70	Total 70

(+)	Immobilien	(-)
AB	300	
		SB 300
Total	300	Total 300

d) Aus den vorhandenen Informationen lässt sich folgende Erfolgsrechnung erstellen:

Erfolgsrechnung des Unternehmens I

Aufwand		Erfolgsrechnung pro 20.1	Ertrag
Personalaufwand	40 000	Honorarertrag	130 000
Übriger Aufwand	1 000		
Betriebsergebnis	**89 000**		
	130 000		130 000
		Betriebsergebnis	89 000
Finanzaufwand	10 000	Finanzertrag	2 000
Ordentliches Ergebnis	**81 000**		
	91 000		91 000
		Ordentliches Ergebnis	81 000
Neutraler Aufwand	5 000		
Unternehmensergebnis	**76 000**		
	81 000		81 000

e) Die Schlussbilanz I zeigt den Gewinn oder Verlust vor Gewinnverteilung. Für das Unternehmen I lässt sich folgende Schlussbilanz I erstellen:

Schlussbilanz I des Unternehmens I

Aktiven		Schlussbilanz I per 31.12.20.1	Passiven
Kasse	5 000	Kreditoren	5 000
Postguthaben	39 000	Bankschuld	25 000
Bankguthaben	226 000	**Kurzfristiges Fremdkapital**	**30 000**
Debitoren	20 000	Darlehensschuld	250 000
Umlaufvermögen	**290 000**	**Langfristiges Fremdkapital**	**250 000**
Mobilien	30 000		
Fahrzeuge	70 000	Eigenkapital	334 000
Immobilien	300 000	Gewinn 20.1	76 000
Anlagevermögen	**400 000**	**Eigenkapital**	**410 000**
Total	690 000	Total	690 000

f) Die Schlussbilanz II zeigt die Bilanz unter Berücksichtigung der entsprechenden Gewinn- oder Verlustverteilung. Der Gewinn oder Verlust wird in der Schlussbilanz II nicht mehr separat gezeigt.

Schlussbilanz II des Unternehmens I

Aktiven	Schlussbilanz II per 31.12.20.1		Passiven
Kasse	5 000	Kreditoren	5 000
Postguthaben	39 000	Bankschuld	25 000
Bankguthaben	176 000	**Kurzfristiges Fremdkapital**	**30 000**
Debitoren	20 000	Darlehensschuld	250 000
Umlaufvermögen	**240 000**	**Langfristiges Fremdkapital**	**250 000**
Mobilien	30 000		
Fahrzeuge	70 000	Eigenkapital	360 000
Immobilien	300 000	**Eigenkapital**	**360 000**
Anlagevermögen	**400 000**		
Total	640 000	Total	640 000

14 Fallstudien zu zentralen Fragen des finanziellen Rechnungswesens

14.1 Wertefluss im Warenverkehr

- **Ausgangslage**

Es stehen Ihnen folgende Daten aus dem Rechnungswesen und der Lagerbewirtschaftung für drei verschiedene, unabhängige Szenarien zur Verfügung.

Wertefluss im Warenverkehr

	Anfangs-bestand	End-bestand	Δ Lager	Waren-einkauf	Waren-aufwand	Waren-ertrag	Brutto-gewinn
a)	300 000		+ 40 000		1 200 000		360 000
b)		160 000	- 380 000	1 200 000		2 370 000	
c)	100 000			460 000	360 000		- 72 000

Wareneinkauf: Einstandswert der eingekauften Waren
Warenaufwand: Einstandswert der verkauften Waren

- **Aufgabenstellung**

Ergänzen Sie die obige Tabelle um die entsprechenden Werte.

- **Lösungsvorschlag**

Die Konten «Warenlager», «Warenaufwand» und «Warenertrag» sind für das Rechnungswesen eines Handelsunternehmens zentrale Grössen. Mit der folgenden Aufstellung werden die Zusammenhänge zwischen den drei Konten ersichtlich. Es wird insbesondere erkennbar, dass der Warenaufwand (Einstandswert der verkauften Waren) aus dem Wareneinkauf +/− Warenlager resultiert.

Wertefluss im Warenverkehr

	Anfangs-bestand	End-bestand	Δ Lager	Waren-einkauf	Waren-aufwand	Waren-ertrag	Brutto-gewinn
a)	300 000	340 000	+ 40 000	1 240 000	1 200 000	1 560 000	360 000
b)	540 000	160 000	- 380 000	1 200 000	1 580 000	2 370 000	790 000
c)	100 000	200 000	+ 100 000	460 000	360 000	288 000	- 72 000

14.2 Führen der Warenkonten nach der exakten Methode

- **Ausgangslage**

Das Unternehmen K ist im Warenhandel tätig. Die Waren werden bei externen Lieferanten eingekauft, bevor sie an Kunden verkauft werden. Gemäss letztem Inventar beträgt der Anfangsbestand des Warenlagers 40 000. Während der laufenden Periode sind folgende Geschäftsfälle angefallen:

1)	Verkauf von Waren an Kunden gegen Rechnung (Einstandswert 2 000)	5 000
2)	Kauf von Waren gegen Rechnung	20 000
3)	Verkauf von Waren an Kunden gegen Barzahlung (Einstandswert 20 000)	40 000
4)	Retournierung eines Teils der verkauften Waren aus 3) infolge festgestellter Mängel (Einstandswert 1 000)	2 000
5)	Kauf von Waren gegen Rechnung	10 000
6)	Bezahlung der Rechnung 5) nach Abzug von 5% Rabatt via Bankkonto	
7)	Verkauf von Waren an Kunden, 1/3 wird bei Lieferung bar bezahlt, der Rest nach 30 Tagen (Einstandswert 40 000)	60 000
8)	Ein Kunde bezahlt die Rechnung von 1) nach Abzug von 2% Skonto via Bankkonto	

- **Aufgabenstellung**

a) Erstellen Sie für die Geschäftsfälle die entsprechenden Buchungssätze nach der exakten Methode.

b) Führen Sie die Konten «Warenlager», «Warenaufwand» und «Warenertrag» für das laufende Geschäftsjahr und saldieren Sie die Konten.

Führen der Warenkonten nach der exakten Methode

Buchungssätze

Nr.	Buchungssatz	Betrag

Konten «Warenlager», «Warenaufwand» und «Warenertrag»

(+)	Warenlager	(-)	(+)	Warenaufwand	(-)	(-)	Warenertrag	(+)

- **Lösungsvorschlag**

a) Nach der exakten Methode werden die Einkäufe aktiviert und erst zum Zeitpunkt des Verkaufs als Warenaufwand (Einstandswert der verkauften Waren) gebucht. Der aktuelle Warenlagerbestand und auch der effektive Warenaufwand lassen sich zu jedem Zeitpunkt ermitteln.

1a)	Debitoren	/	Warenertrag	5 000
1b)	Warenaufwand	/	Warenlager	2 000
2)	Warenlager	/	Kreditoren	20 000
3a)	Kasse	/	Warenertrag	40 000
3b)	Warenaufwand	/	Warenlager	20 000
4a)	Warenertrag	/	Debitoren	2 000
4b)	Warenlager	/	Warenaufwand	1 000
5)	Warenlager	/	Kreditoren	10 000
6a)	Kreditoren	/	Bankguthaben	9 500
6b)	Kreditoren	/	Warenlager	500
7a)	Kasse	/	Warenertrag	20 000
7b)	Debitoren	/	Warenertrag	40 000
7c)	Warenaufwand	/	Warenlager	40 000
8a)	Bankguthaben	/	Debitoren	4 900
8b)	Warenertrag	/	Debitoren	100

b) Inhalte der Konten «Warenlager», «Warenaufwand» und «Warenertrag» gemäss exakter Methode (in Tausend)

S (+)	Warenlager		H (-)
AB	40	1b)	2
2)	20	3b)	20
4b)	1	6b)	0.5
5)	10	7c)	40
		SB	8.5
Total	71	Total	71

S (+)	Warenaufwand		H (-)
1b)	2	4b)	1
3b)	20		
7c)	40		
		S	61
Total	62	Total	62

S (-)	Warenertrag		H (+)
4a)	2	1a)	5
8b)	0.1	3a)	40
		7a)	20
		7b)	40
S	102.9		
Total	105	Total	105

14.3 Führen der Warenkonten nach der Praktiker-Methode

- **Ausgangslage**

Das Unternehmen L ist im Warenhandel tätig. Die Waren werden bei externen Lieferanten eingekauft, bevor sie an den Kunden verkauft werden. Gemäss letztem Inventar beträgt der Anfangsbestand des Warenlagers 40 000. Während der laufenden Periode sind folgende Geschäftsfälle angefallen:

1)	Verkauf von Waren an Kunden gegen Rechnung	5 000
2)	Kauf von Waren gegen Rechnung	20 000
3)	Verkauf von Waren an Kunden gegen Barzahlung	40 000
4)	Retournierung eines Teils der verkauften Waren aus 3) infolge festgestellter Mängel	2 000
5)	Kauf von Waren gegen Rechnung	10 000
6)	Bezahlung der Rechnung 5) nach Abzug von 5% Rabatt via Bankkonto	
7)	Verkauf von Waren an Kunden, 1/3 wird bei Lieferung bar bezahlt, der Rest nach 30 Tagen	60 000
8)	Ein Kunde bezahlt die Rechnung von 1) nach Abzug von 2% Skonto via Bankkonto	
9)	Das Inventar ergibt einen aktuellen Lagerbestand von	8 500

- **Aufgabenstellung**

a) Erstellen Sie für die Geschäftsfälle die entsprechenden Buchungssätze nach der Praktiker-Methode.

b) Führen Sie die Konten «Warenlager», «Warenaufwand» und «Warenertrag» für das laufende Geschäftsjahr und saldieren Sie die Konten.

Buchungssätze

Nr.	Buchungssatz	Betrag

Konten «Warenlager», «Warenaufwand» und «Warenertrag»

(+)	Warenlager	(−)	(+)	Warenaufwand	(−)	(−)	Warenertrag	(+)

Führen der Warenkonten nach der Praktiker-Methode

- **Lösungsvorschlag**

a) Nach der Praktiker-Methode werden die Einkäufe direkt als Warenaufwand erfasst. Der effektive Warenlagerbestand wird am Jahresende mittels Inventar ermittelt. Der Warenaufwand (Bewertung verkaufte Waren zum Einstandspreis) liegt erst nach Berücksichtigung der Veränderung des Warenlagers vor.

1)	Debitoren	/	Warenertrag	5 000
2)	Warenaufwand	/	Kreditoren	20 000
3)	Kasse	/	Warenertrag	40 000
4)	Warenertrag	/	Debitoren	2 000
5)	Warenaufwand	/	Kreditoren	10 000
6a)	Kreditoren	/	Bankguthaben	9 500
6b)	Kreditoren	/	Warenaufwand	500
7a)	Kasse	/	Warenertrag	20 000
7b)	Debitoren	/	Warenertrag	40 000
8a)	Bankguthaben	/	Debitoren	4 900
8b)	Warenertrag	/	Debitoren	100
9)	Warenaufwand	/	Warenlager	31 500

b) Inhalte der Konten «Warenlager», «Warenaufwand» und «Warenertrag» gemäss Praktiker-Methode (in Tausend)

S (+)	Warenlager	H (-)		S (+)	Warenaufwand	H (-)		S (-)	Warenertrag	H (+)	
AB	40	9)	31.5	2)	20	6b)	0.5	4)	2	1)	5
				5)	10			8b)	0.1	3)	40
				9)	31.5					7a)	20
										7b)	40
		SB	8.5			S	61			S	102.9
Total	40	Total	40	Total	61.5	Total	61.5	Total	105	Total	105

14.4 Transitorische Positionen

- **Ausgangslage**

Das Unternehmen M hat in einer Liegenschaft Geschäftsräume gemietet. Die erste Mietzinszahlung von 72 000 wird per 31.5.20.0 für ein Jahr im Voraus bezahlt.

Periodenbetrachtung – Miete

Zusätzlich hat das Unternehmen per 30.4.20.0 ein Darlehen im Umfang von 600 000 mit Zinstermin am 30.4. aufgenommen. Der Zins von 4% p.a. (per annum) wird nachschüssig (sobald die Periode abgelaufen ist) bezahlt.

Periodenbetrachtung – Darlehen

Transitorische Positionen 225

- **Aufgabenstellung**

Erstellen Sie die zu den entsprechenden Zeitpunkten erforderlichen Buchungssätze.

Buchungssätze – Mietzinszahlung

Datum	Buchungssatz	Betrag
31.5.20.0		
31.12.20.0		
1.1.20.1		
31.5.20.1		

Buchungssätze – Darlehenszinszahlung

Datum	Buchungssatz	Betrag
30.4.20.0		
31.12.20.0		
1.1.20.1		
30.4.20.1		

- **Lösungsvorschlag**

Der Mietzins von 72 000 p.a. wird am 31.5.20.0 für ein Jahr im Voraus bezahlt. Um am 31.12.20.0 den betriebswirtschaftlich korrekten Aufwand auszuweisen, ist eine entsprechende Abgrenzungsbuchung vorzunehmen. Diese Abgrenzungsbuchung wird jeweils per 1.1. des nächsten Jahres wieder aufgelöst. Die Buchungssätze lauten wie folgt:

31.5.20.0	Mietaufwand	/	Flüssige Mittel	72 000
31.12.20.0	Transitorische Aktiven	/	Mietaufwand	30 000
1.1.20.1	Mietaufwand	/	Transitorische Aktiven	30 000
31.5.20.1	Mietaufwand	/	Flüssige Mittel	72 000

Das Darlehen von 600 000 wurde am 30.4.20.0 aufgenommen. Die Zinszahlung von 4% p.a. wird nachschüssig bezahlt. Um per 31.12.20.0 den betriebswirtschaftlich korrekten Aufwand auszuweisen, ist eine Abgrenzungsbuchung vorzunehmen. Die Buchungssätze lauten wie folgt:

30.4.20.0	Flüssige Mittel	/	Darlehensschuld	600 000
31.12.20.0	Finanzaufwand	/	Transitorische Passiven	16 000
1.1.20.1	Transitorische Passiven	/	Finanzaufwand	16 000
30.4.20.1	Finanzaufwand	/	Flüssige Mittel	24 000

14.5 Transitorische Positionen und Zahlungsströme

- **Ausgangslage**

Das Unternehmen N hat per 1.7.20.0 erstmals im Voraus die Jahresmiete von 12 000 für die gemieteten Geschäftsräume bezahlt. Nach zwei Jahren wird die Jahresmiete auf 9 000 reduziert. Die flüssigen Mittel weisen einen Anfangsbestand von 50 000 auf.

- **Aufgabenstellung**

a) Erstellen Sie die erforderlichen Buchungssätze.

Buchungssätze

Nr.	Datum	Buchungssatz	Betrag
1	1.7.20.0		
2	31.12.20.0		
3	1.1.20.1		
4	1.7.20.1		
5	31.12.20.1		
6	1.1.20.2		
7	1.7.20.2		
8	31.12.20.2		

b) Führen Sie die Konten «Mietaufwand» und «Transitorische Aktiven» vom 1.7.20.0 bis 31.12.20.2.

Konten «Mietaufwand» und «Transitorische Aktiven»

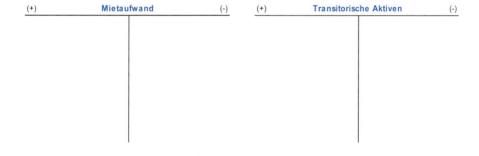

- **Lösungsvorschlag**

a) Die Buchungssätze lauten wie folgt:

1)	1.7.20.0	Mietaufwand	/	Flüssige Mittel	12 000
2)	31.12.20.0	Transitorische Aktiven	/	Mietaufwand	6 000
3)	1.1.20.1	Mietaufwand	/	Transitorische Aktiven	6 000
4)	1.7.20.1	Mietaufwand	/	Flüssige Mittel	12 000
5)	31.12.20.1	Transitorische Aktiven	/	Mietaufwand	6 000
6)	1.1.20.2	Mietaufwand	/	Transitorische Aktiven	6 000
7)	1.7.20.2	Mietaufwand	/	Flüssige Mittel	9 000
8)	31.12.20.2	Transitorische Aktiven	/	Mietaufwand	4 500

b) Die Konten zeigen nach Verbuchung der Geschäftsfälle für die jeweiligen Jahre folgende Sachverhalte:

Konten «Mietaufwand» und «Transitorische Aktiven» (in Tausend)

(+)	Mietaufwand (20.0)		(-)
1)	12	2)	6
		S	6
Total	12	Total	12

(+)	Transitorische Aktiven (20.0)		(-)
2)		6	
		SB	6
Total	6	Total	6

(+)	Mietaufwand (20.1)		(-)
3)	6	5)	6
4)	12		
		S	12
Total	18	Total	18

(+)	Transitorische Aktiven (20.1)		(-)
AB	6	3)	6
5)	6		
		SB	6
Total	12	Total	12

(+)	Mietaufwand (20.2)		(-)
6)	6	8)	4.5
7)	9		
		S	10.5
Total	15	Total	15

(+)	Transitorische Aktiven (20.2)		(-)
AB	6	6)	6
8)	4.5		
		SB	4.5
Total	10.5	Total	10.5

14.6 Buchungssätze zu den transitorischen Positionen

- **Ausgangslage**

Das Unternehmen O erstellt per 31.12.20.0 den Jahresabschluss und überprüft im Rahmen der Abschlusserstellung die Transaktionen auf allfällige Abgrenzungen.

1) Eine als Geldanlage gekaufte Obligation mit einem Nennwert von 100 000 und einem Zinssatz von 3.6% p.a. hat den Zinstermin 31.5., wobei die Zahlung nachschüssig erfolgt.
2) Am 31.10.20.0 wurde die Halbjahresmiete von 90 000 für die Geschäftsräume im Voraus bezahlt.
3) Einigen Angestellten wurde der Januarlohn bereits mit dem Dezemberlohn ausbezahlt. Die Vorschüsse belaufen sich auf 35 000.
4) Die zu 6% verzinsliche Darlehensschuld aus dem Vorjahr mit Zinstermin am 30.4., wobei die Zinsen jeweils nachschüssig anfallen, wurde am 31.5.20.0 von 500 000 auf 700 000 erhöht. Die gesamte Darlehensschuld wird seit dem 31.5.20.0 mit 9% verzinst.

- **Aufgabenstellung**

Überprüfen Sie die Transaktionen bezüglich einer transitorischen Behandlung und ermitteln Sie die entsprechenden Buchungssätze per 31.12.20.0.

Buchungssätze

Nr.	Buchungssatz	Betrag
1		
2		
3		
4		

- **Lösungsvorschlag**

Bei sämtlichen vier Geschäftsfällen wird eine Abgrenzungsbuchung notwendig.

1) Der Zins von 3 600 wird jeweils am 31.5. nachschüssig ausgeschüttet. Für das aktuelle Geschäftsjahr sind somit Zinsen für sieben Monate aufgelaufen, die in der Erfolgsrechnung zu berücksichtigen sind, um einen betriebswirtschaftlich korrekten Erfolgsausweis zu gewährleisten.

    Transitorische Aktiven / Finanzertrag 2 100

2) Die Miete von 90 000 für die Geschäftsräume wurde am 31.10.20.0 für sechs Monate im Voraus bezahlt. Um die betriebswirtschaftliche korrekte Geschäftsmiete auszuweisen, dürfen von der Halbjahresmiete nur zwei Monate als Aufwand berücksichtigt werden.

    Transitorische Aktiven / Mietaufwand 60 000

3) Einige Angestellte haben mit dem Dezemberlohn 20.0 bereits einen Teil ihres Januarlohns als Vorschuss bezogen. Der Personalaufwand im Dezember 20.0 wird somit um 35 000 zu hoch ausgewiesen.

    Transitorische Aktiven / Personalaufwand 35 000

4) Der Zins für die Darlehensschuld wird jeweils am 30.4. nachschüssig bezahlt. Für das aktuelle Geschäftsjahr sind Zinsen von acht Monaten aufgelaufen. Um den betriebswirtschaftlich korrekten Erfolg zu zeigen, sind die aufgelaufenen Zinsen zu erfassen.

Zinszahlung am 30.4.20.0	30 000	(500 000 * 0.06)
Aufgelaufener Zins vom 30.4. - 31.5.20.0	2 500	(500 000 * 0.06 * 1/12)
Aufgelaufener Zins vom 31.5. - 31.12.20.0	36 750	(700 000 * 0.09 * 7/12)
Finanzaufwand / Transitorische Passiven	39 250	

14.7 Bewertung der Debitoren

- **Ausgangslage**

Das Unternehmen P verkauft seine Waren gegen Rechnung und führt das Konto «Debitoren». Für die Jahre 20.0 und 20.1 sind folgende Geschäftsfälle bekannt:

Ende 20.0
1) Kunde X ist definitiv zahlungsunfähig geworden. Die Debitorenforderung von 20 000 wird deshalb vollständig abgeschrieben.
2) Kunde Y wird die dritte Mahnung über den Betrag von 5 000 zugestellt.
3) Aus der Konkursmasse von Kunde X erfolgt vom Konkursamt eine Postgutschrift von 2 000. Für den Restbetrag wird ein Verlustschein ausgestellt.
4) Der Schlussbestand der Debitoren beträgt 180 000. Das Delkredere hatte einen Anfangsbestand von 5 000. Gemäss Erfahrungswerten wird vermutet, dass 5% des Debitorenbestands ausfallen werden.

Während 20.1
5) Rechnungen im Umfang von 140 000 werden auf das Bankkonto bezahlt.
6) Kunde X ist unerwartet zu Vermögen gekommen, worauf der Verlustschein geltend gemacht wird. Er bezahlt den vollen Restbetrag von 18 000 auf das Postkonto.
7) Der Schlussbestand der Debitoren beträgt 150 000. Es wird nach wie vor davon ausgegangen, dass die Ausfallquote der Debitoren 5% des Debitorenbestands beträgt.

- **Aufgabenstellung**

Erstellen Sie die erforderlichen Buchungssätze für die Jahre 20.0 und 20.1.

Buchungssätze

Nr.	Buchungssatz	Betrag
1		
2		
3		
4		
5		
6		
7		

- **Lösungsvorschlag**

Die Buchungssätze lauten wie folgt:

20.0:

1)	Debitorenverluste	/	Debitoren	20 000
2)	Keine Buchung			
3)	Postguthaben	/	Debitorenverluste	2 000
4)	Debitorenverluste	/	Delkredere	4 000

20.1:

5)	Bankguthaben	/	Debitoren	140 000
6)	Postguthaben	/	Neutraler Ertrag	18 000
7)	Delkredere	/	Debitorenverluste	1 500

14.8 Abschreibung von Aktiven

- **Ausgangslage**

Das Unternehmen Q verfügt als Industriebetrieb über einen Maschinenpark, bestehend aus Stanze, Fliessband und Schweisserei. Die Maschinen verlieren durch die Nutzung an Wert und werden nach unterschiedlichen Methoden abgeschrieben. Es kann davon ausgegangen werden, dass bei keiner der Anlagen nach Abschluss der Nutzung ein Liquidationserlös erzielt werden kann.

- **Aufgabenstellung**

a) Vervollständigen Sie die Übersicht zum Maschinenpark für das Geschäftsjahr 20.6.

Übersicht zum Maschinenpark

Maschinentyp	Stanze	Fliessband	Schweisserei
Kaufdatum	1.1.20.0	1.1.20.2	1.7.20.3
Anschaffungswert	800 000		280 000
Aktueller Status	verkauft per 30.9.20.6 Verkaufspreis 100 000	in Betrieb	in Betrieb
Abschreibungsmethode	linear auf 0	degressiv	linear auf 0
Lebensdauer bzw. Abschreibungssatz	8 Jahre	20%	
Kumulierte Wertberichtigung per 1.1.20.6		177 120	
Abschreibung 20.6			35 000
Kumulierte Wertberichtigung per 31.12.20.6		201 696	

b) Nehmen Sie nun – im Gegensatz zu Aufgabe a) – an, dass die Stanze direkt abgeschrieben wird und verbuchen Sie die Geschäftsfälle, welche die Stanze betreffen nach der direkten Methode für 20.6.

Buchungssätze

Datum	Buchungssatz	Betrag

c) Verbuchen Sie sämtliche Geschäftsfälle 20.6, welche die Stanze betreffen nach der indirekten Methode.

Buchungssätze

Datum	Buchungssatz	Betrag

d) Welche der beiden Abschreibungsmethoden bevorzugen Sie – die indirekte oder die direkte Methode? Begründen Sie Ihre Antwort.

Abschreibung von Aktiven

- **Lösungsvorschlag**

a) Die Übersicht zum Maschinenpark enthält folgende Werte:

Wertfluss Maschinenpark des Unternehmens Q

Maschinentyp	Stanze	Fliessband	Schweisserei
Kaufdatum	1.1.20.0	1.1.20.2	1.7.20.3
Anschaffungswert	800 000	300 000	280 000
Aktueller Status	verkauft per 30.9.20.6 Verkaufspreis 100 000	in Betrieb	in Betrieb
Abschreibungsmethode	linear auf 0	degressiv	linear auf 0
Lebensdauer bzw. Abschreibungssatz	8 Jahre	20%	8 Jahre
Kumulierte Wertberichtigung per 1.1.20.6	600 000	177 120	87 500
Abschreibung 20.6	75 000	24 576	35 000
Kumulierte Wertberichtigung per 31.12.20.6	0	201 696	122 500

Erläuterungen zu den Berechnungen:

Die Stanze wird linear über acht Jahre abgeschrieben. Das ergibt bei einem Anschaffungswert von 800 000 eine jährliche Abschreibung von 100 000. 20.6 wird die Stanze per 30.9. verkauft. Daher müssen die Abschreibungen 20.6 nur noch bis zum Zeitpunkt des Verkaufs berechnet werden. Dies sind insgesamt neun Monate, was einem Abschreibungsbetrag von 75 000 entspricht.

Das Fliessband wird jährlich degressiv um 20% vom Buchwert abgeschrieben. Die Abschreibung 20.6 berechnet sich als Differenz zwischen dem Schlussbestand und dem Anfangsbestand der kumulierten Wertberichtigungen. Der Abschreibungsbetrag von 24 576 entspricht 20% des Buchwerts (Anschaffungswert − kumulierte Abschreibungen). Somit beträgt der Buchwert per 1.1.20.6 122 880 (100%). Der Anschaffungswert des Fliessbands ergibt sich aus der Addition des Buchwerts per 1.1.20.6 122 880 und der kumulierten Wertberichtigungen per 1.1.20.6 177 120. Dies ergibt einen Anschaffungswert von 300 000.

Die Schweisserei wird linear auf Null abgeschrieben. Der jährliche Abschreibungsbetrag beträgt 35 000. Der Abschreibungsbetrag ist konstant und die Anlage wird über die Nutzungsdauer auf Null abgeschrieben, was zu einer Lebensdauer von acht Jahren führt (Anschaffungswert dividiert durch konstanten Abschreibungsbetrag). Die kumulierten Wertberichtigungen per 1.1.20.6 betragen 87 500. Bestehend aus den beiden vollen Abschreibungsbeträgen von je 35 000 für 20.4 und 20.5 und 17 500 für die sechs Monate 20.3.

b) Die Buchungssätze nach der direkten Methode lauten wie folgt:

20.6	Abschreibungen	/	Stanze	75 000
20.6	Flüssige Mittel	/	Stanze	100 000
20.6	Neutraler Erfolg	/	Stanze	25 000

Die Stanze wird nach einer Nutzungszeit von 6¾ Jahren verkauft. Bei der gewählten linearen Abschreibung über acht Jahre (100 000 p.a.) hat die Anlage einen Restwert von 125 000 (800 000 – 675 000). Es wird jedoch nur ein Verkaufspreis von 100 000 erzielt. Deshalb ist ein periodenfremder Aufwand (Verlust) von 25 000 zu erfassen (die Anlage wurde während der bisherigen Nutzungszeit zu wenig abgeschrieben).

c) Die Buchungssätze nach der indirekten Methode lauten wie folgt:

20.6	Abschreibungen	/	WB Stanze	75 000
20.6	Flüssige Mittel	/	Stanze	100 000
20.6	WB Stanze	/	Stanze	675 000
20.6	Neutraler Erfolg	/	Stanze	25 000

Bei der indirekten Abschreibungsmethode sind beim Ausscheiden der Anlage (Verkauf, Liquidation) die gesamten aufgelaufenen Wertberichtigungen auszubuchen.

d) Beurteilung der Abschreibungsmethoden:

Die indirekte Abschreibung ist aufgrund des grösseren Informationsgehalts zu bevorzugen, weil der Anschaffungswert und die kumulierten Abschreibungen jederzeit ersichtlich sind.

14.9 Bewertung der Rückstellungen

- **Ausgangslage**

Das Unternehmen R wird im Jahr 20.1 in einen Prozess verwickelt. Da das Risiko einer Prozessniederlage mit über 50% Wahrscheinlichkeit erwartet wird, ist beim Jahresabschluss per 31.12.20.1 eine Rückstellung von 20 000 zu bilden. Der Prozess endet per 20.5.20.2 mit einer Prozessniederlage und einer Übernahme der Prozesskosten von 18 000.

- **Aufgabenstellung**

Erstellen Sie die erforderlichen Buchungssätze für die Jahre 20.1 und 20.2.

Buchungssätze

Datum	Buchungssatz	Betrag

- **Lösungsvorschlag**

Das Unternehmen sieht sich 20.1 mit einem unsicheren zukünftigen Nutzenabgang konfrontiert, der durch ein vergangenes Ereignis begründet ist. Die Eintrittswahrscheinlichkeit einer Prozessniederlage beträgt mehr als 50% und die Prozesskosten lassen sich verlässlich schätzen. Somit muss das Unternehmen R im Jahr 20.1 eine Rückstellung bilden.

Die Buchungssätze lauten wie folgt:

31.12.20.1	Prozessaufwand	/	Rückstellungen	20 000
20.5.20.2	Rückstellungen	/	Flüssige Mittel	18 000
20.5.20.2	Rückstellungen	/	Neutraler Erfolg	2 000

Der Umfang der Rückstellung lag über den effektiven Prozesskosten. Der Betrag von 2 000 ist deshalb nach Abschluss des Verfahrens (20.2) als periodenfremder Ertrag (neutraler Erfolg) zu erfassen.

14.10 Gesamtfallstudie zu zentralen Fragen des Rechnungswesens

- **Ausgangslage**

Beim Unternehmen Zero handelt es sich um einen Fabrikationsbetrieb. Es ist das Rechnungswesen für die Periode 20.1 zu führen.

Der Kontenplan zeigt folgendes Bild:

- *Bilanzkonten*: Flüssige Mittel, Debitoren, Delkredere, Materialvorräte, Halb- und Fertigfabrikate, Transitorische Aktiven, Maschinen, Darlehen, Kreditoren, Bank-Kontokorrent, Transitorische Passiven, Bankdarlehen, Eigenkapital.
- *Erfolgsrechnungskonten*: Materialaufwand, Abnahme Halb- und Fertigfabrikate, Personalaufwand, Abschreibungen, Debitorenverluste, Übriger Aufwand, Zinsaufwand, Umsatzerlös, Zunahme Halb- und Fertigfabrikate, Zinsertrag.

Eröffnungsbilanz des Unternehmens Zero

Aktiven	Eröffnungsbilanz per 1.1.20.1		Passiven	
Flüssige Mittel		43	Kreditoren	180
Debitoren	262		Bank-Kontokorrent	35
./. Delkredere	- 15	247	Bankdarlehen	285
Materialvorräte		40	**Fremdkapital**	**500**
Halb- und Fertigfabrikate		75		
Umlaufvermögen		**405**	Eigenkapital	400
Maschinen		355	**Eigenkapital**	**400**
Darlehen		140		
Anlagevermögen		**495**		
Total		900	Total	900

Zusammengefasste Geschäftsfälle des Jahres 20.1:

1)	Kauf von Rohmaterialien gegen Rechnung	150 000
2)	Rechnung für Energie	40 000
3)	Kauf von Büromaterial gegen Barzahlung	4 000
4)	Rechnung für ausgeführte Reparaturen an den Maschinen	42 000
5)	Bankbelastungen für Zahlungen von Rechnungen	400 000
6)	Verkauf von Fertigfabrikaten an verschiedene Kunden gegen Rechnung	1 100 000
7)	Überweisung von Kunden auf das Bank-Kontokorrent	1 150 000
8)	Kauf von Maschinen gegen Rechnung	50 000
9)	Bankbelastung für Gehälter	600 000
10)	Barzahlung für Werbung	20 000
11)	Gutschrift für Zinsen auf dem gewährten Darlehen für das erste Semester 20.1 via Bank-Kontokorrent	3 000
12)	Debitor Y wurde erfolglos betrieben, die offene Rechnung wird abgeschrieben	12 000
13)	Barzahlung von Rechnungen	5 000
14)	Bankbelastung für Zinsen	15 000

Angaben zum Abschluss 20.1:

A)	Bestand an Materialvorräten	55 000
B)	Bestand an Halb- und Fertigfabrikaten	50 000
C)	Wert des Maschinenparks beträgt per 31.12.20.1	350 000
D)	Rechnung für Reparatur einer Maschine ist noch nicht eingetroffen (die Höhe des Kostenvoranschlags ist definitiv)	5 000
E)	Offene Verzinsung per 31.12.20.1 auf dem gewährten Darlehen	3 000
F)	Es wird mit Verlusten auf den Debitoren von 5% gerechnet	
G)	Ein allfälliger Gewinn wird dem Eigenkapital gutgeschrieben	

- **Aufgabenstellung**

Führen Sie das Rechnungswesen des Unternehmens Zero für die Periode 20.1. Die Material- sowie Halb- und Fertigfabrikatkonten werden nach der Praktiker-Methode geführt. Ergänzen Sie den Abschluss durch eine Abschlusstabelle.

Bilanzkonten

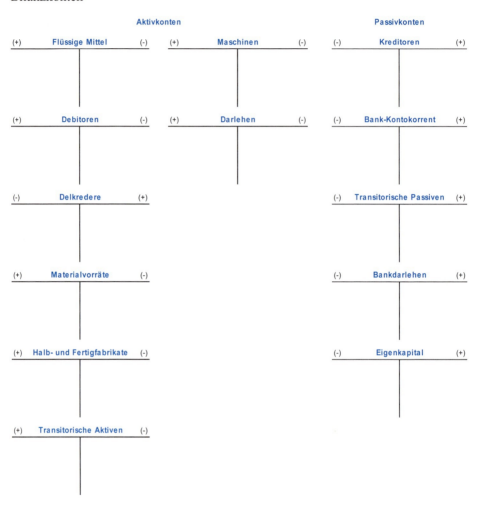

Gesamtfallstudie zu zentralen Fragen des Rechnungswesens 241

Aktiven	Schlussbilanz I per 31.12.20.1		Passiven
Total		Total	

Aktiven	Schlussbilanz II per 31.12.20.1		Passiven
Tota		Total	

Erfolgsrechnungskonten

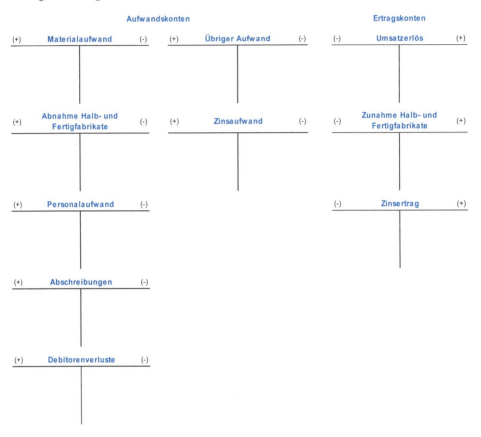

Abschlusstabelle

Konten	Probebilanz		Saldobilanz		Schlussbilanz I		Erfolgsrechnung		Schlussbilanz II	
	Soll	Haben	Soll	Haben	Aktiven	Passiven	Aufwand	Ertrag	Aktiven	Passiven
Gesamttotal										

- **Lösungsvorschlag**

Die Buchungssätze für die Geschäftsfälle des Jahres 20.1 und die Abschlussbuchungen per 31.12.20.1 lauten wie folgt:

1)	Materialaufwand	/	Kreditoren	150 000
2)	Übriger Aufwand	/	Kreditoren	40 000
3)	Übriger Aufwand	/	Flüssige Mittel	4 000
4)	Übriger Aufwand	/	Kreditoren	42 000
5)	Kreditoren	/	Bank-Kontokorrent	400 000
6)	Debitoren	/	Umsatzerlös	1 100 000
7)	Bank-Kontokorrent	/	Debitoren	1 150 000
8)	Maschinen	/	Kreditoren	50 000
9)	Personalaufwand	/	Bank-Kontokorrent	600 000
10)	Übriger Aufwand	/	Flüssige Mittel	20 000
11)	Bank-Kontokorrent	/	Zinsertrag	3 000
12)	Debitorenverluste	/	Debitoren	12 000
13)	Kreditoren	/	Flüssige Mittel	5 000
14)	Zinsaufwand	/	Bank-Kontokorrent	15 000
A)	Materialvorräte	/	Materialaufwand	15 000
B)	Abnahme Halb- und Fertigfabrikate	/	Halb- und Fertigfabrikate	25 000
C)	Abschreibungen	/	Maschinen	55 000
D)	Übriger Aufwand	/	Transitorische Passiven	5 000
E)	Transitorische Aktiven	/	Zinsertrag	3 000
F)	Delkredere	/	Debitorenverluste	5 000

Bilanzkonten des Unternehmens Zero (in Tausend)

Aktivkonten

(+)	Flüssige Mittel		(-)
AB	43	3)	4
		10)	20
		13)	5
		SB	14
Total	43	Total	43

(+)	Transitorische Aktiven		(-)
E)	3		
		SB	3
Total	3	Total	3

(+)	Debitoren		(-)
AB	262	7)	1 150
6)	1 100	12)	12
		SB	200
Total	1 362	Total	1 362

(+)	Maschinen		(-)
AB	355	C)	55
8)	50		
		SB	350
Total	405	Total	405

(-)	Delkredere		(+)
F)	5	AB	15
SB	10		
Total	15	Total	15

(+)	Darlehen		(-)
AB	140		
		SB	140
Total	140	Total	140

(+)	Materialvorräte		(-)
AB	40		
A)	15		
		SB	55
Total	55	Total	55

(+)	Halb- und Fertigfabrikate		(-)
AB	75	B)	25
		SB	50
Total	75	Total	75

Passivkonten

(-)	Kreditoren		(+)
5)	400	AB	180
13)	5	1)	150
		2)	40
		4)	42
SB	57	8)	50
Total	462	Total	462

(-)	Bank-Kontokorrent		(+)
7)	1 150	AB	35
11)	3	5)	400
		9)	600
		14)	15
		SB	103
Total	1 153	Total	1 153

(-)	Transitorische Passiven		(+)
		D)	5
SB	5		
Total	5	Total	5

(-)	Bankdarlehen		(+)
		AB	285
SB	285		
Total	285	Total	285

(-)	Eigenkapital		(+)
		AB	400
SB	400		
Total	400	Total	400

Aktiven	Schlussbilanz I per 31.12.20.1		Passiven
Flüssige Mittel		14	Kreditoren	57
Bank-Kontokorrent		103	Transitorische Passiven	5
Debitoren	200		Bankdarlehen	285
./. Delkredere	- 10	190	**Fremdkapital**	**347**
Materialvorräte		55		
Halb- und Fertigfabrikate		50	Eigenkapital	400
Transitorische Aktiven		3	Reingewinn 20.1	158
Umlaufvermögen		**415**	**Eigenkapital**	**558**
Maschinen		350		
Darlehen		140		
Anlagevermögen		**490**		
Total		905	Total	905

Aktiven	Schlussbilanz II per 31.12.20.1		Passiven
Flüssige Mittel		14	Kreditoren	57
Bank-Kontokorrent		103	Transitorische Passiven	5
Debitoren	200		Bankdarlehen	285
./. Delkredere	- 10	190	**Fremdkapital**	**347**
Materialvorräte		55		
Halb- und Fertigfabrikate		50	Eigenkapital	558
Transitorische Aktiven		3	**Eigenkapital**	**558**
Umlaufvermögen		**415**		
Maschinen		350		
Darlehen		140		
Anlagevermögen		**490**		
Total		905	Total	905

Erfolgsrechnungskonten des Unternehmens Zero (in Tausend)

Aufwandskonten

(+)	Materialaufwand	(-)	
1)	150	A)	15
		S	135
Total	150	Total	150

(+)	Übriger Aufwand	(-)	
2)	40		
3)	4		
4)	42		
10)	20		
D)	5		
		S	111
Total	111	Total	111

(+)	Abnahme Halb- und Fertigfabrikate	(-)	
B)	25		
		S	25
Total	25	Total	25

(+)	Zinsaufwand	(-)	
14)	15		
		S	15
Total	15	Total	15

(+)	Personalaufwand	(-)	
9)	600		
		S	600
Total	600	Total	600

(+)	Abschreibungen	(-)	
C)	55		
		S	55
Total	55	Total	55

(+)	Debitorenverluste	(-)	
12)	12	F)	5
		S	7
Total	12	Total	12

Ertragskonten

(-)	Umsatzerlös	(+)	
		6)	1 100
S	1 100		
Total	1 100	Total	1 100

(-)	Zinsertrag	(+)	
		11)	3
		E)	3
S	6		
Total	6	Total	6

Aufwand		**Erfolgsrechnung pro 20.1**	Ertrag
Materialaufwand	135	Umsatzerlös	1 100
Abnahme Halb- und Fertigfabrikate	25	Zinsertrag	6
Personalaufwand	600		
Abschreibungen	55		
Debitorenverluste	7		
Übriger Aufwand	111		
Zinsaufwand	15		
Reingewinn	**158**		
Total	1 106	Total	1 106

Abschlusstabelle des Unternehmens Zero (in Tausend)

Konten	Probebilanz		Saldobilanz		Schlussbilanz I		Erfolgsrechnung		Schlussbilanz II	
	Soll	Haben	Soll	Haben	Aktiven	Passiven	Aufwand	Ertrag	Aktiven	Passiven
Flüssige Mittel	43	29	14		14				14	
Bank-Kontokorrent	1 153	1 050	103		103				103	
Debitoren	1 362	1 162	200		200				200	
Delkredere	5	15	- 10		- 10				- 10	
Materialvorräte	55		55		55				55	
Halb- und Fertigfabrikate	75	25	50		50				50	
Transitorische Aktiven	3		3		3				3	
Maschinen	405	55	350		350				350	
Darlehen	140		140		140				140	
Kreditoren	405	462		57		57				57
Transitorische Passiven		5		5		5				5
Bankdarlehen		285		285		285				285
Eigenkapital		400		400		400				558
Materialaufwand	150	15	135				135			
Abnahme Halb- und Fertigfabrikate	25		25				25			
Personalaufwand	600		600				600			
Abschreibungen	55		55				55			
Debitorenverluste	12	5	7				7			
Übriger Aufwand	111		111				111			
Zinsaufwand	15		15				15			
Umsatzerlös		1 100		1 100				1 100		
Zinsertrag		6		6				6		
Gewinn						158	158			
Gesamttotal	4 614	4 614	1 853	1 853	905	905	1 106	1 106	905	905

15 Fallstudien zu ausgewählten weiteren Fragen des finanziellen Rechnungswesens

15.1 Führen der Wertschriftenkonten

- **Ausgangslage**

Der Wertschriftenverkehr des Unternehmens S umfasst für das abgelaufene Geschäftsjahr folgende Bewegungen:

Anfangsbestand: Das Unternehmen S besass bisher keine Wertschriften.

1) Kauf von 5 Aktien Unternehmen A zum Kurs von 960 per 15.1.20.1:
Kaufpreis	4 800
Kommissionen, Stempel und Gebühren	80
Bankabrechnung	4 880

2) Dividendenzahlung für die Aktien Unternehmen A:
Bruttoertrag	200
Abzüglich 35% Verrechnungssteuer (VSt)	70
Bankabrechnung	130

3) Kauf 10 000 nominal, 4% Obligation, zum Kurs von 101.5, per 31.10.20.1:
Kaufpreis	10 150
Aufgelaufene Marchzinsen vom 15.9.20.1 bis 31.10.20.1	50
Kommissionen, Stempel und Gebühren	120
Bankabrechnung	10 320

4) Verkauf von 3 Aktien Unternehmen A zum Kurs von 1 020:
Verkaufspreis	3 060
Kommissionen, Stempel und Gebühren	60
Bankabrechnung	3 000

5) Belastung Depotgebühren — 100

6) Wertschrifteninventar:
2 Aktien Unternehmen A zum Kurs von 900	1 800
10 000 nominal, 4% Obligation zum Kurs von 101	10 100

- **Aufgabenstellung**

Die obigen Geschäftsfälle sind auf der Basis der drei Methoden der Wertschriftenkonten zu verbuchen. Die Konten «Wertschriften», «Wertschriftenertrag» und «Wertschriftenaufwand» sind zu führen.

a) Erstellen Sie die Buchungssätze und führen Sie die Konten «Wertschriften», «Wertschriftenertrag» und «Wertschriftenaufwand» basierend auf den Endbeträgen der Bankabrechnungen.

Buchungssätze

Datum	Buchungssatz	Betrag

(+) Wertschriften (-)   (+) Wertschriftenaufwand (-)   (-) Wertschriftenertrag (+)

Führen der Wertschriftenkonten

b) Erstellen Sie die Buchungssätze und führen Sie die Konten «Wertschriften», «Wertschriftenertrag» und «Wertschriftenaufwand» basierend auf den reinen Kurswerten.

Buchungssätze

Datum	Buchungssatz	Betrag

(+) Wertschriften (-)   (+) Wertschriftenaufwand (-)   (-) Wertschriftenertrag (+)

c) Erstellen Sie die Buchungssätze und führen Sie die Konten «Wertschriften», «Wertschriftenertrag» und «Wertschriftenaufwand» basierend auf den Einstandswerten.

Buchungssätze

Datum	Buchungssatz	Betrag

(+) Wertschriften (-)   (+) Wertschriftenaufwand (-)   (-) Wertschriftenertrag (+)

- **Lösungsvorschlag**

a) Bei der Methode «Endbeträge der Bankabrechnungen» werden jeweils die Beträge gemäss Bankgutschrift bzw. -abrechnung in der Bilanz aktiviert. Wertschriftenerträge, Depotgebühren sowie allfällige Kursgewinne oder -verluste werden direkt in der Erfolgsrechnung erfasst.

Die Buchungssätze lauten wie folgt:

1)	Wertschriften	/	Bankguthaben	4 880
2a)	Bankguthaben	/	Wertschriftenertrag	130
2b)	Debitor VSt	/	Wertschriftenertrag	70
3)	Wertschriften	/	Bankguthaben	10 320
4)	Bankguthaben	/	Wertschriften	3 000
5)	Wertschriftenaufwand	/	Bankguthaben	100
6)	Wertschriftenaufwand	/	Wertschriften	183

Der Wertschriftenbestand per 31.12.20.1 berechnet sich wie folgt:

2 Aktien Unternehmen A zum Kurs von 900	1 800
10 000 Obligation nominal zum Kurs von 101	10 100
Marchzins 4% auf 10 000 vom 15.9. - 31.12. (105 Tage)	117
Soll-Bestand per 31.12.20.1	12 017
Ist-Bestand gemäss Konto (4 880 + 10 320 – 3 000)	12 200
Differenz für Korrekturbuchung (Verlust)	183

Konten mit Endbeträgen der Bankabrechnungen

(+)	Wertschriften	(-)	(+)	Wertschriftenaufwand	(-)	(-)	Wertschriftenertrag	(+)
1)	4 880	4) 3 000	5)	100			2a)	130
3)	10 320	6) 183	6)	183			2b)	70
	SB	12 017	S	283		S	200	
Total	15 200	Total 15 200	Total	283	Total 283	Total	200	Total 200

b) Bei der Methode «Reine Kurswerte» werden in der Bilanz nur die Kurswerte aktiviert. Spesen, anfallende Marchzinsen, Wertschriftenerträge, Depotgebühren sowie allfällige Kursgewinne oder -verluste werden direkt in der Erfolgsrechnung erfasst.

Die Buchungssätze lauten wie folgt:

1a)	Wertschriften	/	Bankguthaben	4 800
1b)	Wertschriftenaufwand	/	Bankguthaben	80
2a)	Bankguthaben	/	Wertschriftenertrag	130
2b)	Debitor VSt	/	Wertschriftenertrag	70
3a)	Wertschriften	/	Bankguthaben	10 150
3b)	Wertschriftenertrag	/	Bankguthaben	50
3c)	Wertschriftenaufwand	/	Bankguthaben	120
4a)	Bankguthaben	/	Wertschriften	3 060
4b)	Wertschriften	/	Wertschriftenertrag	180
4c)	Wertschriftenaufwand	/	Bankguthaben	60
5)	Wertschriftenaufwand	/	Bankguthaben	100
6a)	Wertschriftenaufwand	/	Wertschriften	170
6b)	Transitorische Aktiven	/	Wertschriftenertrag	117

Der Wertschriftenbestand per 31.12.20.1 berechnet sich wie folgt:

2 Aktien Unternehmen A zum Kurs von 900	1 800
10 000 Obligation nominal zum Kurs von 101	10 100
Soll-Bestand per 31.12.20.1	11 900
Ist-Bestand gemäss Konto (4 800 + 10 150 + 180 − 3 060)	12 070
Differenz für Korrekturbuchung (Verlust)	170

Konten mit reinen Kurswerten

(+)	Wertschriften	(−)	(+)	Wertschriftenaufwand	(−)	(−)	Wertschriftenertrag	(+)
1a)	4 800	4a) 3 060	1b)	80		3b)	50	2a) 130
3a)	10 150	6a) 170	3c)	120				2b) 70
4b)	180		4c)	60				4b) 180
			5)	100				6b) 117
			6a)	170				
	SB	11 900		S	530	S	447	
Total	15 130	Total 15 130	Total	530	Total 530	Total	497	Total 497

c) Bei der Methode «Einstandswerte» werden jeweils die Kurswerte abzüglich oder zuzüglich allfälliger Spesen in der Bilanz aktiviert. Anfallende Marchzinsen, Wertschriftenerträge, Depotgebühren sowie allfällige Kursgewinne oder -verluste werden direkt in der Erfolgsrechnung erfasst.

Die Buchungssätze lauten wie folgt:

1)	Wertschriften	/	Bankguthaben	4 880
2a)	Bankguthaben	/	Wertschriftenertrag	130
2b)	Debitor VSt	/	Wertschriftenertrag	70
3a)	Wertschriften	/	Bankguthaben	10 270
3b)	Wertschriftenertrag	/	Bankguthaben	50
4)	Bankguthaben	/	Wertschriften	3 000
5)	Wertschriftenaufwand	/	Bankguthaben	100
6a)	Wertschriftenaufwand	/	Wertschriften	250
6b)	Transitorische Aktiven	/	Wertschriftenertrag	117

Der Wertschriftenbestand per 31.12.20.1 berechnet sich wie folgt:

2 Aktien Unternehmen A zum Kurs von 900	1 800
10 000 Obligation nominal zum Kurs von 101	10 100
Soll-Bestand per 31.12.20.1	11 900
Ist-Bestand gemäss Konto (4 880 + 10 270 − 3 000)	12 150
Differenz für Korrekturbuchung (Verlust)	250

Konten mit Einstandswerten

(+)	Wertschriften	(−)	(+)	Wertschriftenaufwand	(−)	(−)	Wertschriftenertrag	(+)
1) 4 880	4) 3 000		5) 100			3b) 50	2a) 130	
3a) 10 270	6a) 250		6a) 250				2b) 70	
							6b) 117	
	SB 11 900			S 350		S 267		
Total 15 150	Total 15 150		Total 350	Total 350		Total 317	Total 317	

15.2 Führen der Immobilienkonten

- **Ausgangslage**

Das Unternehmen T kauft vom Unternehmen X per 31.12.20.1 eine Immobilie. Im Kaufvertrag werden folgende Konditionen festgehalten:

1) Der Kaufpreis beträgt 1 000 000.
2) Unternehmen T übernimmt von Unternehmen X eine Hypothekarschuld im Wert von 600 000. Die Hypothekarschuld wird zu 3% verzinst, wobei der Zinstermin jeweils der 30.9. ist.
3) Unternehmen T übernimmt den Vorrat an Heizmaterial im Wert von 10 000.
4) Die Gebühren (Handänderung, Offenlegung usw.) von 18 000 werden von den beiden Parteien jeweils zur Hälfte bezahlt.
5) Der effektive Verkaufspreis wird von Unternehmen T überwiesen.
6) Unternehmen X hatte die Immobilie zu 800 000 in den Büchern.

Alle Zahlungen wurden via Bankkonten abgewickelt.

- **Aufgabenstellung**

Zeigen Sie die Buchungen für den dargestellten Verkauf sowohl aus Sicht des Unternehmens T als auch des Unternehmens X.

Buchungssätze des Unternehmens T (Käuferin)

Nr.	Buchungssatz	Betrag

Buchungssätze des Unternehmens X (Verkäuferin)

Nr.	Buchungssatz	Betrag

- **Lösungsvorschlag**

Die Buchungssätze aus Sicht des Unternehmens T, Käuferpartei, lauten wie folgt:

1)	Immobilien	/	Verbindlichkeit X	1 000 000
2a)	Verbindlichkeit X	/	Hypothekarschuld	600 000
2b)	Verbindlichkeit X	/	Immobilienaufwand	4 500
3)	Immobilienaufwand	/	Verbindlichkeit X	10 000
4)	Immobilien	/	Bankguthaben	9 000
5)	Verbindlichkeit X	/	Bankguthaben	405 500

Die Buchungssätze aus Sicht des Unternehmens X, Verkäuferpartei, lauten wie folgt:

1)	Guthaben T	/	Immobilien	1 000 000
2a)	Hypothekarschuld	/	Guthaben T	600 000
2b)	Immobilienaufwand	/	Guthaben T	4 500
3)	Guthaben T	/	Immobilienaufwand	10 000
4)	Immobilien	/	Bankguthaben	9 000
5)	Bankguthaben	/	Guthaben T	405 500
6)	Immobilien	/	Immobilienertrag	191 000

15.3 Stille Reserven in Bilanzen

- **Ausgangslage**

Der Verwaltungsrat des Unternehmens U erteilt dem Chef des Rechnungswesen den Auftrag, bis zur Verwaltungsratssitzung vom 4.1.20.1 eine Übersicht über den Bestand an stillen Reserven per 1.1.20.1 zu erstellen. Die interne und externe Bilanz des Unternehmens U liegen vor.

Interne und externe Bilanz per 1.1.20.1

Aktiven	Interne Bilanz per 1.1.20.1		Passiven
Flüssige Mittel		400	Kreditoren	289
Wertschriften		45	Bankschuld	238
Debitoren	358		Kurzfristige Rückstellungen	69
./. Delkredere	- 47	311	**Kurzfristiges Fremdkapital**	**596**
Warenlager		425	Darlehensschuld	750
Umlaufvermögen		**1 181**	Langfristige Rückstellungen	38
Mobilien		65	**Langfristiges Fremdkapital**	**788**
Fahrzeuge		590	Aktienkapital	600
Immobilien		1 910	Reserven	1 762
Anlagevermögen		**2 565**	**Eigenkapital**	**2 362**
Total		3 746	Total	3 746

Aktiven	Externe Bilanz per 1.1.20.1		Passiven
Flüssige Mittel		400	Kreditoren	289
Wertschriften		45	Bankschuld	238
Debitoren	358		Kurzfristige Rückstellungen	75
./. Delkredere	- 69	289	**Kurzfristiges Fremdkapital**	**602**
Warenlager		350	Darlehensschuld	750
Umlaufvermögen		**1 084**	Langfristige Rückstellungen	45
Mobilien		55	**Langfristiges Fremdkapital**	**795**
Fahrzeuge		530	Aktienkapital	600
Immobilien		1 810	Reserven	1 482
Anlagevermögen		**2 395**	**Eigenkapital**	**2 082**
Total		3 479	Total	3 479

Stille Reserven in Bilanzen

- **Aufgabenstellung**

Erstellen Sie aufgrund der gegebenen Bilanzen eine Übersicht, die den Bestand der stillen Reserven in den jeweiligen Bilanzpositionen per 1.1.20.1 ausweist.

Übersicht zu den stillen Reserven

Bilanzposition	Bestand an stillen Reserven per 1.1.20.1
Total	

- **Lösungsvorschlag**

Stille Reserven des Unternehmens U

Bilanzposition	Bestand an stillen Reserven per 1.1.20.1
Delkredere	22
Warenlager	75
Mobilien	10
Fahrzeuge	60
Immobilien	100
Kurzfristige Rückstellungen	6
Langfristige Rückstellungen	7
Total	**280**

15.4 Stille Reserven in Bilanz und Erfolgsrechnung

- **Ausgangslage**

Das Unternehmen V erwirbt am 1.1.20.1 eine Maschine zum Kaufpreis von 100 000. Am 31.12.20.1 wird die Maschine um 40 000 abgeschrieben. In den folgenden vier Jahren wird die Maschine jährlich um 15 000 abgeschrieben. Betriebswirtschaftlich korrekt wäre eine lineare Abschreibung über fünf Jahre auf Null.

- **Aufgabenstellung**

a) Vervollständigen Sie die Übersichtstabelle zur Nutzungsdauer der Maschine und zum Bestand der stillen Reserven.

Übersichtstabelle zur Veränderung der stillen Reserven

	Effektiver Wert	Buchwert	Stille Reserven und Veränderungen
1.1.20.1			
Abschreibung 20.1			
31.12.20.1			
Abschreibung 20.2			
31.12.20.2			
Abschreibung 20.3			
31.12.20.3			
Abschreibung 20.4			
31.12.20.4			
Abschreibung 20.5			
31.12.20.5			

b) Wie hoch ist der effektive Gewinn des Unternehmens V, wenn in der externen Erfolgsrechnung 20.1 ein Gewinn von 15 000 ausgewiesen wird, und wie verändert sich der extern gezeigte Gewinn von 2 000 in der Erfolgsrechnung 20.2?

- **Lösungsvorschlag**

a) 20.1 werden durch zu hohe Abschreibungen stille Reserven von 20 000 gebildet. In den folgenden vier Jahren sind die Abschreibungen tiefer als der betriebswirtschaftlich sinnvolle Abschreibungsbetrag. Dadurch werden die 20.1 gebildeten stillen Reserven über die Nutzungsdauer sukzessive reduziert.

Stille Reserven des Unternehmens V

	Effektiver Wert	Buchwert	Stille Reserven und Veränderungen
1.1.20.1	100 000	100 000	-
Abschreibung 20.1	20 000	40 000	+ 20 000
31.12.20.1	80 000	60 000	20 000
Abschreibung 20.2	20 000	15 000	- 5 000
31.12.20.2	60 000	45 000	15 000
Abschreibung 20.3	20 000	15 000	- 5 000
31.12.20.3	40 000	30 000	10 000
Abschreibung 20.4	20 000	15 000	- 5 000
31.12.20.4	20 000	15 000	5 000
Abschreibung 20.5	20 000	15 000	- 5 000
31.12.20.5	-	-	-

b) Der extern gezeigte Gewinn 20.1 betrug 15 000. Durch die Bildung der stillen Reserven und den damit verbundenen zu hohen Abschreibungen wurde insgesamt ein um 20 000 zu hoher externer Aufwand gezeigt. Der tatsächliche Gewinn war deshalb 35 000.

Herleitung Erfolg 20.1:

Extern gezeigter Gewinn	15 000
Gebildete stille Reserven	+ 20 000 (effektiver Aufwand war tiefer)
Tatsächlicher Gewinn 20.1	35 000

20.2 beträgt der extern gezeigte Gewinn 2 000. Durch die Auflösung der stillen Reserven ist der tatsächliche Verlust von 3 000 um 5 000 verfälscht worden.

Herleitung Erfolg 20.2:

Extern gezeigter Gewinn	2 000	
Aufgelöste stille Reserven	- 5 000	(effektiver Aufwand war höher)
Tatsächlicher Verlust 20.2	- 3 000	

15.5 Bereinigung eines Abschlusses

- **Ausgangslage**

Vom Unternehmen W sind die publizierten Schlussbilanzen per 31.12.20.0 und 31.12.20.1 sowie die Erfolgsrechnung 20.1 bekannt. Die Schlussbilanz 31.12.20.1 wurde vor Gewinnverteilung erstellt.

Zusätzlich stehen folgende Informationen zu den stillen Reserven zur Verfügung:

1) Die Bewertung des Warenlagers in beiden Jahren erfolgte zu zwei Dritteln des effektiven Warenwerts. Der Warenverkehr wird nach der Praktiker-Methode verbucht.
2) Die Garantieleistungen belaufen sich erfahrungsgemäss auf 2% des Verkaufsumsatzes. 20.0 wurden die Garantierückstellungen zum effektiven Wert bewertet.
3) Die Immobilien haben einen betriebswirtschaftlichen Wert von 3 000 000
4) Erfahrungsgemäss fallen jeweils 5% des Debitorenbestands aus. Das betriebswirtschaftlich erforderliche Delkredere beträgt somit jeweils 5% des Debitorenbestands.
5) Die stillen Reserven auf den Mobilien betragen per 1.1.20.1 200 000. Die 20.1 getätigten Investitionen von 500 000 in Mobilien wurden vollständig abgeschrieben. Betriebswirtschaftlich sinnvoll ist eine Abschreibung von 20% des effektiven Bestands (inklusive Neuinvestitionen).

Publizierte Daten des Unternehmens W (in Tausend)

Aktiven	31.12.20.0		31.12.20.1		Passiven	31.12.20.0	31.12.20.1
Flüssige Mittel		119		431	Kreditoren	699	669
Debitoren	1 100		1 260		Garantierückstellungen	110	300
./. Delkredere	-200	900	-260	1 000	Darlehensschuld	300	300
Warenlager		300		200	**Fremdkapital**	**1 109**	**1 269**
Umlaufvermögen		**1 319**		**1 631**	Aktienkapital	1 000	1 000
Mobilien		100		60	Reserven	1 310	1 020
Immobilien		2 000		2 000	Gewinnvortrag		402
Anlagevermögen		**2 100**		**2 060**	**Eigenkapital**	**2 310**	**2 422**
Total		3 419		3 691	Total	3 419	3 691

Aufwand	Erfolgsrechnung pro 20.1		Ertrag
Warenaufwand	3 500	Warenertrag	6 000
Personalaufwand	870		
Abschreibungen	540		
Debitorenverluste	100		
Rückstellungsaufwand	190		
Immobilienaufwand	50		
Übriger Aufwand	348		
Gewinn	**402**		
Total	6 000	Total	6 000

Bereinigung eines Abschlusses

- **Aufgabenstellung**

a) Ermitteln Sie die stillen Reserven in den Schlussbilanzen 20.0 und 20.1 sowie die jeweiligen Veränderungen. Vervollständigen Sie die folgende Übersichtstabelle.

Übersichtstabelle zu den stillen Reserven

1) Warenlager	31.12.20.0	Veränderung	31.12.20.1
Buchwert			
Effektiver Wert			
Stille Reserven			
2) Garantierückstellungen	31.12.20.0	Veränderung	31.12.20.1
Buchwert			
Effektiver Wert			
Stille Reserven			
3) Immobilien	31.12.20.0	Veränderung	31.12.20.1
Buchwert			
Effektiver Wert			
Stille Reserven			
4) Delkredere	31.12.20.0	Veränderung	31.12.20.1
Buchwert			
Effektiver Wert			
Stille Reserven			
5) Mobilien	31.12.20.0	Veränderung	31.12.20.1
Buchwert			
Effektiver Wert			
Stille Reserven			
Total stille Reserven			

b) Erstellen Sie die bereinigten internen Bilanzen und die interne Erfolgsrechnung.

Bereinigte Schlussbilanzen und Erfolgsrechnung (in Tausend)

Aktiven	31.12.20.0	31.12.20.1	Passiven	31.12.20.0	31.12.20.1
Flüssige Mittel	119	431	Kreditoren	699	669
Debitoren	1 100	1 260	Garantierückstellungen	...	...
./. Delkredere	...	...	Darlehensschuld	300	300
Warenlager	...	...	**Fremdkapital**	...	...
Umlaufvermögen	...	...	Aktienkapital	1 000	1 000
Mobilien	...	...	Reserven	...	...
Immobilien	...	...	Gewinnvortrag	...	...
Anlagevermögen	...	...	**Eigenkapital**	...	...
Total	...	...	Total	...	...

Aufwand	Erfolgsrechnung pro 20.1		Ertrag
Warenaufwand	...	Warenertrag	6 000
Personalaufwand	870		
Abschreibungen	...		
Debitorenverluste	...		
Rückstellungsaufwand	...		
Immobilienaufwand	50		
Übriger Aufwand	348		
Gewinn	...		
Total	...	Total	...

Bereinigung eines Abschlusses

- **Lösungsvorschlag**

a) Die Übersichtstabelle zeigt die Bestände und Veränderungen der stillen Reserven.

Stille Reserven des Unternehmens W

1) Warenlager	31.12.20.0	Veränderung	31.12.20.1
Buchwert	300 000	- 100 000	200 000
Effektiver Wert	450 000	- 150 000	300 000
Stille Reserven	150 000	- 50 000	100 000
2) Garantierückstellungen	31.12.20.0	Veränderung	31.12.20.1
Buchwert	110 000	+ 190 000	300 000
Effektiver Wert	110 000	+ 10 000	120 000
Stille Reserven	-	+ 180 000	180 000
3) Immobilien	31.12.20.0	Veränderung	31.12.20.1
Buchwert	2 000 000	-	2 000 000
Effektiver Wert	3 000 000	-	3 000 000
Stille Reserven	1 000 000	-	1 000 000
4) Delkredere	31.12.20.0	Veränderung	31.12.20.1
Buchwert	200 000	+ 60 000	260 000
Effektiver Wert	55 000	+ 8 000	63 000
Stille Reserven	145 000	+ 52 000	197 000
5) Mobilien	31.12.20.0	Veränderung	31.12.20.1
Buchwert	100 000	- 40 000	60 000
Effektiver Wert	300 000	+ 340 000	640 000
Stille Reserven	200 000	+ 380 000	580 000
Total stille Reserven	1 495 000	+ 562 000	2 057 000

b) Die bereinigten internen Bilanzen und die interne Erfolgsrechnung zeigen folgendes Bild:

Interne Bilanzen und interne Erfolgsrechnung des Unternehmens W (in Tausend)

Aktiven	31.12.20.0		31.12.20.1		Passiven	31.12.20.0	31.12.20.1
Flüssige Mittel		119		431	Kreditoren	699	669
Debitoren	1 100		1 260		Garantierückstellungen	110	120
./. Delkredere	- 55	1 045	- 63	1 197	Darlehensschuld	300	300
Warenlager		450		300	**Fremdkapital**	**1 109**	**1 089**
Umlaufvermögen		**1 614**		**1 928**	Aktienkapital	1 000	1 000
Mobilien		300		640	Reserven	2 805	2 515
Immobilien		3 000		3 000	Gewinnvortrag		964
Anlagevermögen		**3 300**		**3 640**	**Eigenkapital**	**3 805**	**4 479**
Total		4 914		5 568	Total	4 914	5 568

Aufwand	Erfolgsrechnung pro 20.1		Ertrag
Warenaufwand	3 550	Warenertrag	6 000
Personalaufwand	870		
Abschreibungen	160		
Debitorenverluste	48		
Rückstellungsaufwand	10		
Immobilienaufwand	50		
Übriger Aufwand	348		
Gewinn	**964**		
Total	6 000	Total	6 000

15.6 Geldwirksamkeit von Buchungstatsachen

- **Ausgangslage**

Ihnen stehen Informationen aus dem Rechnungswesen zu verschiedenen Buchungstatsachen zur Verfügung.

- **Aufgabenstellung**

Prüfen Sie bei den nachstehenden Buchungstatsachen, ob und auf welche Art (Cash Flow aus Betriebstätigkeit, Investitionstätigkeit oder Finanzierungstätigkeit) der Fonds «Flüssige Mittel» beeinflusst wird, und kreuzen Sie die entsprechenden Felder an (+ Zunahme, – Abnahme, kein Einfluss).

Buchungstatsachen und Veränderungen des Fonds

Buchungstatsachen	Veränderung Fonds «Flüssige Mittel»						Kein Einfluss
	Betriebstätigkeit		Investitionstätigkeit		Finanzierungstätigkeit		
	+	-	+	-	+	-	
Einzahlungen von Warenlieferungen							
Bildung langfristiger Garantierückstellungen							
Umwandlung einer Kreditorenschuld in eine langfristige Darlehensschuld							
Abschreibungen auf Kundenforderungen							
Barverkauf einer ausgedienten Maschine zum Buchwert							
Rückzahlung eines langfristigen Darlehens via Bankguthaben							
Lohnzahlungen via Bankguthaben							
Auszahlungen des Gewinns an die Eigentümer							
Auszahlungen für Warenlieferungen							
Einzahlung durch Aufnahme eines Bankdarlehens							
Auszahlung durch Amortisation der Hypothekarschuld							

- **Lösungsvorschlag**

Die Buchungstatsachen bewirken folgende Veränderungen des Fonds «Flüssige Mittel».

Ursachen der Veränderung des Fonds

Buchungstatsachen	Veränderung Fonds «Flüssige Mittel»						Kein Einfluss
	Betriebstätigkeit		Investitionstätigkeit		Finanzierungstätigkeit		
	+	-	+	-	+	-	
Einzahlungen von Warenlieferungen	X						
Bildung langfristiger Garantierückstellungen							X
Umwandlung einer Kreditorenschuld in eine langfristige Darlehensschuld							X
Abschreibungen auf Kundenforderungen							X
Barverkauf einer ausgedienten Maschine zum Buchwert			X				
Rückzahlung eines langfristigen Darlehens via Bankguthaben						X	
Lohnzahlungen via Bankguthaben		X					
Auszahlungen des Gewinns an die Eigentümer						X	
Auszahlungen für Warenlieferungen		X					
Einzahlung durch Aufnahme eines Bankdarlehens					X		
Auszahlung durch Amortisation der Hypothekarschuld						X	

15.7 Abgrenzung von Aufwendungen und Ausgaben

- **Ausgangslage**

Vom Unternehmen AA sind die Erfolgsrechnung und die Bilanzkonten «Debitoren», «Warenlager» und «Kreditoren» bekannt:

Erfolgsrechnung Unternehmen AA (in Tausend)

Aufwand	Erfolgsrechnung		Ertrag
Warenaufwand	300	Warenertrag	472
Personalaufwand	55		
Abschreibungen	40		
Rückstellungsaufwand	10		
Mietaufwand	20		
Reingewinn	**47**		
Total	472	Total	472

Veränderungen der Bilanz des Unternehmens AA (in Tausend)

Konto	1.1.	31.12.	Veränderung
Debitoren	120	100	- 20
Warenvorräte	50	45	- 5
Kreditoren	20	25	+ 5

- **Aufgabenstellung**

Berechnen Sie folgende Werte:

a) Einzahlungen von Kunden.

b) Auszahlungen für Waren.

- **Lösungsvorschlag**

Ein Bestandteil der Geldbewegungen aus der operativen Tätigkeit sind die Einzahlungen von Kunden und die Auszahlungen für Waren. Um diese Grössen zu ermitteln, reicht es nicht aus, sich nur auf den Warenaufwand und den Warenertrag abzustützen. Für die Ermittlung der effektiven Ein- und Auszahlungen sind die Veränderungen der Bilanzkonten «Debitoren», «Warenlager» und «Kreditoren» zu berücksichtigen.

a) Einzahlungen von Kunden

Einzahlungen von Kunden = Warenertrag +/– Δ Debitoren

Warenertrag	472 000
+ Abnahme Debitoren	+ 20 000
Einzahlungen von Kunden	492 000

Eine Abnahme des Debitorenbestands führt dazu, dass zusätzlich zu den Transaktionen, die als Warenertrag erfasst wurden, auch noch weitere Einzahlungen von Kunden eingegangen sind, die den Fonds beeinflusst haben. Daher ist die Abnahme der Debitoren zu addieren.

Eine Erhöhung des Debitorenbestands bedeutet, dass nicht sämtliche Transaktionen, die als Warenertrag erfasst wurden auch zu einem Zahlungseingang geführt haben. Daher wäre eine Erhöhung der Debitoren zu subtrahieren.

b) Auszahlungen für Waren

Auszahlungen für Waren = Warenaufwand +/– Δ Warenlager +/– Δ Kreditoren

Warenaufwand	300 000
./. Abnahme Warenlager	- 5 000
Wareneinkauf	295 000
./. Zunahme Kreditoren	- 5 000
Auszahlungen für Waren	290 000

Die Abnahme des Warenlagers führt zu folgendem Buchungssatz: Warenaufwand/Warenlager. Der Warenaufwand der Erfolgsrechnung umfasst daher eine nicht liquiditätswirksame Warenlageränderung. Daher muss eine Abnahme des Warenlagers subtrahiert werden.

Eine Erhöhung des Warenlagers würde zu folgendem Buchungssatz führen: Warenlager/Warenaufwand. Der Warenaufwand der Erfolgsrechnung würde in diesem Fall einen tieferen Warenaufwand zeigen als effektiv Waren eingekauft wurden. Daher müsste für die Ermittlung der Auszahlungen für Waren eine Erhöhung des Warenlagers zum Warenaufwand addiert werden.

Die Erhöhung des Kreditorenbestands führt dazu, dass nicht sämtliche Transaktionen, die als Wareneinkauf erfasst wurden, auch zu einer Zahlung führten. Daher ist eine Erhöhung der Kreditoren zu subtrahieren.

Eine Abnahme des Kreditorenbestands würde bedeuten, dass zusätzlich zu den Transaktionen, die als Wareneinkauf erfasst wurden, noch weitere Zahlungen für Waren, die den Fonds beeinflusst haben, erfolgt wären. Daher wäre eine Abnahme der Kreditoren zu addieren.

15.8 Buchungstatsachen und Geldflussrechnung

- **Ausgangslage**

Vom Unternehmen AB sind folgende Geschäftsfälle bekannt. Das Unternehmen plant, eine Geldflussrechnung zu erstellen.

Buchungstatsachen

Nr.	Geschäftsfall	Betrag	Buchungssatz	Veränderung Fonds
1	Amortisation der Hypothekarschuld via Bankguthaben	60 000		
2	Verkauf einer Beteiligung über die Bank	50 000		
3	Umwandlung langfristiges Fremdkapital in Eigenkapital	25 000		
4	Warenverkäufe gegen Barzahlung	40 000		
5	Warenverkäufe gegen Rechnung	80 000		
6	Barverkauf einer gebrauchten Maschine zum Buchwert	20 000		
7	Lohnzahlungen über die Bank	30 000		
8	Abschreibungen auf Maschinen	15 000		
9	Wareneinkauf gegen Bankguthaben (Praktiker-Methode)	70 000		
10	Kauf eines Fahrzeugs gegen Barzahlung	20 000		
11	Überweisung vom Post- auf das Bankguthaben	5 000		
12	Einzahlungen von Kunden via Bankguthaben	75 000		
13	Einzahlung Bargeld bei der Bank	10 000		
14	Zunahme Warenlager	1 000		

- **Aufgabenstellung**

Untersuchen Sie bei den Geschäftsfällen, ob der Fonds «Flüssige Mittel» beeinflusst wird. Falls ja, kennzeichnen Sie in der Spalte «Veränderung Fonds», ob es sich um einen Zu- bzw. Abfluss (+/–) handelt. Erstellen Sie anschliessend anhand der fondswirksamen Geschäftsfälle die Geldflussrechnung.

Aufgabenblatt für die Geldflussrechnung

Geldzufluss aus Betriebstätigkeit

_____   _____

_____   _____

Geldabfluss aus Betriebstätigkeit

_____   _____

_____   _____

_____   _____

_____   ═══════

Cash Flow aus Betriebstätigkeit   _____

Geldabfluss aus Investitionen

_____   _____

_____   _____

Geldzufluss aus Devestitionen

_____   _____

_____   ═══════

Cash Flow aus Investitionstätigkeit   _____

Geldzufluss aus Finanzierungen

_____   _____

Geldabfluss aus Definanzierungen

_____   ═══════

Cash Flow aus Finanzierungstätigkeit   ═══════

Veränderungen «Flüssige Mittel»   ═══════

- **Lösungsvorschlag**

Die Buchungssätze sind zu erarbeiten und die Veränderungen des Fonds «Flüssige Mittel» zu beurteilen.

Übersicht zu den Veränderungen des Fonds

Nr.	Geschäftsfall	Betrag	Buchungssatz	Veränderung Fonds
1	Amortisation der Hypothekarschuld via Bankguthaben	60 000	Hypothekarschuld / Bankguthaben	-
2	Verkauf einer Beteiligung über die Bank	50 000	Bankguthaben / Beteiligungen	+
3	Umwandlung langfristiges Fremdkapital in Eigenkapital	25 000	Langfristiges Fremdkapital / Eigenkapital	0
4	Warenverkäufe gegen Barzahlung	40 000	Kasse / Warenertrag	+
5	Warenverkäufe gegen Rechnung	80 000	Debitoren / Warenertrag	0
6	Barverkauf einer gebrauchten Maschine zum Buchwert	20 000	Kasse / Maschinen	+
7	Lohnzahlungen über die Bank	30 000	Personalaufwand / Bankguthaben	-
8	Abschreibungen auf Maschinen	15 000	Abschreibungen / Maschinen	0
9	Wareneinkauf gegen Bankguthaben (Praktiker-Methode)	70 000	Warenaufwand / Bankguthaben	-
10	Kauf eines Fahrzeugs gegen Barzahlung	20 000	Fahrzeuge / Kasse	-
11	Überweisung vom Post- auf das Bankguthaben	5 000	Bankguthaben / Postguthaben	0
12	Einzahlungen von Kunden via Bankguthaben	75 000	Bankguthaben / Debitoren	+
13	Einzahlung Bargeld bei der Bank	10 000	Bankguthaben / Kasse	0
14	Zunahme Warenlager	1 000	Warenlager / Warenaufwand	0

Auf der Basis der gezeigten Buchungstatsachen lässt sich die Geldflussrechnung erstellen. Sie setzt sich aus dem Cash Flow aus Betriebstätigkeit, Investitionstätigkeit und Finanzierungstätigkeit zusammen. Aufgrund der vorhandenen Angaben lässt sich die Geldflussrechnung nur mittels direkter Methode herleiten.

Geldflussrechnung

Geldzufluss aus Betriebstätigkeit		
4) Einzahlungen von Barverkäufen	40 000	
12) Einzahlungen von Debitoren	75 000	
Geldabfluss aus Betriebstätigkeit		
7) Auszahlungen an Mitarbeitende	- 30 000	
9) Auszahlungen für Wareneinkäufe	- 70 000	
Cash Flow aus Betriebstätigkeit		**15 000**
Geldabfluss aus Investitionen		
10) Barkauf Fahrzeug	- 20 000	
Geldzufluss aus Devestitionen		
2) Einzahlungen durch den Verkauf Beteiligungen	50 000	
6) Verkauf Maschinen	20 000	
Cash Flow aus Investitionstätigkeit		**50 000**
Geldabfluss aus Definanzierungen		
1) Auszahlungen durch Amortisation Hypothek	- 60 000	
Cash Flow aus Finanzierungstätigkeit		**- 60 000**
Veränderungen «Flüssige Mittel»		**5 000**

15.9 Erstellen einer Geldflussrechnung

- **Ausgangslage**

Vom Unternehmen AC sind die Eröffnungs- und Schlussbilanz sowie die Erfolgsrechnung für die Berichtsperiode 20.1 bekannt.

Eröffnungs- und Schlussbilanz des Unternehmens AC

Aktiven		1.1.20.1		31.12.20.1	Passiven	1.1.20.1	31.12.20.1
Kasse			15		Bank-Kontokorrent	15	5
Postguthaben			20		Kreditoren	21	14
Debitoren	45		36		Vorauszahlungen Debitoren		30
./. Delkredere	- 1	44	- 2	34	Transitorische Passiven		2
Warenlager			25	5	**Kfr. Fremdkapital**	**36**	**51**
Transitorische Aktiven			10	8	Darlehensschuld	90	47
Umlaufvermögen			**114**	**118**	Rückstellungen		10
Mobilien	160		200		**Lfr. Fremdkapital**	**90**	**57**
./. WB Mobilien	- 20	140	- 40	160	Eigenkapital	178	190
Fahrzeuge			50	20	**Eigenkapital**	**178**	**190**
Anlagevermögen			**190**	**180**			
Total			304	298	Total	304	298

Erfolgsrechnung des Unternehmens AC

Aufwand		Erfolgsrechnung pro 20.1	Ertrag
Warenaufwand	270	Warenertrag	400
Personalaufwand	30	Zinsertrag	5
Abschreibungen	30		
Mietaufwand	18		
Debitorenverluste	5		
Rückstellungsaufwand	10		
Übriger Aufwand	30		
Gewinn	**12**		
Total	405	Total	405

Zusätzliche Informationen:

1) Die transitorischen Aktiven stammen aus der vorschüssigen Bezahlung der Miete. Die Miete wird jeweils am 30.6. für ein Jahr im Voraus bezahlt. Im Vorjahr betrug die Jahresmiete 20 000. Am 30.6.20.1 wurde die Jahresmiete auf 16 000 gesenkt.
2) Am 31.12.20.1 waren noch nicht alle Löhne für den Dezember bezahlt. Die noch nicht bezahlten Löhne von 2 000 wurden deshalb transitorisch abgegrenzt.
3) Die Konten «Kreditoren» und «Debitoren» werden lediglich zur Verbuchung von Rechnungen benutzt.

- **Aufgabenstellung**

a) Erstellen Sie den Liquiditätsnachweis für das aktuelle Geschäftsjahr für den Fonds «Netto-Flüssige Mittel».

b) Vervollständigen Sie die Hilfsblätter zur Geldflussrechnung mittels direkter Methode und erstellen Sie die Geldflussrechnung. Zeigen Sie die Herleitung des Cash Flows aus Betriebstätigkeit gemäss direkter Methode.

c) Vervollständigen Sie die Hilfsblätter zur Geldflussrechnung mittels indirekter Methode und erstellen Sie die Geldflussrechnung. Zeigen Sie die Herleitung des Cash Flows aus Betriebstätigkeit gemäss indirekter Methode.

Liquiditätsnachweis

Position	1.1.20.1	31.12.20.1	Veränderung
Kasse			
Postguthaben			
Bank-Kontokorrent			
Fonds «Netto-Flüssige Mittel»			

Hilfsblatt zur Geldflussrechnung mit direkter Ermittlung des Cash Flows

Konten	Aktiven 1.1.20.1	Passiven	Soll Veränderung Haben		Aktiven 31.12.20.1	Passiven
Debitoren	45				36	
./. Delkredere	- 1				- 2	
Warenlager	25				5	
Transitorische Aktiven	10				8	
Mobilien	160				200	
./. WB Mobilien	- 20				- 40	
Fahrzeuge	50				20	
Kreditoren		21				14
Vorauszahlungen Debitoren						30
Transitorische Passiven						2
Darlehensschuld		90				47
Rückstellungen						10
Eigenkapital		178				190
Netto-Flüssige Mittel						
Total	289	289			293	293

Erstellen einer Geldflussrechnung 281

Geldflussrechnung mit direkter Ermittlung des Cash Flows

Geldzufluss aus Betriebstätigkeit

_____   _____
_____   _____
_____   _____
_____   _____
_____

Geldabfluss aus Betriebstätigkeit

_____   _____
_____   _____
_____   _____
_____   _____
_____   _____
_____   _____
_____   _____

Cash Flow aus Betriebstätigkeit   _____

Geldabfluss aus Investitionen

_____   _____

Geldzufluss aus Devestitionen

_____   _____

Cash Flow aus Investitionstätigkeit   _____

Geldzufluss aus Finanzierungen

_____   _____

Geldabfluss aus Definanzierungen

_____   _____

Cash Flow aus Finanzierungstätigkeit   _____

Veränderungen «Netto-Flüssige Mittel»   _____

Hilfsblatt zur Geldflussrechnung mit indirekter Ermittlung des Cash Flows

Konten	Aktiven 1.1.20.1	Passiven	Soll Veränderung Haben	Aktiven 31.12.20.1	Passiven
Debitoren	45			36	
./. Delkredere	- 1			- 2	
Warenlager	25			5	
Transitorische Aktiven	10			8	
Mobilien	160			200	
./. WB Mobilien	- 20			- 40	
Fahrzeuge	50			20	
Kreditoren		21			14
Vorauszahlungen Debitoren					30
Transitorische Passiven					2
Darlehensschuld		90			47
Rückstellungen					10
Eigenkapital		178			190
Netto-Flüssige Mittel					
Total	289	289		293	293

Erstellen einer Geldflussrechnung

Geldflussrechnung mit indirekter Ermittlung des Cash Flows

Betriebsbereich

Cash Flow aus Betriebstätigkeit

Geldabfluss aus Investitionen

Geldzufluss aus Devestitionen

Cash Flow aus Investitionstätigkeit

Geldzufluss aus Finanzierungen

Geldabfluss aus Definanzierungen

Cash Flow aus Finanzierungstätigkeit

Veränderungen «Netto-Flüssige Mittel»

- **Lösungsvorschlag**

a) Der Liquiditätsnachweis zeigt die Veränderungen der einzelnen Fondskonten.

Liquiditätsnachweis für das Unternehmen AC

Position	1.1.20.1	31.12.20.1	Veränderung
Kasse	15	39	+ 24
Postguthaben	20	32	+ 12
Bank-Kontokorrent	- 15	- 5	+ 10
Fonds «Netto-Flüssige Mittel»	20	66	+ 46

b) Die Basisdaten werden auf Basis des Hilfsblatts erarbeitet.

1. Eintrag der gesamten Erfolgsrechnung im «Stamm» der Doppelkolonne «Veränderungen» und zwar den Ertrag ins «Soll» und den Aufwand sowie den Gewinn ins «Haben».

2. Eintrag aller Veränderungen in den Gegenfondskonten, die während der Periode zu keiner «Geldbewegung» geführt haben, d.h. bei denen kein Konto des Fonds tangiert wurde. Die Beträge sind sowohl in der Zeile des jeweiligen Kontos als auch im «Stamm» des Formulars festzuhalten.

3. Analyse aller Positionen des Umlaufvermögens und des kurzfristigen Fremdkapitals (ohne Fondskonten) und Eintrag der Veränderungen in der Zeile des Kontos und im «Stamm» des Arbeitsblatts. Die Konten des Umlaufvermögens und des kurzfristigen Fremdkapitals sind nach diesen Eintragungen vollständig erklärt, d.h. es existieren keine Differenzen mehr zwischen Eröffnungs- und Schlussbilanz.

4. Analyse aller Positionen des Anlagevermögens und Eintrag der Veränderungen in das jeweilige Konto und in den «Stamm» des Formulars. Auch diese Konten sind nach dem Eintrag der Beträge vollständig erklärt.

5. Analyse aller Positionen des Fremd- und Eigenkapitals und Eintrag der Veränderungen in das jeweilige Konto und in den «Stamm» des Arbeitsblatts. Diese Konten sind somit ebenfalls ausgeglichen.

Hilfsblatt zur Geldflussrechnung mit direkter Ermittlung des Cash Flows

Konten	Aktiven 1.1.20.1	Passiven	Soll	Veränderung	Haben	Aktiven 31.12.20.1	Passiven
Debitoren	45			2)/3)	4/5	36	
./. Delkredere	-1			2)	1	-2	
Warenlager	25			3)	20	5	
Transitorische Aktiven	10			2)	2	8	
Mobilien	160		4) 40			200	
./. WB Mobilien	-20			2)	20	-40	
Fahrzeuge	50			2)/4)	10/20	20	
Kreditoren		21	3) 7				14
Vorauszahlungen Debitoren				3)	30		30
Transitorische Passiven				2)	2		2
Darlehensschuld		90	5) 43				47
Rückstellungen				2)	10		10
Eigenkapital		178		2)	12		190
Netto-Flüssige Mittel	**20**			**46**		**66**	
Total	289	289	136		136	293	293

Warenertrag			1)	400			
Zinsertrag			1)	5			
					1)	270	Warenaufwand
Zunahme transitorische Passiven			2)	2	1)	30	Personalaufwand
Abschreibungen Mobilien			2)	20	1)	30	Abschreibungen
Abschreibungen Fahrzeuge			2)	10			
Abnahme transitorische Aktiven			2)	2	1)	18	Mietaufwand
Erhöhung Delkredere			2)	1	1)	5	Debitorenverluste
Effektive Debitorenverluste			2)	4			
Bildung Rückstellungen			2)	10	1)	10	Rückstellungsaufwand
					1)	30	Übriger Aufwand
Gewinn			2)	12	1)	12	Gewinn
Abnahme Debitoren			3)	5			
Vorauszahlungen Debitoren			3)	30			
Abnahme Warenlager			3)	20			
					3)	7	Abnahme Kreditoren
					4)	40	Kauf Mobilien
Verkauf Fahrzeuge			4)	20			
					5)	43	Rückzahlung Darlehen
				541		495	
						46	**Geldzufluss**
				541		541	

Geldflussrechnung des Unternehmens AC mit direktem Cash Flow

Geldzufluss aus Betriebstätigkeit					
Einzahlungen von Kunden					
Warenertrag	1)	400			
Abnahme der Debitoren	3)	5			
Vorauszahlungen Debitoren	3)	30	435		
Einzahlungen für Zinsen			1)	5	440
Geldabfluss aus Betriebstätigkeit					
Auszahlungen an Lieferanten					
Warenaufwand	1)	- 270			
Abnahme Warenlager	3)	20			
Abnahme Kreditoren	3)	- 7	- 257		
Auszahlungen an Mitarbeitende	1)	- 30			
Zunahme transitorische Passiven	2)	2	- 28		
Auszahlungen für Miete	1)	- 18			
Abnahme transitorische Aktiven	2)	2	- 16		
Auszahlungen übriger Aufwand			1)	- 30	- 331
Cash Flow aus Betriebstätigkeit					**109**
Geldabfluss aus Investitionen					
Kauf Mobilien			4)	- 40	
Geldzufluss aus Devestitionen					
Verkauf Fahrzeuge			4)	20	
Cash Flow aus Investitionstätigkeit					**- 20**
Geldabfluss aus Definanzierungen					
Rückzahlung Darlehen			5)	- 43	
Cash Flow aus Finanzierungstätigkeit					**- 43**
Abnahme «Netto-Flüssige Mittel»					**46**

Für das Verständnis der Inhalte der Geldflussrechnung werden einzelne ausgewählte besondere Positionen kurz kommentiert.

- *Einzahlungen von Kunden und Auszahlungen an Lieferanten:* Gleiches Vorgehen wie im Beispiel «Oechsle AG» (vgl. Kapital 9 Geldflussrechnung).
- *Transitorische Aktiven:* Am 30.6. der Berichtsperiode wurde die Miete ab 1.7.20.1 bis 30.6.20.2 bezahlt und verbucht. Im Konto «Mietaufwand» waren von der transitorischen Rückbuchung per 1.1.20.1 bereits 10 000 für die erste Hälfte des Jahres enthalten (die Miete betrug vorher 20 000 pro Jahr). Per 31.12.20.1 erfolgte die transitorische Abgrenzung von 8 000, die für das nächste Jahr vorausbezahlt worden ist. Damit zeigt das Konto «Mietaufwand» in der Erfolgsrechnung einen Betrag von 18 000. Liquiditätswirksam waren aber nur 16 000. Die Erfassung der Abnahme der transitorischen Aktiven von 2 000 korrigiert die 18 000 auf den geldrelevanten Betrag.
- *Transitorische Passiven:* In der Erfolgsrechnung werden alle angefallenen Lohnaufwendungen (30 000) unabhängig davon, ob sie bezahlt worden sind, erfasst. Davon entstanden 2 000 durch die per 31.12.20.1 erfolgte Bildung eines transitorischen Passivums für noch nicht bezahlte Löhne. Für den Geldfluss sind lediglich die bezahlten Löhne zu erfassen. Die Berücksichtigung der Zunahme der transitorischen Passiven korrigiert den Personalaufwand gemäss Erfolgsrechnung von 30 000 um 2 000 auf die geldwirksamen Personalaufwendungen von 28 000.
- *Delkredere:* Das Konto «Delkredere» ist ein Wertberichtigungskonto der Debitoren. Die Veränderung dieser Konten hat, wie bei den Wertberichtigungskonten für andere Aktiven (Mobilien, Immobilien), keinen Einfluss auf die Geldströme. Während der Berichtsperiode wurde der Betrag des Delkrederes von 1 000 auf 2 000 erhöht und im Konto «Debitorenverluste» entsprechend verbucht. Das Konto «Debitorenverluste» weist gemäss Erfolgsrechnung einen Saldo von 5 000 aus, wobei während der Berichtsperiode effektive Debitorenverluste von 4 000 angefallen sind. Die dementsprechende Reduktion der Debitoren ist als geldneutral zu erfassen. Die verbleibende Änderung im Schlussbestand der Debitoren (in der Berichtsperiode eine Abnahme von 5 000) ist ein fondsrelevanter Tatbestand und beeinflusst die Geldflussrechnung.

c) Die Basisdaten werden auf der Basis des Hilfsblatts erarbeitet (für die einzelnen Schritte siehe S. 284). Bei der Herleitung nach der indirekten Methode wird der erste Schritt mit den Eintragungen unter Index 1 weggelassen.

Hilfsblatt zur Geldflussrechnung mit indirekter Ermittlung des Cash Flows

Konten	Aktiven 1.1.20.1	Passiven	Soll	Veränderung	Haben	Aktiven 31.12.20.1	Passiven
Debitoren	45			2)/3)	4/5	36	
./. Delkredere	-1			2)	1	-2	
Warenlager	25			3)	20	5	
Transitorische Aktiven	10			2)	2	8	
Mobilien	160		4)		40	200	
./. WB Mobilien	-20			2)	20	-40	
Fahrzeuge	50			2)/4)	10/20	20	
Kreditoren		21	3)		7		14
Vorauszahlungen Debitoren				3)	30		30
Transitorische Passiven				2)	2		2
Darlehensschuld		90	5)		43		47
Rückstellungen				2)	10		10
Eigenkapital		178		2)	12		190
Netto-Flüssige Mittel	**20**				**46**	**66**	
Total	289	289		136	136	293	293

Zunahme transitorische Passiven	2)	2		
Abschreibungen Mobilien	2)	20		
Abschreibungen Fahrzeuge	2)	10		
Abnahme transitorische Aktiven	2)	2		
Erhöhung Delkredere	2)	1		
Effektive Debitorenverluste	2)	4		
Bildung Rückstellungen	2)	10		
Gewinn	2)	12		
Abnahme Debitoren	3)	5		
Vorauszahlungen Debitoren	3)	30		
Abnahme Warenlager	3)	20		
			3) 7	Abnahme Kreditoren
			4) 40	Kauf Mobilien
Verkauf Fahrzeuge	4)	20		
			5) 43	Rückzahlung Darlehen
		136	90	
			46	**Geldzufluss**
		136	136	

Erstellen einer Geldflussrechnung

Geldflussrechnung des Unternehmens AC mit indirektem Cash Flow

Betriebsbereich			
Gewinn	2)	12	
Abschreibungen Mobilien	2)	20	
Abschreibungen Fahrzeuge	2)	10	
Debitorenverluste	2)	5	
Rückstellungsaufwand	2)	10	
Abnahme transitorische Aktiven	2)	2	
Zunahme transitorische Passiven	2)	2	
Abnahme Debitoren	3)	5	
Vorauszahlungen Debitoren	3)	30	
Abnahme Warenlager	3)	20	
Abnahme Kreditoren	3)	- 7	
Cash Flow aus Betriebstätigkeit			**109**
Geldabfluss aus Investitionen			
Kauf Mobilien	4)	- 40	
Geldzufluss aus Devestitionen			
Verkauf Fahrzeuge	4)	20	
Cash Flow aus Investitionstätigkeit			**- 20**
Geldabfluss aus Definanzierungen			
Rückzahlung Darlehen	5)	- 43	
Cash Flow aus Finanzierungstätigkeit			**- 43**
Zunahme «Netto-Flüssige Mittel»			**46**

15.10 Analyse eines Abschlusses

- **Ausgangslage**

Von einem Handelsunternehmen AD sind die Schlussbilanzen per 31.12.20.0 und 31.12.20.1 sowie die Erfolgsrechnung 20.1 bekannt. Zusätzlich stehen folgende Informationen zur Verfügung:

1) Beim Verkauf an Kunden werden 40% bar bezahlt und 60% gegen Rechnung. Der Einkauf erfolgt in 90% der Fälle gegen Rechnung.
2) Vom Gewinn werden jeweils 40% an die Eigentümer ausgeschüttet.
3) Die liquiditätswirksamen Aufwendungen betrugen 8 742 000, der Cash Flow aus Betriebstätigkeit 793 000.
4) Der EBITDA belief sich auf 510 000 und der EBIT auf 420 000.
5) Die Garantierückstellungen sind kurzfristige Verpflichtungen.
6) Sowohl die Fahrzeuge als auch die Geschäftsliegenschaft werden betrieblich genutzt.

Schlussbilanz des Unternehmens AD (in Tausend)

Aktiven	31.12.20.0		31.12.20.1		Passiven	31.12.20.0	31.12.20.1
Flüssige Mittel		270		45	Kreditoren	700	1 200
Debitoren		344		409	Garantierückstellungen	300	300
Warenlager		750		1 002	**Kfr. Fremdkapital**	**1 000**	**1 500**
Umlaufvermögen		**1 364**		**1 456**	Darlehensschuld	150	170
Mobilien		300		280	Hypothekarschuld	2 000	2 100
Fahrzeuge	450		600		**Lfr. Fremdkapital**	**2 150**	**2 270**
./. WB Fahrzeuge	- 20	430	- 40	560			
Immobilien	3 900		4 500		Aktienkapital	1 000	1 000
./. WB Immobilien	- 100	3 800	- 150	4 350	Reserven	1 744	1 876
Anlagevermögen		**4 530**		**5 190**	**Eigenkapital**	**2 744**	**2 876**
Total		5 894		6 646	Total	5 894	6 646

Erfolgsrechnung des Unternehmens AD (in Tausend)

Aufwand	Erfolgsrechnung pro 20.1		Ertrag
Warenaufwand	7 600	Warenertrag	9 400
Personalaufwand	790	Finanzertrag	200
Abschreibungen	90		
Mietaufwand	350		
Finanzaufwand	200		
Übriger Aufwand	350		
Gewinn	**220**		
Total	9 600	Total	9 600

- **Aufgabenstellung**

Ermitteln Sie die folgenden Kennzahlen zur Analyse der Rentabilität, Liquidität, Vermögensstruktur und des Finanzierungsrisikos bezogen auf das Jahr 20.1 bzw. per 31.12.20.1. Geben Sie einen stichwortartigen Kommentar zu den Ergebnissen. Die Ergebnisse sind auf eine Stelle nach dem Komma zu runden.

Analyse der Rentabilität

Kennzahlen	Ergebnisse	Kommentar
Renditekennzahlen:		
- Eigenkapitalrendite (ROE)	_____	
- Gesamtkapitalrendite (ROA) auf Basis EBI	_____	
Margenkennzahlen:		
- Bruttomarge	_____	
- Bruttogewinnzuschlag	_____	
- EBITDA-Marge	_____	
- EBI-Marge	_____	
- Nettomarge/Umsatzrendite (ROS)	_____	

Analyse der Liquidität

Kennzahlen	Ergebnisse	Kommentar
Dispositive Liquidität:		
- Cash Ratio (Liquiditätsgrad I)	_____	
- Quick Ratio (Liquiditätsgrad II)	_____	
- Current Ratio (Liquiditätsgrad III)	_____	
Strukturelle Liquidität:		
- Cash Flow Ratio	_____	
- Cash Burn Rate	_____	

Analyse des Finanzierungsrisikos

Kennzahlen	Ergebnisse	Kommentar
Eigen- und Selbstfinanzierungsgrad:		
- Eigenfinanzierungsgrad	_____	
- Selbstfinanzierungsgrad	_____	
Verschuldungskennzahlen:		
- Verschuldungsgrad	_____	
- Finanzierungsverhältnis	_____	
- Verschuldungsfaktor	_____	

Analyse eines Abschlusses 293

Analyse der Vermögensstruktur

Kennzahlen	Ergebnisse	Kommentar
Intensitätsgrade/Investitionsverhältnis:		
- Intensität des Umlaufvermögens	_____	
- Intensität des Anlagevermögens	_____	
- Investitionsverhältnis	_____	
Umschlagskennzahlen:		
- Kapitalumschlag	_____	
- Debitorenumschlag	_____	
- Debitorenfrist	_____	
- Kreditorenumschlag	_____	
- Kreditorenfrist	_____	
- Warenlagerumschlag	_____	
- Warenlagerdauer	_____	
Deckungsgrade:		
- Anlagedeckungsgrad I	_____	
- Anlagedeckungsgrad II	_____	

- **Lösungsvorschlag**

Für eine aussagekräftige Kennzahlenanalyse gelten folgende Kriterien:
- Beachtung der Branche
- Beachtung spezifisches Unternehmen
- Keine isolierte Betrachtung einzelner Kennzahlen
- Kurzfristig Fokus auf Liquidität, langfristig auf Rentabilität
- Kombinierte Betrachtung von Kennzahlen sämtlicher Analyseebenen.

Bei einem Vergleich von Unternehmen verschiedener Branchen sind die Besonderheiten der einzelnen Branchen zu berücksichtigen. Eine Analyse mit unbereinigten Daten ist problematisch, weil die effektiven ökonomischen Verhältnisse nicht erkannt werden können. Bei einer Analyse über mehrere Perioden des gleichen Unternehmens sind allfällige Veränderungen in der Organisationsstruktur und in einzelnen Unternehmensbereichen zu berücksichtigen.

Kennzahlen bilden für das Management eine hilfreiche Grundlage für Entscheidungen betreffend Strategie und operative Tätigkeiten. Für externe Adressaten können Kennzahlen eine Basis für allfällige Investitionsentscheide darstellen. Besonders aussagekräftig sind Analysen z.B. über 3 - 5 Jahre (Zeitvergleiche).

Im folgenden Beispiel werden aus didaktischen Gründen eine grosse Anzahl Kennzahlen gezeigt, die zum Teil gleiche oder ähnliche Sachverhalte offen legen. In der Praxis ist ein aktiver und bewusster Entscheid zu fällen, welche Kennzahlen für aussagekräftige Informationen benötigt werden (kein Maximum an Ratios, sondern ein Optimum). Neben den jeweiligen Werten für das Unternehmen AD werden auch Richtwerte für die einzelnen Ratios angefügt.

Analyse eines Abschlusses 295

Analyse der Rentabilität des Unternehmens AD

Kennzahlen	Ergebnisse	Kommentar
Renditekennzahlen:		
- Eigenkapitalrendite (ROE): $\frac{\text{Reingewinn}}{\varnothing \text{ Eigenkapital}} * 100\%$	7.8% > 8%	Der ROE misst die Verzinsung der von den Eigentümern zur Verfügung gestellten Mittel und ist eine wichtige Grösse zur Beurteilung des effizienten Mitteleinsatzes aus Inhabersicht. Die Höhe des ROE ist von der Branche abhängig. Eine Eigenkapitalrendite von 7.8% ist als relativ tief zu bewerten. Grundsätzlich sollte der ROE höher sein als der ROA sein.
- Gesamtkapitalrendite (ROA) auf Basis EBI $\frac{\text{Reingewinn + Zinsen}}{\varnothing \text{ Gesamtkapital}} * 100\%$	6.7% > 6%	Der ROA ist die zentrale finanzwirtschaftliche Zielgrösse und misst die Performance des Unternehmens, losgelöst von der gewählten Finanzierungsform. Die Höhe des optimalen ROA hängt von der betrachteten Branche ab. Als Richtwert lässt sich die Summe aus dem Zinssatz für ein risikoloses Wertpapier, eine Entschädigung für die Kapitalbindung und einen Risikozuschlag verwenden. Die gezeigte Gesamtkapitalrendite ist ein eher tiefer Wert.
Margenkennzahlen:		
- Bruttomarge $\frac{\text{Bruttogewinn}}{\text{Nettoerlös}} * 100\%$	19.1% 30 - 40%	Die Bruttomarge zeigt den Zusammenhang zwischen erwirtschaftetem Erfolg und dem wichtigsten Gewinntreiber ohne durch allfällige Investitionen, Verwaltungskosten usw. beeinflusst zu werden. Im Detailhandel sind Werte von 30 - 40% ideal. Im Food oder Nonfood-Bereich von bis 20%.
- Bruttogewinnzuschlag $\frac{\text{Bruttogewinn}}{\text{Warenaufwand}} * 100\%$	23.7% 45 - 65%	Der Bruttogewinnzuschlag ist eine wichtige Grösse für die Preiskalkulation des Unternehmens und zeigt den Bruttogewinn im Verhältnis zum Warenaufwand. Die Höhe des Bruttogewinnzuschlags ist von der Branche abhängig.
- EBITDA-Marge $\frac{\text{Reingewinn vor Zinsen, Steuern, Abschreibungen und Amortisationen}}{\text{Nettoerlös}} * 100\%$	5.4%	Die EBITDA-Marge stellt eine weitere Grösse von Margenkennzahlen dar. Sie zeigt ein von willkürlichen Abschreibungen auf Sachanlagen und Amortisationen auf immateriellen Anlagen unverzerrtes Bild.
- EBI-Marge $\frac{\text{Reingewinn + Zinsen}}{\text{Nettoerlös}} * 100\%$	4.5%	Die EBI-Marge kann in Ergänzung zu den übrigen Margenkennzahlen ermittelt werden.
- Nettomarge/Umsatzrendite (ROS) $\frac{\text{Reingewinn}}{\text{Nettoerlös}} * 100\%$	2.3% > 4%	Der ROS zeigt den pro Umsatzwerteinheit verbleibenden Reingewinn. Auch hier zeigt sich eine hohe Abhängigkeit zur betrachteten Branche. Anlageintensive Unternehmen sollten eher einen höheren ROS aufweisen. Die Nettomarge des Unternehmens AD ist sehr tief.

Analyse der Liquidität des Unternehmens AD

Kennzahlen	Ergebnisse	Kommentar
Dispositive Liquidität:		
- Cash Ratio (Liquiditätsgrad I) $$\frac{\text{flüssige Mittel}}{\text{kurzfristige Verbindlichkeiten}} * 100\%$$	3% 10 - 30%	Zeigt, zu wieviel % die kurzfristigen Verbindlichkeiten mit flüssigen Mitteln gedeckt sind. Normalerweise beträgt die Cash Ratio zwischen 10 - 30%, da nicht sämtliche kurzfristigen Verbindlichkeiten zeitgleich fällig werden. Eine Cash Ratio von 3% ist kritisch.
- Quick Ratio (Liquiditätsgrad II) $$\frac{\text{flüssige Mittel + kurzfristige Forderungen}}{\text{kurzfristige Verbindlichkeiten}} * 100\%$$	30.3% ~100%	Diese Kennzahl stellt die wichtigste Grösse für die Beurteilung der dispositiven Liquidität dar. Ihr liegt folgende Annahme zu Grunde: Bis die Verbindlichkeiten fällig werden, haben auch die Kunden die Forderungen zu begleichen. Idealerweise liegt die Quick Ratio bei 100%. Das Beispiel zeigt eine kritische Quick Ratio.
- Current Ratio (Liquiditätsgrad III) $$\frac{\text{Umlaufvermögen}}{\text{kurzfristige Verbindlichkeiten}} * 100\%$$	97.1% ~200%	Die Current Ratio stellt das Umlaufvermögen den kurzfristigen Verbindlichkeiten gegenüber. Normalerweise beträgt die Current Ratio um 200%. Die Norm ist so hoch angesetzt, weil die Veräusserung der Vorräte mit Risiken verbunden ist. Eine Current Ratio von unter 100% kann eine Gefährdung des Unternehmens darstellen.
Strukturelle Liquidität:		
- Cash Flow Ratio $$\frac{\text{Cash Flow aus Betriebstätigkeit}}{\text{kurzfristige Verbindlichkeiten}} * 100\%$$	52.9% > 150%	Zeigt die Fähigkeit des Unternehmens, aus dem aus Betriebstätigkeit erwirtschafteten Cash Flow die kurzfristigen Verbindlichkeiten zu decken. Für den Handel gilt ein Richtwert von rund 150%. Ein Anteil von 52.9% ist kritisch.
- Cash Burn Rate $$\frac{\text{flüssige Mittel + kurzfristige Forderungen}}{\text{liquiditätswirksame Aufwendungen}} * 365 \text{ Tage}$$	18 Tage > 60 Tage	Die Cash Burn Rate zeigt, wie lange die vorhandenen flüssigen und liquiditätsnahen Mittel ausreichen, um die laufenden liquiditätswirksamen Aufwendungen zu decken. 18 Tage sind knapp.

Analyse eines Abschlusses

Analyse des Finanzierungsrisikos des Unternehmens AD

Kennzahlen	Ergebnisse	Kommentar
Eigen- und Selbstfinanzierungsgrad:		
- Eigenfinanzierungsgrad $\dfrac{\text{Eigenkapital}}{\text{Gesamtkapital}} * 100\%$	43.3% > 40%	Ein hoher Eigenfinanzierungsgrad ist ein Mass für die Unabhängigkeit und die Bonität des Unternehmens. Gleichzeitig belastet ein hoher Eigenkapitalanteil aber auch die Rentabilität, da es sich bei Eigenkapital um eine teure Finanzierungsquelle handelt. Grundsätzlich gilt je höher das Risiko eines Unternehmens, um so höher sollte der Eigenfinanzierungsgrad sein. Anlageintensive Unternehmen weisen in der Regel einen höheren Eigenfinanzierungsgrad auf als Handelsunternehmen. Der Eigenfinanzierungsgrad des Unternehmens liegt in einer normalen Bandbreite.
- Selbstfinanzierungsgrad $\dfrac{\text{einbehaltene Gewinne}}{\text{Eigenkapital}} * 100\%$	65.2%	Der Selbstfinanzierungsgrad zeigt die Fähigkeit des Unternehmens mit den nach Ausschüttung einer allfälligen Dividende einbehaltenen Gewinnen, das betriebliche Wachstum des Unternehmens aus eigener Kraft voranzutreiben. Der Wert hängt auch vom Alter des Unternehmens ab.
Verschuldungskennzahlen:		
- Verschuldungsgrad $\dfrac{\text{Fremdkapital}}{\text{Gesamtkapital}} * 100\%$	56.7% < 60%	Der Verschuldungsgrad bildet die ergänzende Grösse zum Eigenfinanzierungsgrad und zeigt, in welchem Umfang sich das Unternehmen über Dritte finanziert. Ein hoher Verschuldungsfaktor erhöht das Konkursrisiko und kann zu einem Kapitalbeschaffungsrisiko führen. Die Höhe des Verschuldungsgrads stellt eine strategische Entscheidung des Managements dar und ist ein Indikator für die Risikobereitschaft des Unternehmens.
- Finanzierungsverhältnis $\dfrac{\text{Fremdkapital}}{\text{Eigenkapital}} * 100\%$	131.1%	Das Finanzierungsverhältnis zeigt das Fremdkapital in % des Eigenkapitals. Je höher das Finanzierungsverhältnis, um so höher der Anteil der Finanzierung durch Dritte. Idealerweise liegt das Finanzierungsverhältnis zwischen 50% und 150%.
- Verschuldungsfaktor $\dfrac{\text{Fremdkapital} - \text{flüssige Mittel} - \text{Debitoren}}{\text{Cash Flow aus Betriebstätigkeit}}$	4.2 3 - 5	Der Verschuldungsfaktor ist ein Massstab für die Fähigkeit des Unternehmens, die Nettoverbindlichkeiten aus dem Cash Flow aus Betriebstätigkeit zu begleichen und zeigt die Anzahl Jahre, die ein Unternehmen brauchen würde, um die Netto-Verbindlichkeiten zu tilgen. Je tiefer der Faktor, um so besser. Der gezeigte Wert liegt an der oberen Grenze.

Analyse der Vermögensstruktur des Unternehmens AD

Kennzahlen	Ergebnisse	Kommentar
Intensitätsgrade/Investitionsverhältnis:		
- Intensität des Umlaufvermögens $$\frac{\text{Umlaufvermögen}}{\text{Gesamtkapital}} * 100\%$$	21.9% 40 - 50%	Die stark branchenabhängige Kennzahl zeigt den Anteil des Umlaufvermögens am Gesamtvermögen. Ein hoher Anteil erhöht den Druck zu einer effizienten Warenlager- und Debitorenbewirtschaftung. Handelsunternehmen weisen eine höhere Intensität des Umlaufvermögens auf als Industrieunternehmen (ca. 60% - 70%). Der gezeigte Wert ist tief.
- Intensität des Anlagevermögens $$\frac{\text{Anlagevermögen}}{\text{Gesamtkapital}} * 100\%$$	78.1% 50 - 60%	Zeigt den Anteil des Anlagevermögens am Gesamtvermögen. Je höher der Anteil des langfristig gebundenen Vermögens, umso anfälliger reagiert das Unternehmen auf allfällige Konjunkturschwankungen und desto länger ist die Amortisationsdauer der getätigten Investitionen. Bei anlageintensiven Unternehmen ist die Intensität des Anlagevermögens höher als bei Handelsbetrieben. Der gezeigte Wert ist hoch.
- Investitionsverhältnis $$\frac{\text{Umlaufvermögen}}{\text{Anlagevermögen}} * 100\%$$	28.1%	Das Investitionsverhältnis zeigt das Zusammenspiel zwischen Umlaufvermögen und Anlagevermögen. Die Höhe des Investitionsverhältnisses hängt von der Branche ab.
Umschlagskennzahlen:		
- Kapitalumschlag $$\frac{\text{Nettoerlös}}{\varnothing \text{ Gesamtkapital}}$$	1.5x 2 - 3x	Enthält Informationen, wie oft sich das Gesamtvermögen im Nettoerlös niederschlägt. Der Kapitalumschlag ist zusammen mit der Umsatzrentabilität eine wichtige Grösse, um den Return on Investment (ROI) zu bestimmen. Eine tiefe Umsatzrentabilität kann mit einer Erhöhung des Kapitalumschlags aufgefangen werden. Die Höhe ist bei Industrieunternehmen eher tiefer (1 - 1.5) und bei Handelsunternehmen tendenziell höher (2 - 3). Bei Handelsunternehmen und bei Massengütern ist eine hohe Kapitalnutzung erforderlich, weil tiefere Margen erzielt werden. Tiefere Werte können ein Indiz für eine ineffiziente Bewirtschaftung des Kapitals sein. Der gezeigte Wert ist tief.
- Debitorenumschlag $$\frac{\text{Umsatz gegen Rechnung}}{\varnothing \text{ Debitorenbestand}}$$	15x > 10x	Gibt Auskunft über die Bewirtschaftung der Debitorenbestände. Je tiefer der Wert, um so grösser ist das Liquiditätsrisiko. Ein Wert unter 3 ist sehr kritisch. Der gezeigte Wert ist sehr gut.
- Debitorenfrist $$\frac{365 \text{ Tage}}{\text{Debitorenumschlag}}$$	24 Tage < 40 Tage	Zeigt, wie lange es im Durchschnitt dauert, bis die Kunden die Rechnung begleichen. Ist ein wichtiges Indiz für die Zahlungskonditionen und -moral der Kunden. Der Wert für das Unternehmen ist sehr gut.

Analyse eines Abschlusses

- Kreditorenumschlag $$\frac{\text{Einkauf gegen Rechnung}}{\varnothing \text{ Kreditorenbestand}}$$	7.4x > 10x	Gibt Auskunft über das Zahlungsverhalten des Unternehmens und das Einhalten von allfälligen Zahlungszielen. Auch hier gilt, je tiefer der Kreditorenumschlag, um so länger dauert es, bis eine Rechnung bezahlt wird (der Wareneinkauf resultiert aus Warenaufwand 7 600 + Warenlagerzunahme 252 = 7 852; davon 90% gegen Rechnung). Der gezeigte Wert ist nicht optimal.
- Kreditorenfrist $$\frac{365 \text{ Tage}}{\text{Kreditorenumschlag}}$$	49 Tage 30 Tage	Zeigt, wie lange es im Durchschnitt dauert, bis das Unternehmen die Verbindlichkeiten begleicht. Ist ein wichtiges Indiz für die gewährten Zahlungskonditionen und -moral des Unternehmens. In der Regel ist die Kreditorenfrist höher als die Debitorenfrist. Der gezeigte Wert liegt relativ hoch und ist ein mögliches Indiz, dass kein optimales Cash-Management vorliegt.
- Warenlagerumschlag $$\frac{\text{Warenaufwand}}{\varnothing \text{ Warenlagerbestand}}$$	8.7x	Der Warenlagerumschlag gibt an, wie oft die Halb- und Fertigfabrikate bzw. die Handelswaren pro Periode umgesetzt werden. Die gewählte Form der Warenlagerverbuchung (FIFO, LIFO) hat einen Einfluss auf das Ergebnis. Eine effiziente Bewirtschaftung des Warenlagers ist sehr wichtig, weil die damit verbundene Kapitalbindung die Liquidität belastet. Der Warenlagerumschlag ist branchenabhängig.
- Warenlagerdauer $$\frac{365 \text{ Tage}}{\text{Warenlagerumschlag}}$$	41 Tage	Gibt an, wie lange ein im Warenlager gehaltenes Produkt durchschnittlich im Warenlager bleibt, bis es verkauft wird. Die Warenlagerdauer ist massgeblich von der Art der Ware geprägt. Bei schlecht lagerbarer oder verderblicher Ware ist eine kurze Warenlagerdauer die logische Konsequenz.
Deckungsgrade:		
- Anlagedeckungsgrad I $$\frac{\text{Eigenkapital}}{\text{Anlagevermögen}} * 100\%$$	55.4% > 80%	Beurteilt die langfristige Art der Finanzierung des Anlagevermögens. Beim Anlagedeckungsgrad I liegt der Fokus auf der Risikokongruenz, d.h. Finanzierung des Anlagevermögens mit risikotragendem Kapital. Der gezeigte Wert ist relativ tief.
- Anlagedeckungsgrad II $$\frac{\text{Eigenkapital + lfr. Fremdkapital}}{\text{Anlagevermögen}} * 100\%$$	99.2% > 100%	Basierend auf der goldenen Bilanzregel, muss langfristig gebundenes Vermögen mit langfristig zur Verfügung gestelltem Kapital finanziert werden. Der Anlagedeckungsgrad II ist eine wichtige Kennzahl zur Analyse der Fristenkongruenz. Ein Anlagedeckungsgrad II unter 100% ist kritisch, weil das Anlagevermögen mittels kurzfristiger Schulden finanziert wird. Der gezeigte Wert ist in Ordnung.

Abschliessend ist ein Gesamtkommentar erforderlich. Er könnte wie folgt lauten:

- Die Eigenkapital- und die Gesamtkapitalrendite liegen an der unteren Grenze. Auch die Brutto- und die Nettomarge sind als knapp zu beurteilen.
- Sowohl die Kennzahlen zur dispositiven als auch zur strukturellen Liquidität zeigen eine angespannte Situation.
- Das Unternehmen ist ordentlich finanziert (Anteil Eigenkapital zu Fremdkapital), der Verschuldungsfaktor liegt an der oberen Grenze.

- Das Unternehmen arbeitet mit einem hohen Anteil an Anlagevermögen (hohe Kapitalbindung). Der Kapitalumschlag ist knapp, die Zahlungsbereitschaft der Kunden gut und das Cash-Management eher schwach. Der Anlagedeckungsgrad I ist knapp, der Anlagedeckungsgrad II in Ordnung.

Konklusion:

- Wenig überzeugende Renditen, knappe Margen, enge Liquiditätsverhältnisse, ordentliche Finanzierung.
- Sinnvoll wäre eine Überprüfung der strategischen Position des Unternehmens inklusive der zukünftigen Entwicklung (Chancen und Risiken aus dem Umfeld, Stärken und Schwächen des eigenen Unternehmens).

15.11 Bewertungsvorschriften für Aktiengesellschaften

- **Ausgangslage**

Von der Aktiengesellschaft AE sind per 31.12.20.1 folgende Angaben zu den Bilanzkonten bekannt:

1) Aktienkapital	Nominalwert		10 000 000
	Einbezahlt		8 000 000
2) Immobilien	Baukosten vor 2 Jahren		5 800 000
	Marktwert am Bilanzstichtag		6 500 000
3) Bank-Kontokorrent	Im Dezember wurde mit der Hausbank ein Kreditrahmen über 100 000 fixiert. Bis heute wurde davon nichts beansprucht		
4) Debitoren	Wert gemäss Rechnungen		1 420 000
5) Fertigfabrikatelager	Herstellungskosten		1 250 000
	Selbstkosten		1 320 000
	Verkaufswert		1 400 000
6) Rückstellungen	Geschätzte Steuerschuld für 20.2		90 000
7) Handelswarenlager			
Typ A	Einkaufspreis		40 000
	Bezugskosten		5 000
	Marktpreis per 31.12.20.1		47 000
Typ B	Einkaufspreis		75 000
	Bezugskosten		8 000
	Marktpreis per 31.12.20.1		77 000
8) Anzahlungen von Kunden	Wert gemäss Bankbelegen		520 000
9) Obligationenanleihe	Ausgabe 6.5% Obligationenanleihe Zinstermin 31.12., Laufzeit 10 Jahre		
	Nominalwert		5 000 000
	Ausgabekurs		95%
10) Wertschriftenbestand	An der Börse kotierte Wertschriften:		
	Anschaffungswert		100 000
	Durchschnittskurs im Monat Dezember		130 000
	Kurswert per 31.12.20.1		140 000

11) Mobilien	Buchwert per 31.12.20.1	5 000 000
	Marktwert bei sofortiger Veräusserung	4 000 000
12) Gründungskosten	Wert gemäss effektiven Kosten	600 000
13) Beteiligungen	Langfristige Beteiligung (15% des Aktienkapitals des Unternehmens AG)	
	Kaufpreis	4 000 000
	Marktwert	5 000 000

- **Aufgabenstellung**

Vervollständigen Sie die nachstehende Bilanz anhand der verfügbaren Angaben. Die Bewertung hat nach den in der Schweiz geltenden handelsrechtlichen Vorschriften zu erfolgen, wobei der maximal zulässige Wert einzusetzen ist. Ermitteln Sie den Gewinn resp. Verlust für das Geschäftsjahr 20.1.

Bilanz des Unternehmens AE (in Tausend)

Aktiven		Schlussbilanz per 31.12.20.1	Passiven
Flüssige Mittel		Kreditoren	220
Kasse	60		
Post	520		
		Kurzfristiges Fremdkapital	
		Hypothekarschuld	7 000
Forderungen			
Vorräte, übriges UV			
Rohmaterial	1 352	**Langfristiges Fremdkapital**	
Umlaufvermögen			
		Gesetzliche Reserven	900
		Gewinnvortrag	700
Patente	900		
		Eigenkapital	
Anlagevermögen			
Aktivierter Aufwand			
Total		Total	

- **Lösungsvorschlag**

Die Positionen in der nachstehenden Bilanz werden gemäss geltenden handelsrechtlichen Vorschriften bewertet, wobei der maximal zulässige Wert eingesetzt wird.

Bilanz Unternehmen AE (in Tausend)

Aktiven		Schlussbilanz per 31.12.20.1		Passiven
Flüssige Mittel		Kreditoren		220
Kasse	60	Anzahlungen von Kunden		520
Post	520	Rückstellungen		90
Wertschriften	130	**Kurzfristiges Fremdkapital**		**830**
Forderungen		Hypothekarschuld		7 000
Debitoren	1 420	Obligationenanleihe		5 000
Vorräte, übriges UV		**Langfristiges Fremdkapital**		**12 000**
Rohmaterial	1 352			
Fertigfabrikate	1 250			
Handelswaren A	45			
Handelswaren B	77			
Umlaufvermögen	**4 854**			
Mobilien	5 000	Aktienkapital		10 000
Immobilien	5 800	Gesetzliche Reserven		900
Beteiligungen	4 000	Gewinnvortrag		700
Patente	900	**Eigenkapital**		**11 600**
Anlagevermögen	**15 700**			
Gründungskosten	600			
Disagio Obligationsanleihe	250			
Nicht einbezahltes Aktienkapital	2 000			
Aktivierter Aufwand	**2 850**			
Verlust	**1 026**			
Total	24 430	Total		24 430

Als Bewertungsbasis werden folgende Bestimmungen beachtet:

- *Wertschriften (Art. 667 OR):* Wertschriften mit Kurswert dürfen höchstens zum Durchschnittskurs des letzten Monats vor dem Bilanzstichtag, Wertschriften ohne Kurswert höchstens zu Anschaffungskosten unter Abzug notwendiger Wertberichtigungen bilanziert werden.
- *Rohmaterial; Halb- und Fertigfabrikate (Art. 666 OR):* Rohmaterialien, fertige und halbfertige Fabrikate sowie andere zur Veräusserung bestimmte Vermögenswerte dürfen höchstens zu den Anschaffungs- oder Herstellungskosten bewertet werden. Sind diese Kosten höher als der im Zeitpunkt der Bilanzierung allgemein geltende Preis, darf höchstens gemäss aktuellen Preisen bewertet werden.
- *Anlagevermögen (Art. 665 OR):* Anlagen dürfen höchstens zu den Anschaffungs- oder Herstellungskosten – unter angemessener Abschreibung – bilanziert werden. Zu den Anlagen zählen auch Beteiligungen.
- *Gründungskosten (Art. 664 OR):* Gründungs-, Kapitalerhöhungs- und Organisationskosten dürfen bilanziert werden, d.h. sie müssen nicht sofort als Aufwand erfasst werden. Sie sind gesondert auszuweisen und innerhalb von fünf Jahren abzuschreiben.

15.12 Gewinnverteilung einer Aktiengesellschaft

- **Ausgangslage**

Vom Unternehmen AF ist die externe Bilanz per 31.12.20.1 vor Gewinnverteilung bekannt.

Publizierte Bilanz des Unternehmens AF per 31.12.20.1 (in Tausend)

Aktiven		Bilanz per 31.12.20.1	Passiven
Kasse		40	Kreditoren	23
Bankguthaben		45	Rückstellungen	255
Debitoren	250		**Kurzfristiges Fremdkapital**	**278**
./. Delkredere	- 46	204	Darlehensschuld	170
Warenlager		403	**Langfristiges Fremdkapital**	**170**
Umlaufvermögen		**692**	Aktienkapital	570
Mobilien		100	Reserven	101
Fahrzeuge		10	Gewinnvortrag	3
Immobilien		400	Reingewinn	80
Anlagevermögen		**510**	**Eigenkapital**	**754**
Total		1 202	Total	1 202

- **Aufgabenstellung**

a) Berechnen Sie gemäss Vorschriften des geltenden Aktienrechts die maximal ausschüttbare Dividende.

b) Der Verwaltungsrat entscheidet, dass Tantiemen von 5 000 sowie ein Beitrag an die Wohlfahrtsstiftung von 10 000 entrichtet werden sollen. Mit dem Rest sind so viele ganze Dividendenprozente wie möglich auszuschütten. Erstellen Sie anhand obiger Bilanz vor Gewinnverteilung einen Gewinnverteilungsplan, der die Vorschriften des Obligationenrechts respektiert.

- **Lösungsvorschlag**

Die Bestimmungen zur Gewinnverteilung einer Aktiengesellschaft lauten gemäss Art. 671 OR wie folgt:

- *1. Reservezuweisung:* 5% des Jahresgewinns sind den gesetzlichen Reserven zuzuweisen, bis diese 20% des einbezahlten Aktienkapitals erreichen.
- *2. Reservezuweisung:* Auf sämtlichen Gewinnausschüttungen, die über Dividenden im Umfang von 5% des einbezahlten Aktienkapitals hinausgehen, sind 10% den allgemeinen Reserven zuzuweisen. Bei diesen Gewinnanteilen kann es sich insbesondere um Superdividenden (Dividendenanteil, der mehr als 5% des einbezahlten Aktienkapitals beträgt) oder Tantiemen (Gewinnanteile für den Verwaltungsrat) handeln. Die 2. Reservezuweisung hat nur zu erfolgen, bis die gesetzlichen Reserven 50% des Aktienkapitals erreichen. Darüber hinaus sind die Reserven frei verfügbar.

a) Gemäss diesen Vorschriften berechnet sich die maximal mögliche Dividende (in ganzen Prozenten) wie folgt:

    1. Schritt: 1. Zuweisung der gesetzlichen Reserven:

5% des Jahresgewinns sind den gesetzlichen Reserven zuzuweisen, da diese noch nicht 20% des einbezahlten Aktienkapitals entsprechen.

80 000 * 0.05 = 4 000 (Zuweisung an die gesetzlichen Reserven)

    2. Schritt: Berechnung der Grunddividende:

Nach Zuweisung der gesetzlichen Reserven von 5% des Jahresgewinns ist die Grunddividende, die jeweils 5% des einbezahlten Aktienkapitals beträgt, zu berechnen.

Grunddividende = Aktienkapital * 0.05

                  = 570 000 * 0.05

                  = 28 500   (dieser Betrag ist von einer Zweitzuweisung an die Reserven befreit)

    3. Schritt: Berechnung der Superdividende:

Nach Berechnung der gesetzlichen Reserven und der Grunddividende ist die Superdividende zu bestimmen.

Der ausschüttbare Gewinn berechnet sich wie folgt:

Reingewinn = 80 000 – 4 000 (5% 1. Reservezuweisung) + 3 000 (Gewinnvortrag)
= 79 000

Ausschüttbarer Gewinn = Grunddividende + AK * x + AK * x * 0.1
(x = maximal mögliche Superdividende in %)

79 000 =	28 500 + 570 000 * x + 570 000 * x * 0.1
50 500 =	627 000 * x
x =	0.081

Superdividenden sind sämtliche Dividendenprozente, welche die Grunddividende von 5% überschreiten; davon sind jeweils 10% den Reserven zuzuweisen. Die Superdividende wird mittels einer Gleichung ermittelt, wobei dem ausschüttbaren Gewinn die Grunddividende, das Aktienkapital multipliziert mit der gesuchten Superdividende und der zusätzlichen Reservezuweisung von 10% gegenübergestellt wird. Anschliessend wird die Gleichung nach der gesuchten Variablen x aufgelöst.

Die maximal mögliche Dividende beträgt 13%, bestehend aus 5% Grunddividende und 8% Superdividende. Die maximal mögliche Superdividende reduziert sich, wenn andere Ausschüttungen (z.B. Tantiemen oder Zuweisungen an Wohlfahrtsstiftungen) beschlossen werden.

b) Der Gewinnverteilungsplan setzt sich wie folgt zusammen:

Reingewinn	80 000
5% Reservezuweisung	- 4 000
Gewinnvortrag	3 000
Ausschüttbarer Gewinn	79 000
5% Grunddividende	- 28 500
5% Superdividende	- 28 500
10% Reservezuweisung	- 2 850
Tantieme	- 5 000
10% Reservezuweisung	- 500
Zuweisung an Wohlfahrtsstiftung	- 10 000
Neuer Gewinnvortrag	3 650

Der Gewinnverteilungsplan einer Aktiengesellschaft setzt sich aus folgenden Elementen zusammen:

- Ermittlung des Reingewinns aus der Erfolgsrechnung.
- 1. Reservezuweisung: 5% des Jahresgewinns sind den gesetzlichen Reserven zuzuweisen, bis diese 20% des einbezahlten Aktienkapitals erreichen. Da diese Bedingung nicht erfüllt ist, erfolgt eine Zuweisung an die 1. Reserven.
- Addition des kumulierten Gewinnvortrags aus der Schlussbilanz der letzten Periode und Ermittlung des ausschüttbaren Gewinns.
- Abzug von 5% des einbezahlten Aktienkapitals als Grunddividende (Aktienkapital * 0.05).
- Abzug zusätzlicher Ausschüttungen (Superdividende + 2. Reservezuweisung Superdividende von 10% und Tantieme + 2. Reservezuweisung Tantieme von 10%); Tantiemen dürfen nur ausgeschüttet werden, nachdem die Zuweisung der gesetzlichen Reserven von 5% und eine Ausschüttung einer Grunddividende von 5% erfolgt ist (Art. 677 OR).
- Abzug der Zuweisungen an die Wohlfahrtsstiftung (Art. 673 OR). Bei dieser Form der Zuweisung sind keine zusätzlichen Reserven zu beachten.

16 Gesamtfallstudie zum finanziellen Rechnungswesen

- **Behandelte Themenbereiche**

In der Gesamtfallstudie zum finanziellen Rechnungswesen wird ein umfassender Überblick zu folgenden Themen vermittelt:

- Führung von Bilanz- und Erfolgsrechnungskonten
- Erstellung von Buchungssätzen
- Handhabung der Abschreibungen
- Durchführung der Periodenabgrenzung und Bewertung einzelner Bilanzpositionen
- Führen der Waren-, Wertschriften- und Immobilienkonten
- Erstellung der Geldflussrechnung
- Gewinnverteilung an die Aktionäre
- Durchführung einer Abschlussanalyse.

- **Ausgangslage**

Das Unternehmen Integro AG ist ein mittelgrosses Unternehmen mit Hauptsitz in der Schweiz. Die Geschäftstätigkeit umfasst den Handel mit ausgewählten Haushaltsgeräten. Die Eröffnungsbilanz per 1.1.20.1 und die Geschäftsfälle für das Jahr 20.1 liegen vor. Folgende weitere Angaben sind bekannt:

- Das Unternehmen führt die Warenkonten gemäss «Exakter Methode» (Aktivierung der eingekauften Waren). Die Handelsmarge auf den Warenverkäufen beträgt 40%.
- Die kurzfristigen Wertschriften werden nach der Methode «Endbeträge gemäss Bankabrechnungen» erfasst. Das Unternehmen verfügt über ein Depotkonto bei der Bank.
- Die Geldflussrechnung wird mit der Methode der indirekten Ermittlung des Cash Flows erstellt (Fonds «Netto-Flüssige Mittel»).
- Die Fahrzeuge werden jeweils degressiv mit 20% vom Buchwert abgeschrieben und mittels direkter Methode verbucht.
- Die Mobilien werden linear über die Nutzungsdauer von acht Jahren abgeschrieben und mittels indirekter Methode verbucht.
- Die Immobilien werden linear über eine Nutzungsdauer von 60 Jahren abgeschrieben und mittels indirekter Methode verbucht. Der aktuelle Marktwert beträgt 2 000 000.

- Aufgrund bisheriger Erfahrungswerte ist mit Debitorenverlusten von 5% zu rechnen.
- Die Gewinnverteilung an die Aktionäre folgt den Bestimmungen des Schweizerischen Aktienrechts. Von einem allfälligen Gewinn wird soviel wie möglich an die Aktionäre ausgeschüttet. Ein allfälliger Verlust wird mit dem Eigenkapital verrechnet.
- Die Durchführung der Abschlussanalyse basiert auf ausgewählten Kennzahlen.
- Zur Vereinfachung wird auf eine Berücksichtigung der Verrechnungssteuer sowie der Mehrwertsteuer verzichtet.
- Der Kontenplan der Erfolgsrechnung zeigt folgendes Bild: Warenertrag, Finanzertrag, Immobilienertrag, Neutraler Ertrag, Warenaufwand, Abschreibungen, Personalaufwand, Debitorenverluste, Übriger Aufwand, Finanzaufwand, Immobilienaufwand, Neutraler Aufwand.

Eröffnungsbilanz des Unternehmens Integro AG (in Tausend)

Aktiven		Eröffnungsbilanz per 1.1.20.1		Passiven
Kasse		20	Kreditoren	400
Postguthaben		45	Bank-Kontokorrent	340
Bankguthaben		100	Übrige kfr. Verbindlichkeiten	20
Wertschriften		200	Transitorische Passiven	10
Debitoren	500		Steuerrückstellungen	30
./. Delkredere	- 25	475	**Kurzfristiges Fremdkapital**	**800**
Warenlager		300	Hypotheken	1 000
Umlaufvermögen		**1 140**	Rückstellungen	70
Fahrzeuge		250	**Langfristiges Fremdkapital**	**1 070**
Mobilien	160		Aktienkapital	1 100
./. WB Mobilien	- 40	120	Reserven	160
Immobilien	1 800		Gewinnvortrag	30
./. WB Immobilien	- 300	1 500	**Eigenkapital**	**1 290**
Beteiligungen		150		
Anlagevermögen		**2 020**		
Total		3 160	Total	3 160

Eröffnung der Konten:

Die Anfangsbestände der Bilanz per 1.1.20.1 sind in die Konten zu übertragen. Der Betrag von 10 000 per 1.1. auf dem Konto «Transitorische Passiven» (offene Zinsen Hypothekarschuld) ist auf das Ursprungskonto zurückzubuchen.

Geschäftsfälle des Jahres 20.1:

1)	Einkauf von Waren gegen Rechnung	1 320 000
2)	Verkauf von Waren gegen Rechnung	2 400 000
3)	Überweisung auf das Bank-Kontokorrent via Kasse	10 000
4)	Zahlung der definitiven Steuerrechnung 20.0 via Bank-Kontokorrent	28 000
5)	Erhöhung der Beteiligung am Unternehmen X via Bankguthaben	50 000
6)	Kauf von 100 Aktien des Unternehmens Z zum Kurs von 400 per 19.6.20.1 zulasten Bank-Kontokorrent:	
	Kaufpreis	40 000
	Kommissionen, Stempel und Gebühren	1 000
7)	Zahlungen von Kunden auf das Bank-Kontokorrent	2 660 000
8)	Zahlung von Lieferantenrechnungen via Bank-Kontokorrent	1 520 000
9)	Verbuchung einer Rechnung für Marketingberatung	10 000
10)	Kauf eines Fahrzeugs via Bankguthaben (Kauf per 1.1.20.1)	50 000
11)	Gutschrift Zinsen auf Bankguthaben, danach Abschluss und Übertrag Saldo auf Bank-Kontokorrent	2 000
12)	Belastung der Bank für den Hypothekarzins (3% auf 1 000 000 zahlbar jährlich, nachschüssig per 31.8.)	30 000
13)	Zahlung Jahresprämie für Fahrzeugversicherung via Postguthaben (zahlbar jährlich im Voraus per 31.8.)	3 000
14)	Bankbelastung für Löhne	450 000
15)	Bankbelastung für Gas, Wasser und Elektrizität für die Liegenschaft via Bank-Kontokorrent	10 000
16)	Bezahlung diverser Rechnungen (keine Warenlieferungen) via Post nach Abzug von Rabatten im Umfang von 4 000	20 000
17)	Bankbelastung nach Abschluss eines Prozesses um eine Schadenersatzzahlung per 1.12.20.1 (20.0 wurde eine Rückstellung von 10 000 gebildet)	15 000

18) Eingang von Rechnungen für einen per 31.12.20.1 abgeschlossenen Umbau einer Immobilie
(2/3 wertvermehrend, 1/3 werterhaltend)   90 000
19) Bankgutschriften für Dividenden   5 000
20) Im Verlauf des Dezembers wurde klar, dass ein Debitor seine offene Rechnung nicht mehr bezahlen kann   40 000
21) Bildung einer Rückstellung für die erwarteten Steuern   60 000

Abschlussbuchungen 20.1:

A) Durchführung der Abschreibungen auf «Fahrzeugen», «Mobilien» und «Immobilien»
B) Abschliessen des Warenlagerkontos
C) Abschliessen des Wertschriftenkontos gemäss Durchschnittskursen Dezember:
Wert der Wertschriften ohne Aktien Z   195 000
100 Aktien Unternehmen Z   38 000
D) Durchführung der Periodenabgrenzung für die Hypothekarschuld (12) und die Versicherungsprämie (13)
E) Anpassung Delkredere
F) Bankbelastung für Zinsen Bank-Kontokorrent   6 000
G) Gutschrift des Mietertrags für die laufende Geschäftsperiode (die Liegenschaft wird ausschliesslich vom Unternehmen selbst beansprucht)   120 000

Aufgabenstellung

a) Erstellen Sie die Buchungssätze für die Geschäftsfälle des Jahres 20.1 und die Abschlussbuchungen per 31.12.20.1.

b) Erstellen Sie die Schlussbilanz per 31.12.20.1 und die Erfolgsrechnung pro 20.1.

c) Erstellen Sie den Gewinnverteilungsplan per 31.12.20.1 unter der Annahme, dass soviel Dividende wie möglich ausgeschüttet wird.

d) Erstellen Sie den Liquiditätsnachweis und die Geldflussrechnung für das Geschäftsjahr 20.1 nach der indirekten Methode.

e) Berechnen Sie im Rahmen der Abschlussanalyse die geforderten Kennzahlen basierend auf den Werten der Schlussbilanz nach Gewinnverteilung und analysieren Sie die Situation des Unternehmens anhand der berechneten Kennzahlen.

Buchungssätze

Nr.	Buchungssatz	Betrag

Buchungssätze (Fortsetzung)

Bilanzkonten

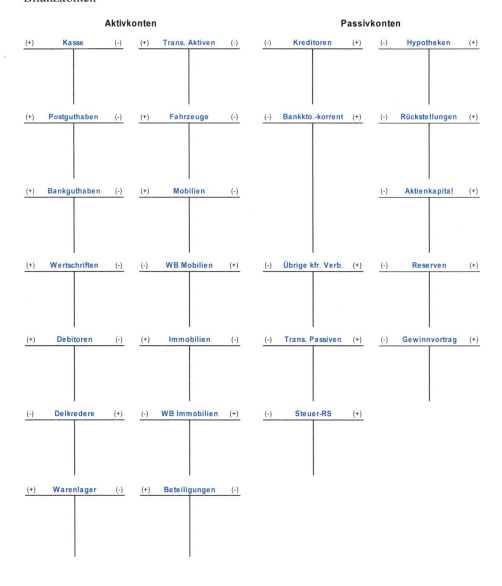

Gesamtfallstudie

Erfolgsrechnungskonten

Aufwandskonten

(+) Warenaufwand (−)   (+) Finanzaufwand (−)

(+) Personalaufwand (−)   (+) Immobilienaufwand (−)

(+) Abschreibungen (−)   (+) Neutraler Aufwand (−)

(+) Debitorenverluste (−)

(+) Übriger Aufwand (−)

Ertragskonten

(−) Warenertrag (+)

(−) Finanzertrag (+)

(−) Immobilienertrag (+)

(−) Neutraler Ertrag (+)

Erfolgsrechnung Integro AG

Aufwand	Erfolgsrechnung pro 20.1	Ertrag
Total	Total	

Schlussbilanz vor Gewinnverteilung

Aktiven	Schlussbilanz I per 31.12.20.1	Passiven
Total	Total	

Schlussbilanz nach Gewinnverteilung

Aktiven	Schlussbilanz II per 31.12.20.1	Passiven
Total	Total	

Liquiditätsnachweis Integro AG

Position	1.1.20.1	31.12.20.1	Veränderung
Fonds «Netto-Flüssige Mittel»			

Hilfsblatt zur Erstellung der Geldflussrechnung (in Tausend)

Konten	Aktiven 1.1.20.1	Passiven	Soll	Veränderung	Haben	Aktiven 31.12.20.1	Passiven
Wertschriften	200						
Debitoren	500						
./. Delkredere	- 25						
Warenlager	300						
Transitorische Aktiven							
Fahrzeuge	250						
Mobilien	160						
./. WB Mobilien	- 40						
Immobilien	1 800						
./. WB Immobilien	- 300						
Beteiligungen	150						
Kreditoren		400					
Übrige kfr. Verbindl.		20					
Transitorische Passiven		10					
Steuerrückstellungen		30					
Hypotheken		1 000					
Rückstellungen		70					
Aktienkapital		1 100					
Reserven		160					
Gewinnvortrag		30					
Netto-Flüssige Mittel							
Total	2 995	2 995					

Gesamtfallstudie 323

Geldflussrechnung 20.1

Betriebsbereich

Cash Flow aus Betriebstätigkeit

Geldabfluss aus Investitionen

Geldzufluss aus Devestitionen

Cash Flow aus Investitionstätigkeit

Geldzufluss aus Finanzierungen

Geldabfluss aus Definanzierungen

Cash Flow aus Finanzierungstätigkeit

Veränderungen «Netto-Flüssige Mittel»

Analyse der Rentabilität

Kennzahlen	Ergebnisse	Kommentar
Renditekennzahlen: - Eigenkapitalrendite (ROE) - Gesamtkapitalrendite (ROA) auf Basis EBI Margenkennzahlen: - Bruttomarge - Bruttogewinnzuschlag - Nettomarge/Umsatzrendite (ROS)	_____ _____ _____ _____ _____	

Analyse der Liquidität

Kennzahlen	Ergebnisse	Kommentar
Dispositive Liquidität: - Quick Ratio (Liquiditätsgrad II) - Current Ratio (Liquiditätsgrad III) Strukturelle Liquidität: - Cash Flow Ratio	_____ _____ _____	

Analyse des Finanzierungsrisikos

Kennzahlen	Ergebnisse	Kommentar
Eigen- und Selbstfinanzierungsgrad: - Eigenfinanzierungsgrad - Selbstfinanzierungsgrad	_____ _____	

Analyse der Vermögensstruktur

Kennzahlen	Ergebnisse	Kommentar
Intensitätsgrade/Investitionsverhältnis:		
- Intensität des Umlaufvermögens	_____	
- Intensität des Anlagevermögens	_____	
Umschlagskennzahlen:		
- Kapitalumschlag	_____	
- Debitorenumschlag	_____	
- Debitorenfrist	_____	
- Kreditorenumschlag	_____	
- Kreditorenfrist	_____	
- Warenlagerumschlag	_____	
- Warenlagerdauer	_____	
Deckungsgrade:		
- Anlagedeckungsgrad I	_____	
- Anlagedeckungsgrad II	_____	

- **Lösungsvorschlag**

a) Die Buchungssätze für die Geschäftsfälle des Jahres 20.1 und die Abschlussbuchungen per 31.12.20.1 lauten wie folgt:

0)	Transitorische Passiven	/	Immobilienaufwand	10 000
1)	Warenlager	/	Kreditoren	1 320 000
2a)	Debitoren	/	Warenertrag	2 400 000
2b)	Warenaufwand	/	Warenlager	1 440 000
3)	Bank-Kontokorrent	/	Kasse	10 000
4a)	Steuerrückstellungen	/	Bank-Kontokorrent	28 000
4b)	Steuerrückstellungen	/	Neutraler Ertrag	2 000
5)	Beteiligungen	/	Bankguthaben	50 000
6)	Wertschriften	/	Bank-Kontokorrent	41 000
7)	Bank-Kontokorrent	/	Debitoren	2 660 000
8)	Kreditoren	/	Bank-Kontokorrent	1 520 000
9)	Übriger Aufwand	/	Übrige kfr. Verbindl.	10 000
10)	Fahrzeuge	/	Bankguthaben	50 000
11a)	Bankguthaben	/	Finanzertrag	2 000
11b)	Bank-Kontokorrent	/	Bankguthaben	2 000
12)	Immobilienaufwand	/	Bank-Kontokorrent	30 000
13)	Übriger Aufwand	/	Postguthaben	3 000
14)	Personalaufwand	/	Bank-Kontokorrent	450 000
15)	Immobilienaufwand	/	Bank-Kontokorrent	10 000
16a)	Übrige kfr. Verbindl.	/	Postguthaben	20 000
16b)	Übrige kfr. Verbindl.	/	Übriger Aufwand	4 000
17a)	Neutraler Aufwand	/	Rückstellungen	5 000
17b)	Rückstellungen	/	Bank-Kontokorrent	15 000
18a)	Immobilien	/	Übrige kfr. Verbindl.	60 000
18b)	Immobilienaufwand	/	Übrige kfr. Verbindl.	30 000
19)	Bank-Kontokorrent	/	Finanzertrag	5 000
20)	Debitorenverluste	/	Debitoren	40 000
21)	Übriger Aufwand	/	Steuerrückstellungen	60 000

Aa)	Abschreibungen (20% von 300 000)	/	Fahrzeuge	60 000
Ab)	Abschreibungen (1/8 von 160 000)	/	WB Mobilien	20 000
Ac)	Immobilienaufwand (1/60 von 1 800 000)	/	WB Immobilien	30 000
B)	Saldo Warenlager = Schlussbestand			180 000
C)	Finanzaufwand (Kurswert 31.12.20.1 233 000; AB 200 000 + Anschaffungskosten Aktien Z 41 000 = 241 000; Kursverlust = 8 000)	/	Wertschriften	8 000
Da)	Immobilienaufwand (Abgrenzung offener Zins auf Hypothek 3% für 4 Monate)	/	Transitorische Passiven	10 000
Db)	Transitorische Aktiven (Abgrenzung bezahlte Prämie für Fahrzeugversicherung)	/	Übriger Aufwand	2 000
E)	Delkredere (Wertberichtigung 5% vom Schlussbestand 200 000; Delkredere zurzeit 25 000; Reduktion um 15 000)	/	Debitorenverluste	15 000
F)	Finanzaufwand	/	Bank-Kontokorrent	6 000
G)	Übriger Aufwand	/	Immobilienertrag	120 000

Bilanzkonten (in Tausend)

Aktivkonten

(+)	Kasse	(-)
AB	20	3) 10
		SB 10
Total	20	Total 20

(+)	Trans. Aktiven	(-)
Db)	2	
		SB 2
Total	2	Total 2

(-)	Kreditoren	(+)
8)	1 520	AB 400
		1) 1 320
SB	200	
Total	1 720	Total 1 720

(-)	Hypotheken	(+)
		AB 1 000
SB	1 000	
Total	1 000	Total 1 000

(+)	Postguthaben	(-)
AB	45	13) 3
		16a) 20
		SB 22
Total	45	Total 45

(+)	Fahrzeuge	(-)
AB	250	Aa) 60
10)	50	
		SB 240
Total	300	Total 300

(-)	Bankkto.-korrent	(+)
3)	10	AB 340
7)	2 660	4a) 28
11b)	2	6) 41
19)	5	8) 1 520
		12) 30
		14) 450
		15) 10
		17b) 15
		F) 6
		SB 237
Total	2 677	Total 2 677

(-)	Rückstellungen	(+)
17b)	15	AB 70
		17a) 5
SB	60	
Total	75	Total 75

(+)	Bankguthaben	(-)
AB	100	5) 50
11a)	2	10) 50
		11b) 2
		SB 0
Total	102	Total 102

(+)	Mobilien	(-)
AB	160	
		SB 160
Total	160	Total 160

(-)	Aktienkapital	(+)
		AB 1 100
SB	1 100	
Total	1 100	Total 1 100

(+)	Wertschriften	(-)
AB	200	C) 8
6)	41	
		SB 233
Total	241	Total 241

(-)	WB Mobilien	(+)
		AB 40
		Ab) 20
SB	60	
Total	60	Total 60

(-)	Übrige kfr. Verb.	(+)
16a)	20	AB 20
16b)	4	9) 10
		18a) 60
SB	96	18b) 30
Total	120	Total 120

(-)	Reserven	(+)
		AB 160
SB	160	
Total	160	Total 160

(+)	Debitoren	(-)
AB	500	7) 2 660
2a)	2 400	20) 40
		SB 200
Total	2 900	Total 2 900

(+)	Immobilien	(-)
AB	1 800	
18a)	60	
		SB 1 860
Total	1 860	Total 1 860

(-)	Trans. Passiven	(+)
0)	10	AB 10
		Da) 10
SB	10	
Total	20	Total 20

(-)	Gewinnvortrag	(+)
		AB 30
SB	30	
Total	30	Total 30

(-)	Delkredere	(+)
E)	15	AB 25
SB	10	
Total	25	Total 25

(-)	WB Immobilien	(+)
		AB 300
		Ac) 30
SB	330	
Total	330	Total 330

(-)	Steuer-RS	(+)
4a)	28	AB 30
4b)	2	21) 60
SB	60	
Total	90	Total 90

(+)	Warenlager	(-)
AB	300	2b) 1 440
1)	1 320	
		SB 180
Total	1 620	Total 1 620

(+)	Beteiligungen	(-)
AB	150	
5)	50	
		SB 200
Total	200	Total 200

Erfolgsrechnungskonten (in Tausend)

Aufwandskonten

(+)	Warenaufwand		(-)
2b)	1 440		
		S	1 440
Total	1 440	Total	1 440

(+)	Personalaufwand		(-)
14)	450		
		S	450
Total	450	Total	450

(+)	Abschreibungen		(-)
Aa)	60		
Ab)	20		
		S	80
Total	80	Total	80

(+)	Debitorenverluste		(-)
20)	40	E)	15
		S	25
Total	40	Total	40

(+)	Übriger Aufwand		(-)
9)	10	16b)	4
13)	3	Db)	2
21)	60		
G)	120	S	187
Total	193	Total	193

(+)	Finanzaufwand		(-)
C)	8		
F)	6		
		S	14
Total	14	Total	14

(+)	Immobilienaufwand		(-)
12)	30	0)	10
15)	10		
18b)	30		
Ac)	30		
Da)	10		
		S	100
Total	110	Total	110

(+)	Neutraler Aufwand		(-)
17a)	5		
		S	5
Total	5	Total	5

Ertragskonten

(-)	Warenertrag		(+)
		2a)	2 400
S	2 400		
Total	2 400	Total	2 400

(-)	Finanzertrag		(+)
		11a)	2
		19)	5
S	7		
Total	7	Total	7

(-)	Immobilienertrag		(+)
		G)	120
S	120		
Total	120	Total	120

(-)	Neutraler Ertrag		(+)
		4b)	2
S	2		
Total	2	Total	2

b) Unter Berücksichtigung der obigen Buchungssätze und der Abschlussbuchungen resultieren die Erfolgsrechnung 20.1 und die Schlussbilanz vor Gewinnverteilung per 31.12.20.1:

Erfolgsrechnung der Integro AG (in Tausend)

Aufwand	Erfolgsrechnung pro 20.1		Ertrag
Warenaufwand	1 440	Warenertrag	2 400
Personalaufwand	450		
Abschreibungen	80		
Debitorenverluste	25		
Übriger Aufwand	187		
Betriebsgewinn	**218**		
	2 400		2 400
		Betriebsgewinn	**218**
Finanzaufwand	14	Finanzertrag	7
Ordentliches Ergebnis	**211**		
	225		225
		Ordentliches Ergebnis	**211**
Immobilienaufwand	100	Immobilienertrag	120
Neutraler Aufwand	5	Neutraler Ertrag	2
Unternehmensergebnis	**228**		
	333		333

Schlussbilanz der Integro AG vor Gewinnverteilung (in Tausend)

Aktiven	Schlussbilanz I per 31.12.20.1		Passiven	
Kasse		10	Kreditoren	200
Postguthaben		22	Übrige kfr. Verbindlichkeiten	96
Bank-Kontokorrent		237	Transitorische Passiven	10
Wertschriften		233	Steuerrückstellungen	60
Debitoren	200		**Kurzfristiges Fremdkapital**	**366**
./. Delkredere	- 10	190	Hypotheken	1 000
Warenlager		180	Rückstellungen	60
Transitorische Aktiven		2	**Langfristiges Fremdkapital**	**1 060**
Umlaufvermögen		**874**	Aktienkapital	1 100
Fahrzeuge		240	Reserven	160
Mobilien	160		Gewinnvortrag	30
./. WB Mobilien	- 60	100	Reingewinn 20.1	228
Immobilien	1 860		**Eigenkapital**	**1 518**
./. WB Immobilien	- 330	1 530		
Beteiligungen		200		
Anlagevermögen		**2 070**		
Total		2 944	Total	2 944

c) Die Integro AG hat im Jahr 20.1 einen Gewinn von 228 000 erwirtschaftet. Es ist vorgesehen, soviel wie möglich als Dividende an die Aktionäre auszuschütten. Die Ausschüttung (in ganzen Prozenten) hat die Bestimmungen zur Gewinnverteilung einer Aktiengesellschaft gemäss Art. 671 OR zu respektieren:

- *1. Reservezuweisung*: 5% des Jahresgewinns sind den gesetzlichen Reserven zuzuweisen, bis diese 20% des einbezahlten Aktienkapitals erreichen.
- *2. Reservezuweisung*: Auf sämtlichen Gewinnausschüttungen, die über Dividenden im Umfang von 5% des einbezahlten Aktienkapitals hinausgehen, sind 10% den allgemeinen Reserven zuzuweisen. Bei diesen Gewinnanteilen kann es sich insbesondere um Superdividenden (Dividendenanteil, der mehr als 5% des einbezahlten Aktienkapitals beträgt) oder Tantiemen (Gewinnanteile für den Verwaltungsrat) handeln.

1. Schritt: 1. Zuweisung der gesetzlichen Reserven:

5% des Jahresgewinns sind den gesetzlichen Reserven zuzuweisen, da diese noch nicht 20% des einbezahlten Aktienkapitals entsprechen.

228 000 * 0.05 = 11 400 (Zuweisung an die gesetzlichen Reserven)

2. Schritt: Berechnung der Grunddividende:

Nach Zuweisung der gesetzlichen Reserven ist die Grunddividende, die 5% des einbezahlten Aktienkapitals beträgt, zu berechnen.

1 100 000 * 0.05 = 55 000 (Grunddividende)

3. Schritt: Berechnung der Superdividende und die damit verbundene 2. Zuweisung an die gesetzlichen Reserven:

Die Superdividende ist der Dividendenanteil, der mehr als 5% des einbezahlten Aktienkapitals beträgt. Da die Integro AG soviel wie möglich als Dividende an die Aktionäre auszuschütten wünscht, ist die maximal mögliche Superdividende (in ganzen Prozenten) zu berechnen.

Von dieser Superdividende sind 10% den allgemeinen Reserven zuzuweisen.

Reingewinn	228 000	
Gewinnvortrag	30 000	
Ausschüttbarer Gewinn (vor Zuweisung an die gesetzlichen Reserven und Dividenden)	258 000	
1. Reservezuweisung (5% vom Gewinn)	- 11 400	(vgl. 1. Schritt)
Grunddividende (5% vom Aktienkapital)	- 55 000	(vgl. 2. Schritt)
Ausschüttbarer Gewinn vor Superdividende	191 600	

Ausgehend vom ausschüttbaren Gewinn ist für die Berechnung der Superdividende folgende Formel heranzuziehen:

Ausschüttbarer Gewinn = Aktienkapital * x + Aktienkapital * x * 10%
(x = maximal mögliche Superdividende in %)

191 600 = 1 100 000 * x + 1 100 000 * x * 0.1

191 600 = 1 210 000 * x

x = 0.158

Die Superdividende entspricht somit 15% des Aktienkapitals und kann zusätzlich zur Grunddividende von 5% an die Aktionäre der Integro AG ausgeschüttet werden. Gesamthaft wird eine Dividende von 20% ausbezahlt.

4. Schritt: Gewinnverteilungsplan der Integro AG:

Reingewinn	228 000	
Gewinnvortrag	30 000	
Ausschüttbarer Gewinn (vor Zuweisung an die gesetzlichen Reserven und Dividenden)	258 000	
1. Reservezuweisung (5% vom Gewinn)	- 11 400	(vgl. 1. Schritt)
Grunddividende (5% vom Aktienkapital)	- 55 000	(vgl. 2. Schritt)
Ausschüttbarer Gewinn vor Superdividende	191 600	
Superdividende (15% vom Aktienkapital)	- 165 000	(vgl. 3. Schritt)
2. Reservezuweisung (10% von Superdividende)	- 16 500	
Neuer Gewinnvortrag	10 100	

Schlussbilanz der Integro AG nach Gewinnverteilung (in Tausend)

Aktiven			Schlussbilanz II per 31.12.20.1	Passiven
Kasse		10	Kreditoren	200
Postguthaben		22	Übrige kfr. Verbindlichkeiten	316
Bank-Kontokorrent		237	Transitorische Passiven	10
Wertschriften		233	Steuerrückstellungen	60
Debitoren	200		**Kurzfristiges Fremdkapital**	**586**
./. Delkredere	- 10	190	Hypotheken	1 000
Warenlager		180	Rückstellungen	60
Transitorische Aktiven		2	**Langfristiges Fremdkapital**	**1 060**
Umlaufvermögen		**874**	Aktienkapital	1 100
Fahrzeuge		240	Reserven	188
Mobilien	160		Gewinnvortrag	10
./. WB Mobilien	- 60	100	**Eigenkapital**	**1 298**
Immobilien	1 860			
./. WB Immobilien	- 330	1 530		
Beteiligungen		200		
Anlagevermögen		**2 070**		
Total		2 944	Total	2 944

Die «Übrigen kurzfristigen Verbindlichkeiten» erhöhen sich um die beschlossene Dividende (+ 220 000). «Die Reserven» betragen 187 900 (160 000 + 11 400 + 16 500). Der neue «Gewinnvortrag» beträgt 10 100.

d) Der Liquiditätsnachweis zeigt die Veränderung des Fonds «Netto-Flüssige Mittel» 20.1:

Liquiditätsnachweis der Integro AG (in Tausend)

Position	1.1.20.1	31.12.20.1	Veränderung
Kasse	20	10	- 10
Postguthaben	45	22	- 23
Bankguthaben	100		- 100
Bank-Kontokorrent	- 340	237	+ 577
Fonds «Netto-Flüssige Mittel»	- 175	269	+ 444

Die Basisdaten werden mit dem Hilfsblatt erarbeitet. Die Herleitung der Geldflussrechnung erfolgt nach der indirekten Methode.

Hilfsblatt zur Geldflussrechnung (in Tausend)

Konten	Aktiven 1.1.20.1	Passiven	Soll	Veränderung	Haben	Aktiven 31.12.20.1	Passiven
Wertschriften	200		3)	41	2) 8	233	
Debitoren	500				3) 300	200	
./. Delkredere	- 25		2)	15		- 10	
Warenlager	300				3) 120	180	
Transitorische Aktiven	-		2)	2		2	
Fahrzeuge	250		4)	50	2) 60	240	
Mobilien	160					160	
./. WB Mobilien	- 40				2) 20	- 60	
Immobilien	1 800		4)	60		1 860	
./. WB Immobilien	- 300				2) 30	- 330	
Beteiligungen	150		4)	50		200	
Kreditoren		400	3)	200			200
Übrige kfr. Verbindl.		20			3) 76		96
Transitorische Passiven		10					10
Steuerrückstellungen		30	5)	28	2) 58		60
Hypotheken		1 000					1 000
Rückstellungen		70	5)	15	2) 5		60
Aktienkapital		1 100					1 100
Reserven		160					160
Gewinnvortrag		30			2) 228		258
Netto-Flüssige Mittel		**175**		**444**		**269**	
Total	2 995	2 995		905	905	2944	2944

	Gewinn		2)	228		
	Abschreibungen (60 + 20 + 30)		2)	110		
	Buchverlust aus Wertschriften		2)	8		
					2) 15	Reduktion Delkredere
					2) 2	Zunahme transitorische Aktiven
	Neutraler Aufwand aus Prozessrückstellungen		2)	5		
	Bildung Steuerrückstellungen (60 - 2)		2)	58		
					3) 41	Kauf Wertschriften
	Abnahme Debitoren		3)	300		
	Abnahme Warenlager		3)	120		
					3) 200	Abnahme Kreditoren
	Erhöhung übrige kfr. Verbindlichkeiten		3)	76		
					4) 50	Kauf Fahrzeuge
					4) 60	Investition Immobilien
					4) 50	Kauf Beteiligungen
					5) 28	Zahlung Steuerrückstellungen
					5) 15	Zahlung Prozessrückstellungen
				905	461	
					444	**Geldzufluss**
				905	905	

Geldflussrechnung nach der indirekten Methode (in Tausend)

Betriebsbereich			
Gewinn	2)	228	
Abschreibungen	2)	110	
Buchverlust aus Wertschriften	2)	8	
Reduktion Delkredere	2)	- 15	
Zunahme transitorische Aktiven	2)	- 2	
Neutraler Erfolg aus Prozessrückstellungen	2)	5	
Bildung Steuerrückstellungen	2)	58	
Kauf Wertschriften	3)	- 41	
Abnahme Debitoren	3)	300	
Abnahme Warenlager	3)	120	
Abnahme Kreditoren	3)	- 200	
Erhöhung übrige kfr. Verbindlichkeiten	3)	76	
Cash Flow aus Betriebstätigkeit			**647**
Geldabfluss aus Investitionen			
Kauf Fahrzeuge	4)	- 50	
Investition Immobilien	4)	- 60	
Kauf Beteiligungen	4)	- 50	
Cash Flow aus Investitionstätigkeit			**- 160**
Geldabfluss aus Finanzierungen			
Auszahlungen Steuerrückstellungen	5)	- 28	
Auszahlungen Prozessrückstellungen	5)	- 15	
Cash Flow aus Finanzierungstätigkeit			**- 43**
Zunahme «Netto-Flüssige Mittel»			**444**

e) Die Kennzahlenanalyse bildet einen wichtigen Bestandteil der strategischen Entscheidungsfindung des Managements und ist eine wertvolle Informationsquelle für externe Stakeholder. Die Kennzahlen der Integro AG werden im Anschluss berechnet und interpretiert.

Analyse der Rentabilität

Kennzahlen	Ergebnisse	Kommentar
Renditekennzahlen:		
- Eigenkapitalrendite (ROE) $\dfrac{\text{Reingewinn}}{\varnothing \text{ Eigenkapital}} * 100\%$	17.6% > 8%	Die ROE misst die Verzinsung der von den Eigentümern zur Verfügung gestellten Mittel und ist eine wichtige Grösse zur Beurteilung der Effizienz des Mitteleinsatzes aus Inhabersicht. Die Höhe des ROE ist u.a. von den Risiken des Unternehmens abhängig. Ein ROE von 17.6% ist für ein Handelsunternehmen ein sehr guter Wert.
- Gesamtkapitalrendite (ROA) auf Basis EBI $\dfrac{\text{Reingewinn + Zinsen}}{\varnothing \text{ Gesamtkapital}} * 100\%$	7.3%	Die ROA ist die zentrale finanzwirtschaftliche Zielgrösse zur Messung der Performance des Unternehmens. Ein ROA von 7.3% ist für ein Handelsunternehmen ein anständiger Wert.
Margenkennzahlen:		
- Bruttomarge $\dfrac{\text{Bruttogewinn}}{\text{Nettoerlös}} * 100\%$	40%	Die Bruttomarge zeigt den Zusammenhang zwischen erwirtschaftetem Erfolg und dem wichtigsten Gewinntreiber ohne durch allfällige Investitionen, Verwaltungskosten usw. beeinflusst zu werden. Im Detailhandel sind Werte von 35 - 40% ideal.
- Bruttogewinnzuschlag $\dfrac{\text{Bruttogewinn}}{\text{Warenaufwand}} * 100\%$	66.7%	Der Bruttogewinnzuschlag ist eine wichtige Grösse für die Preiskalkulation des Unternehmens und zeigt den Bruttogewinn im Verhältnis zum Warenaufwand. Der erzielte Bruttogewinnzuschlag liegt auf einem hohen Niveau.
- Nettomarge/Umsatzrendite (ROS) $\dfrac{\text{Reingewinn}}{\text{Nettoerlös}} * 100\%$	9.5%	Der ROS zeigt den pro Umsatzwerteinheit verbleibenden Reingewinn. Auch diese Ratio zeigt ein gutes Bild.

Analyse der Liquidität

Kennzahlen	Ergebnisse	Kommentar
Dispositive Liquidität:		
- Quick Ratio (Liquiditätsgrad II) $$\frac{\text{flüssige Mittel} + \text{kfr. Forderungen} + \text{Wertschriften}}{\text{kurzfristige Verbindlichkeiten}} * 100\%$$	118.1% ~100%	Diese Kennzahl stellt die wichtigste Grösse für die Beurteilung der dispositiven Liquidität dar. Ihr liegt folgende Annahme zu Grunde: Bis die Verbindlichkeiten fällig werden, sind auch die Forderungen beglichen. Idealerweise liegt die Quick Ratio bei 100%. Das Beispiel zeigt einen normalen Wert.
- Current Ratio (Liquiditätsgrad III) $$\frac{\text{Umlaufvermögen}}{\text{kurzfristige Verbindlichkeiten}} * 100\%$$	149.1% ~200%	Der Liquiditätsgrad III stellt das Umlaufvermögen den kurzfristigen Verbindlichkeiten gegenüber. Idealerweise beträgt die Current Ratio um 200%. Die Norm ist so hoch angesetzt, weil die Veräusserung der Vorräte mit Risiken verbunden ist. Die Current Ratio ist eher tief.
Strukturelle Liquidität:		
- Cash Flow Ratio $$\frac{\text{Cash Flow aus Betriebstätigkeit}}{\text{kurzfristige Verbindlichkeiten}} * 100\%$$	116.6%	Zeigt die Fähigkeit des Unternehmens, aus dem aus Betriebstätigkeit erwirtschafteten Cashflow die kurzfristigen Verbindlichkeiten zu decken. Für den Handel gilt ein Richtwert von ungefähr 150%. Ein Anteil von 116.6% ist bescheiden.

Analyse des Finanzierungsrisikos

Kennzahlen	Ergebnisse	Kommentar
Eigen- und Selbstfinanzierungsgrad:		
- Eigenfinanzierungsgrad $$\frac{\text{Eigenkapital}}{\text{Gesamtkapital}} * 100\%$$	44.1% > 20%	Ein hoher Eigenfinanzierungsgrad ist ein Mass für die Unabhängigkeit und die Bonität des Unternehmens. Gleichzeitig stellt dies aber auch einen Widerspruch zur Rentabilität dar, da es sich bei Eigenkapital um eine teure Finanzierungsquelle handelt. Grundsätzlich gilt, je höher das Risiko eines Unternehmens, um so höher der Eigenfinanzierungsgrad. Das Unternehmen verfügt über eine gute Eigenkapitalausstattung.
- Selbstfinanzierungsgrad $$\frac{\text{einbehaltene Gewinne}}{\text{Eigenkapital}} * 100\%$$	15.3%	Der Selbstfinanzierungsgrad zeigt die Fähigkeit des Unternehmens, nach Ausschüttung einer allfälligen Dividende das betriebliche Wachstum des Unternehmens aus eigener Kraft voranzutreiben. Ebenso bieten hohe Reserven Gewähr für die Absorption allfälliger zukünftiger Verluste. Der gezeigte Wert liegt auf einem tiefen Niveau.

Analyse der Vermögensstruktur

Kennzahlen	Ergebnisse	Kommentar
Intensitätsgrade/Investitionsverhältnis:		
- Intensität des Umlaufvermögens $$\frac{\text{Umlaufvermögen}}{\text{Gesamtkapital}} * 100\%$$	29.7% 60 - 70%	Zeigt den Anteil des Umlaufvermögens am Gesamtvermögen. Ein hoher Anteil am Umlaufvermögen erhöht den Druck zu einer effizienten Warenlager- und Debitorenbewirtschaftung. Handelsunternehmen weisen eine höhere Intensität des Umlaufvermögens auf als Industrieunternehmen. Das Unternehmen verfügt über ein tiefes Umlaufvermögen.
- Intensität des Anlagevermögens $$\frac{\text{Anlagevermögen}}{\text{Gesamtkapital}} * 100\%$$	70.3%	Zeigt den Anteil des Anlagevermögens am Gesamtvermögen. Je höher der Anteil des langfristig gebundenen Vermögens, um so anfälliger reagiert das Unternehmen auf allfällige Konjunkturschwankungen und desto länger ist die Amortisationsdauer der getätigten Investitionen. Der Anteil des Anlagevermögens ist hoch.
Umschlagskennzahlen:		
- Kapitalumschlag $$\frac{\text{Nettoerlös}}{\varnothing \text{ Gesamtkapital}}$$	0.8x	Der Kapitalumschlag zeigt, wie oft sich das Gesamtvermögen im Nettoerlös niederschlägt. Der Kapitalumschlag ist zusammen mit der Umsatzrentabilität eine wichtige Grösse, um den Return on Investment (ROI) zu bestimmen. Eine tiefe Umsatzrentabilität kann mit einem hohen Kapitalumschlag aufgefangen werden. Die Höhe ist bei Industrieunternehmen eher tief (0.9 - 1.3) und bei Handelsunternehmen tendenziell höher (1.7 - 3). Tiefere Werte können ein Indiz für eine ineffiziente Bewirtschaftung des Kapitals sein. Der gezeigte Wert liegt auf einem tiefen Niveau.
- Debitorenumschlag $$\frac{\text{Umsatz gegen Rechnung}}{\varnothing \text{ Debitorenbestand}}$$	7.2x	Gibt Auskunft über die Bewirtschaftung der Debitorenbestände. Je tiefer der Wert, um so grösser das Liquiditätsrisiko. Ein Wert unter 3 ist sehr kritisch.
- Debitorenfrist $$\frac{365 \text{ Tage}}{\text{Debitorenumschlag}}$$	50 Tage	Zeig, wie lange es im Durchschnitt dauert, bis die Kunden die Rechnung begleichen. Ist ein wichtiges Indiz für die Zahlungskonditionen und -moral der Kunden. Die Beurteilung des Werts hängt von den üblichen Zahlungsfristen des Unternehmens ab.
- Kreditorenumschlag $$\frac{\text{Einkauf gegen Rechnung}}{\varnothing \text{ Kreditorenbestand}}$$	4.8x	Gibt Auskunft über das Zahlungsverhalten des Unternehmens und das Einhalten allfälliger Zahlungsziele. Auch hier gilt, je tiefer der Kreditorenumschlag, um so länger dauert es, bis eine Rechnung bezahlt wird.
- Kreditorenfrist $$\frac{365 \text{ Tage}}{\text{Kreditorenumschlag}}$$	76 Tage	Zeigt, wie lange es im Durchschnitt dauert, bis das Unternehmen die Verbindlichkeiten begleicht. Ist ein wichtiges Indiz für die gewährten Zahlungskonditionen und -moral des Unternehmens. Der gezeigte Wert zeugt von einem schlechten Cash Management.

- Warenlagerumschlag $\dfrac{\text{Warenaufwand}}{\varnothing \text{ Warenlagerbestand}}$	6x	Der Warenlagerumschlag gibt an, wie oft die Halb- und Fertigfabrikate bzw. die Handelswaren pro Periode umgesetzt werden. Die gewählte Form der Warenlagerverbuchung (FIFO, LIFO) hat einen Einfluss auf das Ergebnis. Eine effiziente Bewirtschaftung des Warenlagers ist sehr wichtig und eine wichtige Fragestellung für das Management, weil die damit verbundene Kapitalbindung die Liquidität belastet.
- Warenlagerdauer $\dfrac{365 \text{ Tage}}{\text{Warenlagerumschlag}}$	60 Tage	Die Warenlagerdauer gibt an, wie lange ein im Warenlager gehaltenes Produkt durchschnittlich am Lager verbleibt, bis es verkauft wird. Die Warenlagerdauer ist massgeblich von der Art der Ware geprägt. Bei schlecht lagerbarer oder verderblicher Ware ist eine kurze Warenlagerdauer die logische Konsequenz. Gut 60 Tage liegen für Haushaltsgeräte an der oberen Grenze.
Deckungsgrade:		
- Anlagedeckungsgrad I $\dfrac{\text{Eigenkapital}}{\text{Anlagevermögen}} * 100\%$	62.7% >80%	Beurteilt die langfristige Art der Finanzierung des Anlagevermögens. Beim Anlagedeckungsgrad I liegt der Fokus auf der Risikokongruenz, d.h. Finanzierung des Anlagevermögens mit risikotragendem Kapital. Der gezeigte Wert ist zu tief.
- Anlagedeckungsgrad II $\dfrac{\text{Eigenkapital + lfr. Fremdkapital}}{\text{Anlagevermögen}} * 100\%$	113.9% >100%	Basierend auf der goldenen Bilanzregel muss langfristig gebundenes Vermögen mit langfristig zur Verfügung gestelltem Kapital finanziert werden. Der Anlagedeckungsgrad II ist eine wichtige Kennzahl zur Analyse der Fristenkongruenz. Ein Anlagedeckungsgrad II unter 100% ist kritisch, weil das Anlagevermögen mittels kurzfristiger Schulden finanziert wird. Der gezeigte Wert liegt an der unteren Grenze des Toleranzbereichs.

Gesamturteil:

– Das Unternehmen verfügt über eine branchenübliche dispositive und eine eher tiefe strukturelle Liquidität.
– Die Eigenkapitalausstattung ist gut bei allerdings sehr tiefem Selbstfinanzierungsgrad (hohe Ausschüttungsquote).
– Die Vermögensstruktur ist durch ein hohes Anlagevermögen und einen tiefen Kapitalumschlag gekennzeichnet (ineffiziente Nutzung des Kapitals).
– Die Kunden zahlen ihre Rechnungen innerhalb von durchschnittlich 50 Tagen (eher lange Zahlungsfrist). Die Bezahlung der eingegangenen Rechnungen (Kreditoren) nach 76 Tagen zeugt von einem ungenügenden Cash-Management.
– Die Lagerdauer liegt an der oberen Grenze.
– Die Finanzierung des Anlagevermögens liegt im Toleranzbereich.

Anhang

Kontenrahmen KMU – Schweizer Kontenrahmen für kleine und mittlere Unternehmen in Produktion, Handel und Dienstleistung

Eine der zentralen Fragen der Rechnungslegung ist der Aufbau und die Gliederung der Bilanz und Erfolgsrechnung. Karl Käfer hat bereits 1947 einen Kontenrahmen für Gewerbe-, Industrie- und Handelsbetriebe geschaffen. Der hier gezeigte Kontenrahmen ist eine Weiterentwicklung seines Konzepts. Er richtet sich an Klein- und Mittelbetriebe (KMU) in der Schweiz und baut auf dem Abschlussgliederungsprinzip auf, d.h. die Reihenfolge der Konten stimmt mit dem Aufbau des Jahresabschlusses überein.

Der Kontenrahmen basiert auf einer Gliederung von insgesamt sechs Stufen (vgl. Abb. A/1).

Abbildung A/1: Gliederung des Kontenrahmens KMU

Gliederungsstufen	Nummern	Beispiel	
Kontenklassen	1-9	2	Passiven
Kontenhauptgruppen	10-99	28	Eigenkapital
Kontengruppen	100-999	280	Kapital/Privat
Kontenuntergruppen	100.0-999.9	280.0	Kapital
Sammelkonten	100.00-999.99	280.00	Aktienkapital
Konten	1000-9999	2800	Stammaktienkapital

Die im Kontenrahmen aufgeführte Gliederung und Bezeichnung der Konten für die ersten drei Stufen (Kontenklassen, -hauptgruppen und -gruppen) sollten von Unternehmen, welche dieses Regelwerk offiziell anwenden, unverändert übernommen werden. Damit kann eine einheitliche Gliederung der Bilanz und Erfolgsrechnung der KMU in der Schweiz sicher gestellt werden. Die in den weiteren Stufen gezeigten Konten sind lediglich Beispiele. Die konkrete Wahl und Bezeichnung der Konten sind den individuellen Bedürfnissen der Unternehmen anzupassen.

Im Folgenden wird eine gekürzte Version des Kontenrahmens KMU gezeigt (vgl. Abb. A/2 bis Abb. A/6). Eine ausführlichere Version findet sich in Sterchi, Walter: Kontenrahmen KMU – Schweizer Kontenrahmen für kleine und mittlere Unternehmen in Produktion, Handel und Dienstleistung.

Abbildung A/2: Kontenrahmen KMU Klasse 1

Klasse 1:	Aktiven		
10	**Umlaufvermögen**	**14**	**Anlagevermögen**
100	*Flüssige Mittel und Wertschriften*	*140*	*Finanzanlagen*
1000	Kasse	1400	Wertpapiere (Anlagevermögen)
1010	Postcheckguthaben	1410	Anlagekonto
1020	Bankguthaben	1420	Beteiligungen
1040	Checks und Besitzwechsel	1440	Langfristige Aktivdarlehen
1050	Kurzfristige Geldanlagen	1490	Eigene Aktien
1060	Wertschriften (Umlaufvermögen)	*150*	*Mobile Sachanlagen*
110	*Forderungen*	1500	Maschinen, Produktionsanlagen
1100	Debitoren Inland	1509	Wertberichtigung Maschinen und
1101	Debitoren Ausland		Produktionsanlagen
1109	Delkredere	1510	Mobiliar, Einrichtungen
1141	Kurzfristige Aktivdarlehen	1520	Büromaschinen, EDV-Anlagen
1170	Debitoren MwSt	1530	Fahrzeuge
1176	Debitoren VSt	1540	Werkzeuge, Geräte
1192	Vorauszahlungen an Lieferanten	*160*	*Immobilie Sachanlagen*
120	*Vorräte und angefangene Arbeiten*	1600	Immobilien
1200	Handelswaren	1609	Wertberichtigung Immobilien
1210	Rohstoffe	*170*	*Immaterielle Anlagen*
1230	Hilfs- und Verbrauchsmaterial	1700	Patente, Marken, Lizenzen
1260	Fertigfabrikate	1770	Goodwill
1270	Halbfabrikate	**18**	**Aktivierter Aufwand**
1280	Angefangene Arbeiten	1800	Gründungs-, Kapitalerhöhungs- und
130	*Aktive Rechnungsabgrenzung*		Organisationsaufwand
1300	Transitorische Aktiven	1810	Darlehens- und Obligationendisagio
		1820	Forschungs- und Entwicklungsaufwand
		1850	Nicht einbezahltes Aktienkapital

Anmerkung zu 1509, Wertberichtigung Maschinen und Produktionsanlagen: Bei anderen Aktiven sind ebenfalls Wertberichtigungsposten möglich. Wertberichtigungsposten führen in der Konto-Nummer an der vierten Stelle die Ziffer 9.

Abbildung A/3: Kontenrahmen KMU Klasse 2

Klasse 2: Passiven			
20	**Fremdkapital kurzfristig**	250	*Andere langfristige Verbindlichkeiten*
200	*Kurzfristige Verbindlichkeiten aus Lieferungen und Leistungen*	2500	Langfristige Darlehen
		260	*Langfristige Rückstellungen*
2000	Kreditoren	2600	Rückstellungen für Reparatur, Sanierung und Erneuerung
2030	Anzahlungen von Kunden		
210	*Kurzfristige Finanzverbindlichkeiten*	2610	Rückstellungen für Forschung und Entwicklung
2100	Bankkontokorrent		
2120	Wechselverpflichtungen	2640	Steuerrückstellungen (langfristig)
220	*Andere kurzfristige Verbindlichkeiten*	2650	Rückstellungen für Umweltschutzmassnahmen
2200	Kreditor MwSt		
2206	Kreditor VSt	**28**	**Eigenkapital**
2210	Kurzfristige Darlehen	*280*	*Kapital*
2230	Dividende	2800	Aktienkapital
230	*Passive Rechnungsabgrenzung/ Kurzfristige Rückstellungen*	2810	Partizipationskapital
		290	*Reserven*
2300	Transitorische Passiven	2900	Gesetzliche Reserven
2330	Garantierückstellungen	2910	Andere Reserven
2340	Steuerrückstellungen (kurzfristig)	2990	Gewinnvortrag/Verlustvortrag
24	**Fremdkapital langfristig**	2991	Jahresgewinn/Jahresverlust
240	*Langfristige Finanzverbindlichkeiten*		
2400	Bankdarlehen		
2420	Leasingverbindlichkeiten		
2440	Hypotheken		
2460	Obligationenanleihen		

Anmerkung zu 28, Eigenkapital: Neben den hier aufgeführten Konten für das Eigenkapital von Aktiengesellschaften sieht der Kontenrahmen entsprechende Konten für andere Gesellschaftsformen vor.

Für Personengesellschaften z.B.:

- 2800   Kapital Gesellschafter A
- 2801   Kapital Gesellschafter B
- 2802   Kapital Kommanditär C
- 2850   Privatkonto Gesellschafter A
- 2860   Privatkonto Gesellschafter B

Abbildung A/4: Kontenrahmen KMU Klassen 3 und 4

Klasse 3: Betriebsertrag aus Lieferungen und Leistungen		Klasse 4: Aufwand für Material, Waren und Dienstleistungen	
30	**Produktionsertrag**	**40**	**Materialaufwand**
3000	Ertrag aus dem Verkauf von Produkten	4000	Materialeinkauf
32	**Handelswarenertrag**	**42**	**Handelswarenaufwand**
3200	Ertrag aus dem Verkauf von Waren	4200	Handelswareneinkauf
34	**Dienstleistungsertrag**	**44**	**Aufwand für Dienstleistungen**
3400	Ertrag aus der Erbringung von Dienstleistungen	4400	Einkauf Dienstleistungen
		45	**Energieaufwand**
36	**Übriger Ertrag**	4500	Elektrizität
3600	Verkauf von Roh- und Hilfsmaterial	4520	Heizöl
3610	Erträge aus Lizenzen, Patenten usw.	4530	Benzin, Diesel, Öl
37	**Eigenleistungen und -verbrauch**	4540	Wasser
3700	Eigenleistungen	**46**	**Übriger Aufwand**
3710	Eigenverbrauch an selbsthergestellten Produkten	4600	Übriger Materialaufwand Produktion
		4620	Übriger Materialaufwand Handel
3720	Eigenverbrauch an Handelswaren	4640	Übriger Aufwand für Drittleistungen
3740	Eigenverbrauch an Dienstleistungen	4650	Aufwand für Verpackung
38	**Bestandesänderung angefangene und fertig gestellte Arbeiten**	**48**	**Bestandesänderungen**
		4800	Bestandesänderungen Produktionsmaterial
3800	Bestandesänderung angefangene Arbeiten	4820	Bestandesänderungen Handelswaren
3801	Bestandesänderung fertige Arbeiten	4880	Material- und Warenverluste

Abbildung A/5: Kontenrahmen KMU Klassen 5 und 6

Klasse 5: Personalaufwand		Klasse 6: Sonstiger Betriebsaufwand	
50	**Personalaufwand Produktion**	**60**	**Raumaufwand**
5000	Löhne Produktion	6000	Mieten Geschäftslokalitäten
52	**Personalaufwand Handel**	6040	Reinigung
5200	Löhne Handel	6060	Immobilienleasing
54	**Personalaufwand Dienstleistungen**	**61**	**Unterhalt und Reparaturen**
5400	Löhne Dienstleistungen	6100	Unterhalt und Reparaturen
56	**Personalaufwand Verwaltung**	6160	Leasingaufwand mobile Sachanlagen
5600	Löhne Verwaltung	**62**	**Fahrzeug- und Transportaufwand**
57	**Sozialversicherungsaufwand**	6200	Reparaturen, Service, Reinigung
5700	AHV, IV, EO, ALV	6210	Benzin, Diesel, Öl
5720	Berufliche Vorsorge	6220	Fahrzeugversicherungen
5730	Unfallversicherung	6230	Verkehrsabgaben, Gebühren
5740	Krankentaggeldversicherung	6260	Fahrzeugleasing und -mieten
58	**Übriger Personalaufwand**	6280	Frachten, Spediteur, Cargo Domizil
5800	Personalbeschaffung	**63**	**Versicherungsaufwand**
5810	Aus- und Weiterbildung	6300	Sachversicherungen
5820	Spesenentschädigung	6360	Abgaben, Gebühren, Bewilligungen
59	**Arbeitsleistungen Dritter**	**64**	**Energie- und Entsorgungsaufwand**
5900	Temporäre Arbeitnehmer	6400	Elektrizität, Gas, Heizöl
		6430	Wasser
		6460	Kehrichtabfuhr, Sondermüllabfuhr, Abwasser
		65	**Verwaltungs- und Informatikaufwand**
		6500	Büromaterial, Drucksachen, Fotokopien, Fachliteratur
		6510	Telefon, Telefax, Internet, Porti
		6520	Beiträge, Spenden, Trinkgelder
		6530	Buchführung und Beratung
		6540	VR, GV, Revisionsstelle
		66	**Werbeaufwand**
		6600	Werbeaufwand, elektron. Medien
		6610	Werbematerial
		6670	Öffentlichkeitsarbeit, PR
		67	**Übriger Betriebsaufwand**
		68	**Finanzerfolg**
		6800	Zinsaufwand
		6850	Finanzertrag
		69	**Abschreibungen**
		6900	Abschreibungen Finanzanlagen
		6920	Abschreibungen Sachanlagen
		6940	Abschreibungen immaterielle Anlagen
		6950	Abschreibungen aktivierter Aufwand

Abbildung A/6: Kontenrahmen KMU Klassen 7, 8 und 9

Klasse 7: Betriebliche Nebenerfolge		Klasse 8: Ausserordentlicher und betriebsfremder Erfolg, Steuern	
70	Erfolg aus Nebenbetrieben	80	Ausserordentlicher Erfolg
7000	Erfolg Nebenbetrieb 1	8000	Ausserordentlicher Ertrag
7010	Erfolg Nebenbetrieb 2	8010	Ausserordentlicher Aufwand
74	Finanzerfolg	82	Betriebsfremder Erfolg
7400	Ertrag aus Finanzanlagen	8200	Erfolg betriebsfremde Unter-
7410	Aufwand aus Finanzanlagen		nehmensteile
75	Erfolg betriebliche Liegenschaft	8400	Erfolg betriebsfremde Finanzanlagen
7500	Erfolg betriebliche Liegenschaft 1	8500	Erfolg betriebsfremde Liegenschaften
7520	Erfolg betriebliche Liegenschaft 2	8700	Sonstiger betriebsfremder Ertrag
79	Gewinne aus Veräusserung von	89	Steueraufwand
	betrieblichem Anlagevermögen	8900	Direkte Steuern des Unternehmens
7900	Gewinne aus Finanzanlagen		
7910	Gewinne aus mobilen Sachanlagen		
7920	Gewinne aus immobilen Sachanlagen		
7930	Gewinne aus immateriellen Anlagen		

Klasse 9: Abschluss	
90	Erfolgsrechnung
9000	Erfolgsrechnung
91	Bilanz
9100	Eröffnungsbilanz
9101	Schlussbilanz
99	Fehlbuchungen
9910	Fehlerkonto

Glossar

Abschreibungen

Abschreibungen entsprechen dem Nutzenabgang von Vermögensteilen (Aktiven) während einzelner Perioden. Sie sind als Aufwendungen zu verbuchen und somit erfolgswirksam. Die kumulierten Abschreibungen werden oft über ein Wertberichtigungskonto in den Aktiven («Minus-Aktiv-Konto») ausgewiesen.

Agio

Als Agio wird die (positive) Differenz zwischen Ausgabekurs und Nennwert bei der Ausgabe von z.B. Aktien, Partizipationsscheinen, Obligationen bezeichnet. Werden Aktien usw. über dem Nennwert ausgegeben, wird von einer Über-Pari-Emission gesprochen.

Aktien

Aktien sind Wertpapiere, die eine Teilsumme des Aktienkapitals und somit Mitgliedschaftsrechte (Stimm- und Wahlrecht, Recht auf Dividende und einen Anteil am Liquidationserlös) verkörpern. Bei Inhaberaktien muss sich der Aktionär bei der Geltendmachung von Aktionärsrechten durch Vorweisung der Aktie legitimieren. Die Besitzer von Namenaktien sind im Aktienregister bzw. -buch des ausgebenden Unternehmens registriert. Ist der Aktionär eingetragen, wird er durch das Register legitimiert.

Aktiven

Aktiven bewirken in der Zukunft einen Nutzenzugang ohne Gegenleistung. Sie werden auf der Soll-Seite der Bilanz aufgeführt und oft auch als Vermögen des Unternehmens bezeichnet.

Aktive Rechnungsabgrenzungsposten → Transitorische Aktiven

Aktueller Wert → Fair Value

Anlagevermögen

Unter dem Anlagevermögen werden diejenigen Aktiven verstanden, die für eine mehr als einjährige Nutzung vorgesehen sind oder deren Nutzenzugang erst nach mehr als einem Jahr erfolgen wird. Das Anlagevermögen wird auf der Aktivseite der Bilanz aufgeführt.

Anschaffungskosten

Als Anschaffungskosten werden die Kosten bezeichnet, die bei der Anschaffung eines Vermögensgegenstands anfallen. Dazu gehören auch die Anschaffungsnebenkosten (z.B.Verpackungskosten, Zollkosten).

Aufwendungen, Aufwandskonten

Unter Aufwendungen werden die in einer Rechnungsperiode erfolgten Geld-, Sachgüter- oder Dienstleistungsabgänge ohne Gegenleistung verstanden. Aufwendungen werden nach Arten gegliedert und in entsprechenden Aufwandskonten erfasst. Die Aufwandskonten werden auf der Soll-Seite der Erfolgsrechnung aufgeführt.

Ausserordentliche Aufwendungen/Erträge

Ausserordentliche Aufwendungen und Erträge sind erfolgswirksame Ereignisse, die ausserhalb der ordentlichen Geschäftstätigkeit anfallen, d.h. beispielsweise selten vorkommen oder aussergewöhnlich hoch sind.

Beteiligungen

Beteiligungen sind Aktien anderer Unternehmen, die für unbestimmte Zeit gehalten werden und einen massgeblichen Einfluss ermöglichen. Sobald stimmberechtigte Aktien im Umfang von mindestens 20% gehalten werden, handelt es sich gemäss Aktienrecht um eine Beteiligung. Beteiligungen werden in der Bilanz unter dem finanziellen Anlagevermögen aufgeführt.

Betriebsaufwand/-ertrag

Als Betriebsaufwand bzw. -ertrag gelten alle erfolgswirksamen Positionen, die im Zusammenhang mit der ordentlichen Betriebstätigkeit anfallen.

Betriebserfolg

Erfolg aus der Betriebstätigkeit, d.h. der operativen Tätigkeiten und der übrigen ordentlichen Erfolgskomponenten.

Bilanz

Die Bilanz vermittelt im Sinne einer Momentaufnahme einen Überblick der Aktiven und Passiven eines Unternehmens, bezogen auf einen bestimmten Zeitpunkt.

Bruttogewinn

In einem Handelsunternehmen wird unter dem Bruttogewinn die Differenz zwischen Warenertrag und Warenaufwand verstanden. Im Industrieunternehmen berechnet sich der Bruttogewinn aus dem Umsatzerlös abzüglich Herstellungskosten der verkauften Waren. Vom Bruttogewinn werden der Gemeinaufwand bzw. die Gemeinkosten abgezogen; der Rest wird als Reinerfolg (Reingewinn/Reinverlust) bzw. Ergebnis bezeichnet.

Cash Flow

Cash Flows bedeuten Zu- oder Abflüsse an (flüssigen) Mitteln und erfolgen aus Betriebs-, Investitions- und Finanzierungstätigkeit. Der Cash Flow aus Betriebstätigkeit erfasst alle Geldflüsse, die im Zusammenhang mit der eigentlichen Betriebstätigkeit stehen und resultiert als Saldo aus betrieblichen Geldeinzahlungen und -auszahlungen. Der Cash Flow aus Investitionstätigkeit zeigt die Geldabflüsse für Investitionen sowie Geldzuflüsse aus Devestitionen, d.h. aus dem Verkauf des Anlagevermögens. Der Geldfluss aus Finanzierungstätigkeit erfasst die Geldzuflüsse aus der Aufnahme von langfristigem Fremdkapital und der Erhöhung des Eigenkapitals sowie Geldabflüsse durch Rückzahlung des Fremdkapitals oder Eigenkapitals.

Corporate Governance

Unter «Corporate Governance» werden die Regeln und Normen zur Führung und Kontrolle auf oberster Unternehmensebene zusammengefasst. Die Implementierung und Einhaltung von Leitlinien und Standards zur Corporate Governance leisten einen wesentlichen Beitrag zur dauerhaften Festigung des Vertrauens der Stakeholder in die Unternehmensführung.

Debitoren

Debitoren sind Forderungen gegenüber Kunden, die im Umlaufvermögen der Bilanz aufgeführt werden. Sie orientieren über die Höhe der ausstehenden Zahlungen der Kunden.

Debitorenverluste

Die Position «Debitorenverluste» ist ein Aufwandskonto. Die definitive Abschreibung eines Kundenguthabens oder die Bildung einer Wertberichtigung für mutmassliche Verluste (Delkredere) auf den Debitoren wird über das Konto «Debitorenverluste» der Erfolgsrechnung belastet.

Definanzierung

Definanzierung bezeichnet die Rückzahlung des Fremd- oder Eigenkapitals an die Kapitalgeber (z.B. Rückzahlung eines Darlehens).

Delkredere

Debitoren werden durch Wertberichtigungen für mutmassliche Verluste über das Wertberichtigungskonto «Delkredere» korrigiert. Die mutmasslichen Verluste werden im Wertberichtigungskonto «Delkredere», in der Bilanz häufig auch als «Minus-Aktivkonto» und im Aufwandskonto «Debitorenverluste» gebucht.

Derivatives Finanzinstrument

Ein Derivat ist ein Terminkontrakt, dessen Wert sich infolge von Marktschwankungen eines bestimmten Basiswerts (z.B. Währungen, Zinssätze) verändert. Das Termingeschäft wird erst in Zukunft beglichen. Dabei ist unerheblich, ob der Basiswert dereinst geliefert wird oder ob nur ein Spitzenausgleich stattfindet. Grundsätzlich wird zwischen bedingten (Optionen) und unbedingten Terminkontrakten (Forwards, Futures, Swaps) unterschieden.

Devestition/Desinvestition

Eine Devestition oder Desinvestition ist das Gegenteil der Investition und stellt die Veräusserung von Vermögenswerten dar. Hierbei findet ein Austausch von Teilen des Anlagevermögens gegen flüssige Mittel statt.

Disagio

Als Disagio wird die (negative) Differenz zwischen Ausgabekurs und Nennwert bei der Ausgabe von Aktien, Partizipationsscheinen, Obligationen usw. bezeichnet. Aktien dürfen gemäss Aktienrecht nicht unter dem Nennwert (= unter pari) ausgegeben werden.

Dividenden

Darunter wird die Ausschüttung eines Teils des Gewinns an die Aktionäre, Genossenschafter oder Gesellschafter der GmbH verstanden.

Durchschnittspreis-Methode

Die Durchschnittspreis-Methode ist ein Verfahren zur Bewertung des Warenlagers. Nach jedem Warenlagerzugang wird der Durchschnittspreis der Güter am Lager neu berechnet, indem der Gesamtwert des Lagerbestands durch die Anzahl

Positionen dividiert wird. Ein Lagerabgang wird mit dem zuletzt berechneten Durchschnittspreis verrechnet.

EBIT (Earnings before Interests and Taxes)

Der EBIT ist einer der wichtigsten Indikatoren der betrieblichen Leistungskraft, der aus der Gegenüberstellung des betrieblichen Gesamtertrags und des betrieblichen Gesamtaufwands resultiert.

EBITDA (Earnings before Interests, Taxes, Depreciation and Amortization)

Der EBITDA entspricht dem operativen Ergebnis (Betriebserfolg) vor Zinsen, Steuern und Abschreibungen und resultiert aus der Gegenüberstellung des gesamten Betriebsertrags und des Betriebsaufwands ohne Abschreibungen. Er entspricht dem EBIT zuzüglich Abschreibungen auf Sachanlagen und Amortisation der immateriellen Werte.

Eigenkapital

Das Eigenkapital entspricht dem Wert der Ansprüche der Eigentümer am Unternehmen. Damit wird angegeben, in welchem Umfang in der Zukunft ein Nutzenabgang an die Eigentümer erfolgen kann. Allerdings wird das Eigenkapital grundsätzlich auf unbegrenzte Zeit zur Verfügung gestellt. Zum Eigenkapital zählen auch die selbst erarbeiteten Mittel. Es berechnet sich als Residualgrösse durch Abzug des Fremdkapitals von den Aktiven.

Einstandswert der eingekauften Waren

Der Einstandswert der eingekauften Waren (auch Wareneinkauf) entspricht dem Geldbetrag, der für Waren ausgegeben wird. Darin enthalten sind neben dem Einkaufspreis, abzüglich allfälliger Aufwandsminderungen (z.B. Rabatte, Skonti) und Rücksendungen die Bezugskosten (z.B. Zölle, Frachtkosten).

Einstandswert der verkauften Waren

Der Einstandswert der verkauften Waren (auch Warenaufwand) entspricht dem Aufwand für die verkaufte Warenmenge. Der Warenaufwand erfasst auch Nutzenabgänge, die durch Schwund, Verderb, Diebstahl usw. verursacht worden sind.

Erfolg, Erfolgskonten

Der Erfolg ist der Oberbegriff für Gewinn und Verlust. Erfolgskonten sind Aufwands- und Ertragskonten. Sie werden in der Erfolgsrechnung einander gegenübergestellt.

Erfolgsrechnung

Die Erfolgsrechnung (auch Gewinn- und Verlustrechnung) stellt den während einer Periode angefallenen Aufwand eines Unternehmens dem Ertrag gegenüber. Daraus resultiert der Erfolg (Gewinn oder Verlust) einer bestimmten Periode.

Ergebnis

Das Ergebnis eines Produkts resultiert als Differenz zwischen dem Umsatzerlös und den vollen Kosten des Produkts.

Erlös (Umsatz)

Der Erlös (auch Umsatz) ist der Wert der Produkte, die vom Unternehmen verkauft werden.

Eröffnungsbilanz

Die Eröffnungsbilanz stellt die Aktiven und Passiven am Anfang einer Berichtsperiode dar. Sie setzt sich aus den Anfangsbeständen der Aktiv- und Passivkonten zusammen.

Ertrag, Ertragskonten

Unter Ertrag werden die in einer Rechnungsperiode erfolgten Geld-, Sachgüter- und Dienstleistungszugänge verstanden. Die Ertragskonten werden auf der Haben-Seite der Erfolgsrechnung aufgeführt.

Fair Value

Der Fair Value (auch aktueller Wert) ist der Betrag, zu dem ein Vermögenswert zwischen sachverständigen, vertragswilligen und voneinander unabhängigen Geschäftspartnern getauscht werden könnte.
- Sachverständig: Es liegen beiden Parteien die relevanten Informationen über die Wertkomponenten vor.
- Vertragswillig: Ein Vertragsabschluss zwischen den beiden Parteien ist möglich.
- Unabhängig: Es besteht weder rechtlich noch faktisch eine Abhängigkeit zwischen den Parteien.

Der Fair Value basiert i.d.R. auf dem Wiederbeschaffungswert oder auf dem Netto-Verkaufswert (auf dem Absatzmarkt erzielbarer Preis vermindert um die für den Verkauf anfallenden Kosten). Die Bewertung zu Tageswerten eignet sich i.d.R. nur dann, wenn aktuelle Marktwerte (z.B. Börsenkurse) zur Verfügung stehen.

Fertigfabrikate

Fertigfabrikate umfassen noch nicht verkaufte, fertig erstellte Produkte. Sie werden im Konto «Fertigfabrikatelager» bilanziert.

FIFO-Methode

Ein Unternehmen, welches sein Lager nach der FIFO-Methode (First In – First Out) bewertet, unterstellt, dass immer zuerst jene Positionen, die am längsten am Lager sind, veräussert bzw. in der Produktion eingesetzt werden.

Finanzanlagen

Unter der Position «Finanzanlagen» werden alle langfristigen finanziellen Engagements erfasst. Dazu zählen Wertschriften, die längerfristig gehalten werden, langfristige Darlehen oder Beteiligungen an anderen Unternehmen.

Finanzbuchhaltung

Die Finanzbuchhaltung (auch finanzielles Rechnungswesen) befasst sich mit den ökonomischen Konsequenzen der Beziehungen eines Unternehmens zur Umwelt. Die primäre Aufgabe der Finanzbuchhaltung ist es, periodisch ein den tatsächlichen Verhältnissen entsprechendes Bild der Vermögens-, Finanz- und Ertragslage zu vermitteln.

Finanzielles Rechnungswesen → Finanzbuchhaltung

Finanzierung

Mit Finanzierung werden alle Massnahmen bezeichnet, die zur Beschaffung des für die Durchführung der Investitionen notwendigen Kapitals erforderlich sind.

Flüssige Mittel

Sammelbegriff für Geld (inkl. Fremdwährungen), kurzfristige Guthaben bei der Post und bei Banken sowie kurzfristige Festgeldanlagen.

Fonds

Abgrenzung einer bestimmten Mittelgesamtheit (d.h. einer bestimmten Anzahl Konten) als buchhalterische Einheit. Beispiele sind der Fonds «Flüssige Mittel»

(Geld sowie geldnahe Positionen wie Post-, Bankguthaben und kurzfristige Festgeldanlagen) oder der Fonds «Netto-Flüssige Mittel» (zusätzlich jederzeit fällige Bankverbindlichkeiten).

Fortführungswert (Going Concern)

Wert, der dem Unternehmen im Falle einer Weiterführung der Geschäftstätigkeit zukommt.

Fremdkapital

Das Fremdkapital umfasst den zukünftigen Nutzenabgang ohne Gegenleistungen an Dritte. Die Positionen des Fremdkapitals werden in kurzfristiges und langfristiges Fremdkapital gegliedert. Das kurzfristige Fremdkapital muss spätestens innerhalb eines Jahres beglichen werden. Das langfristige Fremdkapital wird frühestens nach einem Jahr zu Geld-, Sachgüter- oder Dienstleistungsabgängen führen.

Geldflussrechnung

Die Geldflussrechnung hat die Aufgabe, alle liquiditätswirksamen Bewegungen einer Periode auszuweisen.

Gewinn- und Verlustrechnung → Erfolgsrechnung

Going Concern → Fortführungswert

Haben-Seite

Als Haben-Seite wird in der Bilanz die Passivseite und in der Erfolgsrechnung die Ertragsseite verstanden; im Konto ist es die «rechte» Seite.

Halbfabrikate

Produkte, die sich noch im Produktionsprozess befinden, gelten als Halbfabrikate bzw. unfertige Erzeugnisse und werden oft in einem eigenen Aktivkonto «Halbfabrikatelager» geführt.

Handelsregister

Das kantonal geführte Handelsregister dient der amtlichen Feststellung und Veröffentlichung von für Dritte erheblichen Tatsachen (z.B. Haftungs- und Vertretungsverhältnisse oder Individualisierungsmerkmale des Unternehmens wie Firma, Sitz oder Zweck) im kaufmännischen Verkehr. Wer ein kaufmännisches Unternehmen führt, ist zur Eintragung ins Handelsregister verpflichtet. Für verschiedene Gesellschaftsformen ist der Eintrag ins Handelsregister konstitutiv, d.h. die Gesellschaft entsteht erst im Moment ihrer Eintragung. Dazu gehören die Aktiengesellschaft, die Kommandit-Aktiengesellschaft, die Gesellschaft mit beschränkter Haftung (GmbH), die Genossenschaft sowie die nichtkaufmännische Kollektiv- und Kommanditgesellschaft. Die einfache Gesellschaft ist weder zur Eintragung verpflichtet noch berechtigt.

Herstellungskosten

Im Industrieunternehmen wird unter Herstellungskosten der durch die betriebliche Leistungserstellung verursachte Werteverzehr verstanden. Zu den Kostenkomponenten gehören Material-, Lohn- und allgemeine Fabrikationskosten.

Immaterielle Anlagen

Ein immaterieller Vermögenswert ist ein identifizierbarer, nicht monetärer Vermögenswert ohne physische Substanz. Typische Beispiele sind Software, Patente oder Lizenzen.

Imparitätsprinzip

Das Imparitätsprinzip verlangt im Sinne einer Ergänzung des Realisationsprinzips einen Ausweis nicht realisierter Verluste (im Gegensatz zum Verbot des Ausweises nicht realisierter Gewinne).

Investition

Als Investition wird die Umwandlung von Geld in andere Vermögenswerte bezeichnet, wobei die Absicht besteht, mit diesen direkt oder indirekt Einnahmen zu erzielen, welche die Ausgaben übertreffen.

Joint Venture

Ein Unternehmen, das von mehreren Unternehmen gemeinsam beherrscht wird, wird als Gemeinschaftsunternehmen oder Joint Venture bezeichnet.

Kontokorrent

Die Position «Kontokorrent» (auch laufende Rechnung) kann sowohl zu den Aktiven als auch zu den Passiven gehören. Der Kontokorrentinhaber kann innerhalb einer festen Limite das Konto überziehen oder Einzahlungen tätigen. Das Konto «Kontokorrent» hat somit den Charakter eines Wechselkontos.

Kreditoren

Kreditoren sind Lieferantenforderungen, die im kurzfristigen Fremdkapital der Bilanz aufgeführt werden. Sie orientieren über die Höhe der ausstehenden Zahlungen an Lieferanten.

Kundenforderungen → Debitoren

Latente Steuern

Abweichungen zwischen handelsrechtlichen und betriebswirtschaftlichen Bewertungsgrundsätzen führen zur Bildung latenter Steuern.

Leasinggeschäft

Bei einem Leasing handelt es sich um eine spezielle Vertragsform (Gebrauchsüberlassungsvertrag eigener Art), bei der die eine Partei (Leasinggeber) der anderen Partei (Leasingnehmer) über einen bestimmten Zeitraum ein bewegliches oder unbewegliches, dauerhaftes Konsum- oder Investitionsgut beschafft und finanziert sowie zum freien Gebrauch und Nutzen gegen eine Reihe von Zahlungen (Raten) überlässt.

LIFO-Methode

Ein Unternehmen, welches sein Lager nach der LIFO-Methode (Last In – First Out) bewertet, geht von der Annahme aus, dass immer zuerst jene Positionen, die zuletzt ins Lager gekommen sind, veräussert oder verbraucht werden.

Liquidität

Unter Liquidität wird die Fähigkeit eines Unternehmens verstanden, seinen Zahlungsverpflichtungen fristgemäss nachkommen zu können. Die Liquidität lässt sich messen, in dem die flüssigen Mittel und die rasch in flüssige Mittel wandelbaren Aktiven ins Verhältnis zu den kurzfristigen Verbindlichkeiten gesetzt werden.

Marchzinsen

Unter Marchzinsen werden die vom letzten Zinstermin bis zum Abrechnungstag aufgelaufenen Zinsguthaben bzw. -verpflichtungen verstanden.

Nettogewinn → Reingewinn

Neutraler Aufwand/Ertrag

Zum neutralen Aufwand und Ertrag (neutraler Erfolg) gehören alle erfolgswirksamen Vorgänge, die nicht in unmittelbarem Zusammenhang mit der betrieblichen Tätigkeit stehen. Beispiele eines neutralen Erfolgs sind periodenfremde Positionen (betreffen andere Perioden), ausserordentliche Ereignisse (ausserordentlicher Aufwand/Ertrag) oder betriebsfremde Positionen (gehören nicht zur Kerntätigkeit des Unternehmens).

Niederstwertprinzip

Gemäss Niederstwertprinzip ist bei der Bilanzierung der Aktiven, bei denen sowohl Anschaffungswerte (Anschaffungs- bzw. Herstellungskosten) als auch Wiederbeschaffungswerte (Fair Values) existieren, der tiefere der beiden Werte zu wählen.

Obligationenanleihen

Obligationenanleihen sind vom Unternehmen ausgegebene Schuldscheine in Form von Wertpapieren. Sie werden unter dem langfristigen Fremdkapital bilanziert. Der Betrag der Anleihe wird in Teilbeträge aufgesplittet, um ein breites Publikum anzusprechen.

Partizipationsschein (PS)

Ein Partizipationsschein ist eine Aktie ohne Stimmrecht, d.h. die Inhaber von Partizipationsscheinen verfügen zwar über das Recht auf Dividende und einen Anteil am Liquidationserlös, nicht aber über das Stimm- und Wahlrecht.

Passiven

Passiven bewirken in der Zukunft einen Nutzenabgang ohne Gegenleistung. Sie werden auf der Haben-Seite der Bilanz aufgeführt. Die Passiven werden auch als Kapital des Unternehmens bezeichnet.

Passive Rechnungsabgrenzungsposten → Transitorische Passiven

Realisationsprinzip

Im Mittelpunkt steht die korrekte Abgrenzung der Gewinne. Gewinne sollen erst dann ausgewiesen werden, wenn sie durch Umsatz am Markt effektiv erzielt worden sind. Als Konsequenz dürfen Erträge und allfällige Gewinne erst dann erfasst werden, wenn die Kunden die betrieblichen Dienstleistungen bezogen haben und eine Rechnungsstellung erfolgt ist (und kein Rückgaberecht vereinbart worden ist).

Reingewinn

Der Reingewinn (auch Nettogewinn) ist aus der Erfolgsrechnung ersichtlich. Er resultiert aus der Differenz zwischen Erträgen und Aufwendungen.

Reserven

Reserven (auch Rücklagen) entstehen unter anderem durch die Einbehaltung von Gewinnen und gehören zum Eigenkapital eines Unternehmens. Sie lassen sich gliedern in gesetzliche und freiwillige Reserven gliedern.

Rücklagen → Reserven

Rückstellungen

Rückstellungen gehören zum Fremdkapital eines Unternehmens. Sie können kurzfristiger oder langfristiger Natur sein. Rückstellungen werden gebildet, wenn in der Abrechnungsperiode ein zukünftiger Nutzenabgang festgestellt wird, dessen Höhe, Fälligkeit oder Empfänger noch unbestimmt ist.

Sachanlagen

Sachanlagen sind Bestandteil des Anlagevermögens und setzen sich aus Mobilien (Maschinen, Einrichtungen, Werkzeuge, Fahrzeuge) und Immobilien (Grundstücke und Gebäude) zusammen.

Saldo

Als Saldo wird der betragsmässige Unterschied der beiden Seiten eines Kontos bezeichnet.

Securities and Exchange Commission (SEC)

Die SEC ist die oberste Wertpapier- und Börsenkommission der USA, die den gesamten US-Wertpapiermarkt kontrolliert.

Soll-Seite

Die Soll-Seite entspricht in der Bilanz der Aktivseite und in der Erfolgsrechnung der Aufwandsseite; im Konto ist es die «linke» Seite.

Stille Reserven

Stille Reserven sind versteckte, d.h. nicht in der Bilanz ausgewiesene Reserven. Sie können durch Unterbewertungen von Aktiven oder durch Überbewertungen von Passiven gebildet werden.

Substance over Form

Gemäss dem Prinzip «Substance over Form» ist die Frage relevant, inwieweit aus ökonomischer Sicht Nutzenzugänge bzw. -abgänge erfolgen, unabhängig davon, ob die betreffenden Vermögensobjekte juristisch im Eigentum des Unternehmens stehen. So kann es betriebswirtschaftlich sinnvoll sein, langfristig gemietete Güter als Aktiven aufzuführen, obwohl formell kein Eigentum vorliegt.

Tantieme

Unter Tantieme wird die Ausschüttung eines Teils des Gewinns an die Verwaltungsratsmitglieder verstanden. Die Tantieme ist dem Bilanzgewinn zu entnehmen und erst nach der Zuweisung an die gesetzlichen Reserven sowie der Ausrichtung einer Grunddividende von 5% zulässig.

Transitorische Aktiven

Die Position «Transitorische Aktiven» (auch aktive Rechnungsabgrenzungsposten) ist ein Aktivkonto und hat zur Aufgabe, einen Aufwand zu aktivieren, der vor dem Bilanzstichtag angefallen ist, aber als Aufwand der nächsten Geschäftsperiode zugerechnet werden soll (Beispiel: im Voraus bezahlte Mieten). Gleichzeitig halten sie einen Nutzenzugang fest, welcher die Abrechnungsperiode betrifft, aber noch nicht berücksichtigt worden ist (z.B. Zinsertrag, der noch nicht eingegangen ist).

Transitorische Passiven

Die Position «Transitorische Passiven» (auch passive Rechnungsabgrenzungsposten) ist ein Passivkonto und erfasst den Ertrag, der vor dem Bilanzstichtag erzielt worden ist, aber erst der nächsten Periode zugerechnet werden soll (z.B. im Voraus erhaltene Mieten). Gleichzeitig werden sichere Verpflichtungen festgehalten, die in der laufenden Periode verursacht, aber noch nicht als Aufwand verbucht worden sind (z.B. Zinsaufwand, der noch nicht bezahlt worden ist).

Umlaufvermögen

Zum Umlaufvermögen gehören alle Vermögensteile, die als flüssige Mittel vorhanden sind oder die sich mindestens innert einem Jahr zu solchen umwandeln.

Umsatz → Erlös

Vorsichtsprinzip

Das Vorsichtsprinzip verhindert einen Ausweis nicht realisierter Gewinne. Potenzielle Belastungen zukünftiger Ergebnisse, die beim Abschlusstag bereits erkannt werden, sind dagegen im laufenden Rechnungsjahr zu berücksichtigen. Das Realisations-, Imparitäts- und Niederstwertprinzip sind weiterführende Bestimmungen des Vorsichtsprinzips.

Warenaufwand

Der Warenaufwand (auch Einstandswert der verkauften Waren) entspricht dem Einstandswert der während einer Periode verkauften Waren.

Wareneinkauf

Der Wareneinkauf (auch Einstandswert der eingekauften Waren) erfasst den Einstandswert für die während einer Periode eingekauften Waren.

Wertberichtigungen

Das Konto «Wertberichtigungen» zu Aktiven ist eine Korrekturposition einer auf der Aktivseite der Bilanz zu hoch bewerteten Grösse. Sie ist als «Minus-Aktiv-Konto» zum entsprechenden Aktivkonto zu führen. Das Konto «Wertberichtigungen» ist unter anderem dann erforderlich, wenn indirekt abgeschrieben wird. Es zeigt die kumulierten Abschreibungsbeträge.

Wertschriften

Wertschriften sind Wertpapiere (vornehmlich Aktien und Obligationen), die auf kurze Frist gehalten werden (z.B. zur vorüber gehenden Liquiditätsanlage).

Fachausdrücke finanzielles Rechnungswesen

Deutsch | Englisch

A

Deutsch	Englisch
Abnahme/Zunahme flüssige Mittel	Net Decrease/Increase in Cash Funds
Abschluss	Financial Statement
Abschlussbuchung	Closing Entry
Abschreibung	Depreciation/Amortisation
Absicherungsgeschäfte	Hedge
Agio	Share Premium
Akquisition	Acquisition
Aktie	Share
Aktien führender börsenkotierter Unternehmen mit erstklassiger Bonität	Blue Chips
Aktiengesellschaft	Corporation
Aktienkapital	Share Capital
Aktienrecht	Company Law
Aktionäre	Shareholders
Aktiven/Vermögen	Assets
Aktueller Wert	Fair Value
Amortisation	Amortisation
Anfangsbestand	Opening Stock/Opening Balance
Anhang (in der Jahresrechnung)	Notes
Anlagen und Güter im Leasing	Leased Assets
Anlagevermögen	Fixed Assets/Non-Current Assets
Anleihe	Bond Issue
Anleihenmarkt	Bond Market
Anschaffung	Purchase
Anschaffungskosten	Acquisition Costs
Aufwand/Aufwendungen	Expenses
Ausschüttung (von Dividenden)	Distribution of Dividends
Ausweis	Disclosure

B

Barkauf	Cash Purchase
Barwert	Capital Value/Present Value
Belastung (buchhalterisch)	Charge
Bereinigung	Elimination/Adjustment
Bericht der Revisionsstelle	Auditors Report
Beteiligungen	Investments
Betriebsaufwand	Operating Expenditure
Betriebsgewinn	Operating Income
Betriebsgewinn-Marge (%)	Operating Profit Margin (%)
Bewertung	Valuation
Bewertungsgrundsätze	Valuation Principles
Bilanz	Balance Sheet
Bilanzierungsvorschriften	Accounting Standards
Bilanzposition	Balance Sheet Item
Bilanzstichtag	Balance Sheet Date
Bilanzsumme	Balance Sheet Total
Börse	Stock Exchange
Buchhalter	Bookkeeper
Buchprüfung/Revision	Auditing
Buchung	Book Entry
Buchwert	Book Value

C

Cash Flow aus Betriebstätigkeit	Cash Flow from Operating Activities
Cash Flow aus Finanzierungstätigkeit	Cash Flow from Financing Activities
Cash Flow aus Investitionstätigkeit	Cash Flow from Investing Activities
Cash Flow in % des Umsatzes	Cash Flow as a Percentage of Operating Revenue
Cash Flow je Aktie	Cash Flow per Share

D

Darlehensschulden	Loans
Debitoren/Forderungen	Accounts Receivable/Receivables

Delkredere	Allowance for Bad Debt
Dividende pro Aktie	Dividend per Share
Dividendensumme	Dividend Amount

E

Eigene Aktien	Own Shares
Eigenkapital	Equity
Eigenkapital je Aktie	Equity per Share
Eigenkapitalquote (Eigenkapital in % der Bilanzsumme)	Equity Ratio
Eigenkapitalrendite	Return on Equity (ROE)
Emissionsdisagio	Bond Discount
Ereignisse nach dem Bilanzstichtag	Subsequent Events
Erfolg betrieblicher Beteiligungen	Profit from Operational Investments
Erfolgsausweis	Track Record
Erfolgsneutral	Recognised in Equity
Erfolgsrechnung	Profit and Loss/Income Statement
Erfolgswirksam	Affecting Net Income
Ergebnis der betrieblichen Tätigkeit	Earnings before Interests and Taxes (EBIT)
Ergebnis vor Steuern	Earnings before Taxes (EBT)
Ertrag	Income
Ertragssteuern	Income Taxes
Ertragswert	Earnings Value
Eventualverpflichtungen	Contingent Liabilities

F

FER Fachempfehlungen zur Rechnungslegung	ARR FER Foundation for Accounting and Reporting Recommendations
Finanzanlagen	Financial Assets
Finanzergebnis	Financial Result
Finanzielles Rechnungswesen	Financial Accounting
Flüssige Mittel	Cash and Cash Equivalents
Forderungen	Accounts Receivable
Forderungen aus Lieferungen und	Accounts Receivable Trade

Leistungen
Forschung und Entwicklung (F&E)　Research and Development (R&D)
Fortführung　Going Concern
Fremdfinanzierungsverhältnis　Debt-Equity Ratio
Fremdkapital　Liabilities
Fremdwährungsumrechnung　Foreign Currency Translation
Fusion　Merger
Fussnoten　Notes

G

Geldflussrechnung　Cash Flow Statement
Gemeinschaftsunternehmen　Joint Venture
Generalversammlung　Shareholders' Meeting/General Meeting
Genussschein　Certificate of Participation
Gesamtkapitalrendite　Return on Assets (ROA), Return on Investment (ROI)
Geschäftsbericht　Annual Report
Geschäftssegment　Business Unit
Gewichtete Kapitalkosten　WACC (Weighted Average Cost of Capital)
Gewinn pro Aktie　Earnings per Share
Gewinnausschüttungsquote　Payout Ratio
Gewinnreserven　Retained Earnings
Gewinnsteuer　Tax on Profit or Loss/Corporation Tax
Gewinnverteilung　Appropriation of Profit
Gewinnvortrag und Reserven　Reserves and Profit Brought Forward
Gliederung　Classification/Format
Gratisaktie　Bonus Share
Grundsatz der willkürfreien Darstellung der Vermögens-, Finanz- und Ertragslage　True and Fair View

H

Handelsbilanz　Statutory Accounts
Handelsrecht　Company Law

Herstellungs- und Anschaffungs-   Historical Cost
kosten

Hypothekarschulden   Mortgages

I

Immaterielles Anlagevermögen   Intangible Assets
Immobilien   Real Estate
Innerer Wert einer Aktie   Net Asset Value
Investitionsplan   Capital Budget

J

Jahresabschluss   Financial Statements
Jahresbericht   Management Report
Jahresrechnung   Financial Statements
Jahresumsatz   Net Revenue

K

Kapitalerhöhung   Capital Increase
Kapitalreserve   Capital Reserve
Kapitalsteuern   Capital Taxes
Kapitalstruktur   Financial Structure
Kapitalwert (diskontiert)   Net Present Value
Kassakurs   Spot Rate
Klarheit   Clarity
Kontenplan   Chart of Accounts
Konto   Account
Kontokorrent   Current Account
Konzern   Group
Konzernabschluss   Group Consolidated Financial Statement
Konzernbilanz   Consolidated Balance Sheet
Konzerngeldflussrechnung   Consolidated Cash Flow Statement
Konzernintern   Intragroup/Intercompany
Kreditkosten   Borrowing Costs
Kreditoren/Verbindlichkeiten   Accounts Payable/Liabilities

Kurs-Eigenkapital-Verhältnis | Price-Book Ratio
Kurzfristige Verbindlichkeiten | Current Liabilities
Kurzfristige Verbindlichkeiten und Transitorische Passiven | Current and Accrued Liabilities

L

Langfristige Verbindlichkeiten | Non-Current Liabilities
Latente Steuerguthaben | Deferred Tax Assets
Latente Steuern | Deferred Taxes
Latente Steuerverpflichtungen | Deferred Tax Liabilities
Leasinggeschäfte | Leases

M

Marktwert/Börsenwert | Market Value
Materialaufwand | Cost of Materials

N

Namenaktien | Registered Shares
Niederstwertprinzip | Lower of Cost or Market Principle
Nutzungsdauer | Useful Life

O

Obligationenrecht | Swiss Code of Obligations
Offenlegung | Disclosure
Öffnung einer AG durch eine öffentliche Emission von Aktien | Initial Public Offering (IPO)
Ordentliche Revision | Audit

P

Passiven | Liabilities and Shareholder's Equity
Periodisierung | Accrual Principle
Personalaufwand | Personnel Costs

R

Rabatt	Allowance
Realisationsprinzip	Realisation Principle
Rechnungslegung	Financial Reporting
Rechnungslegungspflicht	Mandatory Accounting
Rechnungslegungsvorschriften	Accounting Principles
Rechnungswesen	Accounting
Rechtsform	Legal Form
Reinergebnis je Aktie	Net Profit per Share
Richtigkeit/Verlässlichkeit	Reliability
Risikokapital	Venture Capital
Rückstellungen	Provisions

S

Sachanlage	Tangible Asset
Sachanlagevermögen	Tangible Fixed Assets
Schenkung	Donation
Segmentberichterstattung	Segment Reporting
Sicherheiten	Collateral
Sonstige betriebliche Aufwendungen	Other Operating Expenditure
Spareinlage	Savings Deposit
Stammaktien	Common Stock
Stetigkeit	Consistency
Steueraufwand	Tax Expenses
Steuerertrag	Tax Revenue
Steuern	Taxes
Stille Reserven	Hidden Reserve

T

Tochterunternehmen	Subsidiary
Transitorische Aktiven	Prepaid Expenses/Accrued Income and Prepaid Expenses
Transitorische Passiven	Accrued Expenses and Deferred Income

U

Übrige Sachanlagen	Other Tangible Fixed Assets
Umlaufvermögen	Current Assets
Umsatz	Operating Revenue
Unternehmensfortführung	Going Concern
Unternehmensverbindung	Business Combination

V

Verbindlichkeiten	Liabilities
Verbindlichkeiten aus Lieferungen und Leistungen	Trade Payables
Vergleichbarkeit	Comparability
Verkaufspreis	Selling Price
Vermögens- oder Kapitalumschlag	Asset Turnover
Vermögenswert	Asset
Vermögens-, Finanz- und Ertragslage	Financial Position and Performance
Verpflichtungen zu Investitionen	Capital Commitments
Versicherungswerte	Insurance Values
Vertrag	Contract
Verwaltungsrat	Board of Directors
Verwaltungsratspräsident	Chairman of the Board of Directors
Vollständigkeit	Completeness
Vorausbezahlte Kosten	Prepaid Expenditures
Vorräte	Inventories
Vorsichtsprinzip	Principle of Prudence
Vorsitzender der Geschäftsleitung	Chief Executive Officer
Vorsorgestiftungen und Pensionskassen	Welfare Foundations and Pension Funds

W

Wandel- und Optionsanleihen	Convertible and Warrant Bonds
Wandlung von Wertpapieren	Conversions of Securities
Waren	Goods
Warenbestand	Inventory
Warenlagerveränderungen	Changes in Inventory

Warenlieferung	Shipment
Wechselkurs	Exchange Rate
Wertbeeinträchtigung	Impairment
Wertberichtigung	Value Adjustments
Wertschriften	Securities
Wesentlichkeit	Materiality
Wettbewerb	Competition
Wirtschaftlichkeit	Balance between Benefit and Cost/Profitability
Wirtschaftlichkeitsbetrachtung	Substance over Form

Z

Zahlungen an Lieferanten	Payments to Suppliers
Zahlungen von Kunden	Customer Payments
Zahlungsmittel	Means of Payment
Zeitliche Abgrenzung	Accrual Principle
Zeitwert	Fair Value
Zinsaufwand	Interest Expenditure
Zinserlös	Interest Income
Zinseszins	Compound Interest
Zivilrecht	Civil Law
Zwischenabschluss	Interim Financial Statement
Zwischenberichterstattung	Interim Report
Zwischengewinn	Intragroup Profit

Englisch	Deutsch
A	
Account	Konto
Accounting	Rechnungswesen
Accounting Principles	Rechnungslegungsvorschriften
Accounting Standards	Bilanzierungsvorschriften
Accounts Payable/Liabilities	Kreditoren/Verbindlichkeiten
Accounts Receivable/Receivables	Debitoren/Forderungen
Accounts Receivable Trade	Forderungen aus Lieferungen und Leistungen
Accrual Principle	Periodisierung/Zeitliche Abgrenzung
Accrued Expenses and Deferred Income	Transitorische Passiven
Acquisition	Akquisition
Acquisition Costs	Anschaffungskosten
Adjustment	Bereinigung
Affecting Net Income	Erfolgswirksam
Allowance	Rabatt
Allowance for Bad Debt	Delkredere
Amortisation	Amortisation
Annual Report	Geschäftsbericht
Appropriation of Profit	Gewinnverteilung
ARR FER Foundation for Accounting and Reporting Recommendations	FER Fachempfehlungen zur Rechnungslegung
Asset	Vermögenswert
Assets	Aktiven, Vermögen
Asset Turnover	Vermögens- oder Kapitalumschlag
Audit	Ordentliche Revision
Auditors Report	Bericht der Revisionsstelle
B	
Balance between Benefit and Cost/Profitability	Wirtschaftlichkeit
Balance Sheet	Bilanz
Balance Sheet Date	Bilanzstichtag

Balance Sheet Item	Bilanzposition
Balance Sheet Total	Bilanzsumme
Blue Chips	Aktien führender börsenkotierter Unternehmen mit erstklassiger Bonität
Board of Directors	Verwaltungsrat
Bond Discount	Emissionsdisagio
Bond Issue	Anleihe
Bond Market	Anleihenmarkt
Bonus Share	Gratisaktie
Book Entry	Buchung
Book Value	Buchwert
Bookkeeper	Buchhalter
Borrowing Costs	Kreditkosten
Business Combination	Unternehmensverbindung
Business Unit	Geschäftssegment

C

Capital Budget	Investitionsplan
Capital Commitments	Verpflichtungen zu Investitionen
Capital Increase	Kapitalerhöhung
Capital Reserve	Kapitalreserve
Capital Taxes	Kapitalsteuern
Capital Value/Present Value	Barwert
Cash and Cash Equivalents	Flüssige Mittel
Cash Flow as a Percentage of Operating Revenue	Cash Flow in % des Umsatzes
Cash Flow from Financing Activities	Cash Flow aus Finanzierungstätigkeit
Cash Flow from Investing Activities	Cash Flow aus Investitionstätigkeit
Cash Flow from Operating Activities	Cash Flow aus Betriebstätigkeit
Cash Flow per Share	Cash Flow je Aktie
Cash Flow Statement	Geldflussrechnung
Cash Purchase	Barkauf
Certificate of Participation	Genussschein
Chairman of the Board of Directors	Verwaltungsratspräsident
Changes in Inventory	Warenlageränderungen

Charge	Belastung (buchhalterisch)
Chart of Accounts	Kontenplan
Chief Executive Officer	Vorsitzender der Geschäftsleitung
Civil Law	Zivilrecht
Clarity	Klarheit
Classification/Format	Gliederung
Closing Entry	Abschlussbuchung
Collateral	Sicherheiten
Common Stock	Stammaktien
Company Law	Aktienrecht/Handelsrecht
Comparability	Vergleichbarkeit
Competition	Wettbewerb
Completeness	Vollständigkeit
Compound Interest	Zinseszins
Consistency	Stetigkeit
Consolidated Balance Sheet	Konzernbilanz
Consolidated Cash Flow Statement	Konzerngeldflussrechnung
Contingent Liabilities	Eventualverpflichtungen
Contract	Vertrag
Conversions of Securities	Wandlung von Wertpapieren
Convertible and Warrant Bonds	Wandel- und Optionsanleihen
Corporation	Aktiengesellschaft
Corporation Tax	Gewinnsteuer
Cost of Materials	Materialaufwand
Current Account	Kontokorrent
Current and Accrued Liabilities	Kurzfristige Verbindlichkeiten und Transitorische Passiven
Current Assets	Umlaufvermögen
Current Liabilities	Kurzfristige Verbindlichkeiten
Customer Payments	Zahlungen von Kunden

D

Debt/Equity Ratio	Fremdfinanzierungsverhältnis
Deferred Tax Assets	Latente Steuerguthaben
Deferred Taxes	Latente Steuern

Deferred Tax Liabilities	Latente Steuerverpflichtungen
Depreciation/Amortisation	Abschreibungen
Disclosure	Offenlegung/Ausweis
Distribution of Dividends	Ausschüttung (von Dividenden)
Dividend Amount	Dividendensumme
Dividend per Share	Dividende pro Aktie
Donation	Schenkung

E

Earnings before Interests and Taxes (EBIT)	Ergebnis der betrieblichen Tätigkeit
Earnings before Taxes	Ergebnis vor Steuern
Earnings per Share	Gewinn pro Aktie
Earnings Value	Ertragswert
Elimination	Bereinigung
Equity	Eigenkapital
Equity per Share	Eigenkapital je Aktie
Equity Ratio	Eigenkapitalquote (Eigenkapital in % der Bilanzsumme)
Exchange Rate	Wechselkurs
Expenses	Aufwand/Aufwendungen

F

Fair Value	Aktueller Wert
Financial Accounting	Finanzielles Rechnungswesen
Financial Assets	Finanzanlagen
Financial Position and Performance	Vermögens-, Finanz- und Ertragslage
Financial Reporting	Rechnungslegung
Financial Result	Finanzergebnis
Financial Statements	Abschluss/Jahresrechnung
Financial Structure	Kapitalstruktur
Fixed Assets	Anlagevermögen
Foreign Currency Translation	Fremdwährungsumrechnung

G

General Meeting	Generalversammlung
Going Concern	Unternehmensfortführung
Goods	Waren
Group	Konzern
Group Consolidated Financial Statement	Konzernabschluss

H

Hedge	Absicherungsgeschäfte
Hidden Reserve	Stille Reserven
Historical Cost	Herstellungs- und Anschaffungskosten

I

Impairment	Wertbeeinträchtigung
Income	Ertrag
Income Taxes	Ertragssteuern
Initial Public Offering (IPO)	Öffnung einer AG durch eine öffentliche Emission von Aktien
Insurance Values	Versicherungswerte
Intangible Assets	Immaterielles Anlagevermögen
Interest Expenditure	Zinsaufwand
Interest Income	Zinserlös
Interim Financial Statements	Zwischenabschluss
Interim Report	Zwischenberichterstattung
Intragroup/Intercompany	Konzernintern
Intragroup Profit	Zwischengewinn
Inventories	Vorräte
Inventory	Warenlager
Investments	Beteiligungen

J

Joint Venture	Gemeinschaftsunternehmen

L

Leased Assets	Anlagen und Güter im Leasing
Leases	Leasinggeschäfte
Legal Form	Rechtsform
Liabilities	Fremdkapital/Verbindlichkeiten
Liabilities and Shareholder's Equity	Passiven
Loans	Darlehensschulden
Lower of Cost or Market Principle	Niederstwertprinzip

M

Management Report	Jahresbericht
Mandatory Accounting	Rechnungslegungspflicht
Market Value	Marktwert/Börsenwert
Materiality	Wesentlichkeit
Means of Payment	Zahlungsmittel
Merger	Fusion
Mortgages	Hypothekarschulden

N

Net Asset Value	Innerer Wert einer Aktie
Net Decrease/Increase in Cash Funds	Abnahme/Zunahme flüssige Mittel
Net Present Value	Kapitalwert (diskontiert)
Net Profit per Share	Reinergebnis je Aktie
Net Revenue	Jahresumsatz/Umsatzerlös
Non-Current Assets	Anlagevermögen
Non-Current Liabilities	Langfristige Verbindlichkeiten
Notes	Fussnoten

O

Opening Balance/Opening Stock	Anfangsbestand
Operating Income	Betriebsgewinn
Operating Profit Margin (%)	Betriebsgewinn-Marge (%)
Operating Revenue	Umsatz

Operation Expenditure — Betriebsaufwand
Other Operating Expenditure — Sonstige betriebliche Aufwendungen
Other Tangible Fixed Assets — Übrige Sachanlagen
Own Shares — Eigene Aktien

P

Payments to Suppliers — Zahlungen an Lieferanten
Payout Ratio — Gewinnausschüttungsquote
Personnel Costs — Personalaufwand
Prepaid Expenditures — Vorausbezahlte Kosten
Prepaid Expenses — Transitorische Aktiven
Price-Book Ratio — Kurs-Eigenkapital-Verhältnis
Principle of Prudence — Vorsichtsprinzip
Profit and Loss/Income Statement — Erfolgsrechnung
Profit from Operational Investments — Erfolg betrieblicher Beteiligungen
Provisions — Rückstellungen
Purchase — Anschaffung

R

Real Estate — Immobilien
Realisation Principle — Realisationsprinzip
Recognised in Equity — Erfolgsneutral
Registered Shares — Namenaktien
Reliability — Richtigkeit/Verlässlichkeit
Research and Development (R&D) — Forschung und Entwicklung (F&E)
Reserves and Profit Brought Forward — Gewinnvortrag und Reserven
Retained Earnings — Gewinnreserven
Return on Assets (ROA), Return on Investment (ROI) — Gesamtkapitalrendite
Return on Equity (ROE) — Eigenkapitalrendite

S

Savings Deposit — Spareinlage
Securities — Wertschriften

Segment Reporting	Segmentberichterstattung
Selling Price	Verkaufspreis
Share	Aktie
Share Capital	Aktienkapital
Share Premium	Agio
Shareholders	Aktionäre
Shareholders' Meeting	Generalversammlung
Shipment	Warenlieferung
Spot Rate	Kassakurs
Statutory Accounts	Handelsbilanz
Stock Exchange	Börse
Subsequent Events	Ereignisse nach dem Bilanzstichtag
Subsidiary	Tochtergesellschaft
Substance over Form	Wirtschaftlichkeitsbetrachtung
Swiss Code of Obligations	Obligationenrecht

T

Tangible Asset	Sachanlage
Tangible Fixed Assets	Sachanlagevermögen
Taxes	Steuern
Tax Expenses	Steueraufwand
Tax on Profit or Loss	Gewinnsteuer
Tax Revenue	Steuerertrag
Track Record	Erfolgsausweis
Trade Payables	Verbindlichkeiten aus Lieferungen und Leistungen
True and Fair View	Grundsatz der willkürfreien Darstellung der Vermögens-, Finanz- und Ertragslage

U

Useful Life	Nutzungsdauer

V

Valuation	Bewertung

Valuation Principles | Bewertungsgrundsätze
Value Adjustment | Wertberichtigung
Venture Capital | Risikokapital

W

WACC (Weighted Average Cost of Capital) | Gewichtete Kapitalkosten

Welfare Foundations and Pension Funds | Vorsorgestiftungen und Pensionskassen

Einführende Literatur zum finanziellen Rechnungswesen

Böckli, Peter: Schweizer Aktienrecht, 3. Auflage, Zürich 2005.

Boemle, Max: Der Jahresabschluss, 5. Auflage, Zürich 2006.

Boemle, Max: Unternehmungsfinanzierung: Instrumente, Märkte, Formen, Anlässe, 13. Auflage, Zürich 2002.

Brealey, Richard A.; Myers, Stewart C.: Principles of Corporate Finance, 9th Edition, Boston 2008.

Coenenberg, Adolf Gerhard: Jahresabschluss und Jahresabschlussanalyse, 20. Auflage, Stuttgart 2005.

Delaney, Patrick R.: GAAP: Interpretation and Application of Generally Accepted Accounting Principles, New York 2001.

Fachempfehlungen zur Rechnungslegung Swiss GAAP FER: Swiss GAAP FER 2007, Zürich 2007.

Forstmoser, Peter; Meier-Hayoz, Arthur: Schweizerisches Gesellschaftsrecht, 10. Auflage, Bern 2007.

Hail, Luzi; Meyer, Conrad: Abschlussanalyse und Unternehmensbewertung, Framework und Fallstudien zum finanziellen Rechnungswesen, 3 Bände, 2. Auflage, Zürich 2006.

Horngren, Charles T.; Harrison, Walter T. Jr.: Accounting, 7th Edition, Upper Saddle River/New York 2007.

International Accounting Standards Committee Foundation: International Financial Reporting Standards (IFRS) 2007, London 2007.

Käfer, Karl: Die Bilanz als Zukunftsrechnung, 3. Auflage, Mitteilungen aus dem Handelswissenschaftlichen Seminar der Universität Zürich, Heft 115, Zürich 1976.

Käfer, Karl: Grundzüge der Buchhaltungs- und Kontentheorie, Mitteilungen aus dem Handelswissenschaftlichen Seminar der Universität Zürich, Heft 142, Zürich 1974.

Käfer, Karl: Kommentar zum Obligationenrecht, Band VIII, 2. Abteilung, Die kaufmännische Buchführung, Bern 1981.

Käfer, Karl: Kontenrahmen für Gewerbe-, Industrie- und Handelsbetriebe, 10. Auflage, Bern 1987.

Leimgruber, Jürg; Prochinig, Urs: Das Rechnungswesen, Band 1, 3. Auflage, Zürich 2006.

Leimgruber, Jürg; Prochinig, Urs: Das Rechnungswesen, Band 2, 3. Auflage, Zürich 2006.

Leimgruber, Jürg; Prochinig, Urs: Das Rechnungswesen, Band 3, 3. Auflage, Zürich 2006.

Leimgruber, Jürg; Prochinig, Urs: Bilanz- und Erfolgsanalyse, 6. Auflage, Zürich 2006.

Meyer, Conrad: Betriebswirtschaftliches Rechnungswesen: Einführung in Wesen, Technik und Bedeutung des modernen Management Accounting, 2. Auflage, Zürich 2008.

Meyer, Conrad: Consolidated Financial Statements – An Integrated Approach in Compliance with National and International Accounting Standards, Zürich 2008.

Meyer, Conrad: Konzernrechnung: Aussagekräftige konsolidierte Abschlüsse unter Beachtung nationaler und internationaler Accountingstandards, Zürich 2007.

Meyer, Conrad: Konzernrechnung: Einführung in die Systematik des konsolidierten Abschlusses, Zürich 2006.

Meyer, Conrad; Hail, Luzi: Abschlussanalyse und Unternehmensbewertung, Framework und Fallstudien zum finanziellen Rechnungswesen, 3 Bände, 2. Auflage, Zürich 2006.

Meyer, Conrad; Moosmann, Rolf: Kleiner Merkur, Betriebswirtschaft, 6. Auflage, Zürich 2005.

Prochinig, Urs: Mittelflussrechnung, Geldflussrechnung, 7. Auflage, Zürich 2007.

Röösli, Bruno: 1000 Fragen und Antworten zum Rechnungswesen, 4. Auflage, Zürich 2007.

Schuler, Hans; Weilenmann, Paul: F.I.T.-Accounting, Band 1: Grundlagen, 2. Auflage, Zürich 2004.

Schuler, Hans; Weilenmann, Paul: F.I.T.-Accounting, Band 2: Erweiterung, 2. Auflage, Zürich 2004.

Schuler, Hans; Weilenmann, Paul: F.I.T.-Accounting, Band 3: Leistungsrechnung, Zürich 2000.

Schweizer Handbuch der Wirtschaftsprüfung, Band 1 - 4, Zürich 1998.

Schweizer Prüfungsstandards, Zürich 2004.

Seiler, Armin: Accounting, 3. Auflage, Zürich 2001.

Sterchi, Walter: Kontenrahmen KMU, Schweizer Kontenrahmen für kleine und mittlere Unternehmen in Produktion, Handel und Dienstleistung, Bern 1996.

Stickney, Clyde P.; Brown, Paul R.: Financial Reporting and Statement Analysis, 6th Edition, Mason (Ohio) 2007.

Stolowy, Hervé; Lebas, Michel J.: Corporate Financial Reporting, London 2002.

Volkart, Rudolf: Rechnungswesen und Informationspolitik, Zürich 2001.

Stichwortverzeichnis

A

Abgrenzung, sachliche	81
Abgrenzung, zeitliche	81
Abschluss	66f.
Abschlussgliederungsprinzip	341
Abschreibung	94ff., 233ff., 347
Abschreibung, degressiv	100
Abschreibung, direkte Methode	101f.
Abschreibung, geometrisch-degressiv	100
Abschreibung, indirekte Methode	102f.
Abschreibung, leistungsproportional	99
Abschreibung, linear	100
Abschreibung, zeitproportional	100
Abschreibungsmethoden	98ff., 233ff.
Accountinganalyse	145
Accountingstandards, nationale und internationale	175ff.
Agio	347
Aktien	109ff., 159ff., 249ff., 347
Aktienkapital	31, 41
Aktienrecht	162ff.
Aktive Rechnungsabgrenzung	39, 82ff., 359
Aktiven	27ff., 57, 347
Aktiventausch	34, 58
Aktivkonten	27ff., 57
Aktuelle Werte (Fair Value)	92, 94, 164
Anhang	162f.
Anlagedeckungsgrad I	156
Anlagedeckungsgrad II	156
Anlagevermögen	37f., 40, 347
Anleihen	41
Anschaffungs- oder Herstellungskosten	92ff., 348
Anschaffungswert	93ff.
Aufwand	45ff., 57f., 348
Aufwandskonten	45ff., 57f., 348
Aufwandsnachtrag	85f.
Aufwandsvortrag	82f.
Aufwertung	98
Ausserordentlicher Aufwand/ Ertrag	55, 348
Ausserordentlicher Immobilienaufwand	121f.
Ausserordentlicher Immobilienertrag	121f.

B

Bank	28, 40
Bank-Kontokorrent	31, 355
Bankschulden	28, 31

Berichtsform	52	Cash Flow Ratio	153
Bestandesänderungen	54	Cash Ratio (Liquiditätsgrad I)	152
Beteiligungen	29, 40, 109, 348	Corporate Governance	166, 349
Betriebliches Rechnungswesen	20	Current Ratio (Liquiditätsgrad III)	152
Betriebsaufwand	348		
Betriebsbereich	50, 54f.		
Betriebserfolg	348	**D**	
Betriebsertrag	348	Darlehen	41
Bewertung	91ff., 163ff.	Debitoren	27, 29, 39, 94ff., 189f., 349
Bilanz	19, 27ff., 348	Debitorenbuchhaltung	95
Bilanz, Gliederung	36ff., 193f.	Debitorenfrist	155f.
Bilanzabnahme	36, 58	Debitorenumschlag	155
Bilanzzunahme	35, 58	Debitorenverluste	95f., 349
Bruttogewinn	69, 73, 349	Deckungsgrad	156
Bruttogewinnzuschlag	151	Delkredere	39, 95f., 231f., 350
Bruttomarge	151	Disagio	350
Buchmässige Darstellung	23	Dividenden	41, 67f., 350
Buchungsregeln	58f.	Dividendenrendite	160
Buchungssatz	33f., 198f.	Doppelte Buchhaltung	57ff., 207ff.
Buchungstatsachen	24ff.	Durchschnittspreise	78f.
Buchungsvorgänge	32ff.	Durchschnittspreis-Methode	78f., 350
Buchwert	99		
C		**E**	
Cash Burn Rate	153	Earnings per Share	159
Cash Flow	130ff., 349	Earnings Yield	160
Cash Flow aus Betriebstätigkeit	130ff., 349	EBI-Marge	151f., 155
		EBIT	55, 351
Cash Flow aus Finanzierungstätigkeit	130ff., 349	EBITDA	55, 351
Cash Flow aus Investitionstätigkeit	130ff., 349	EBITDA-Marge	151
		Eigenfinanzierungsgrad	157

Eigenkapital	28, 37f., 41, 43, 351	Financial Accounting Standards Board (FASB)	176
Eigenkapitalrendite (Return on Equity)	150	Finanzanlagen	40, 353
Einstandspreis	69f.	Finanzaufwand/-ertrag	55
Einstandspreis, verkaufte Waren	73f.	Finanzbereich	50, 55
		Finanzbuchhaltung	19, 353
Einstandswert, eingekaufte Waren	351	Finanzielles Rechnungswesen	19f., 353
Einstandswert, verkaufte Waren	351	Finanzierungsrisiko	157ff.
		Finanzierungsverhältnis	158
Ereignis in der Vergangenheit	106	Flüssige Mittel	39, 353
Erfolg	351	Fonds	128ff., 353f.
Erfolgskonten	45, 351	Fonds «Flüssige Mittel»	128ff., 353
Erfolgsrechnung	19, 45ff., 352	Fonds «Netto-Flüssige Mittel»	129, 354
Erfolgsrechnung, Gliederung	50f., 200f.	Fortführungswert	92f., 354
Ergebnis	352	Fremdkapital	354
Erlös	352	Fremdkapital, kurzfristig	37f., 40f., 354
Ermessensspielräume	25f., 91		
Ertrag	45ff., 57, 352	Fremdkapital, langfristig	37f., 41, 354
Ertragskonten	45ff., 57f., 352		
Ertragsnachtrag	84f.	Fremdkapitalposition	105
Ertragsvortrag	87f.	Führung Warenkonto, dreigeteiltes Warenkonto	75
Exakte Methode	70f., 218ff.		
Explizite Verträge	24	Führung Warenkonto, gemischtes Warenkonto	72ff.
F		Führung Warenkonto, dreigeteiltes Warenkonto mit Soll-Endbeständen	72, 75f.
Fahrzeuge	29, 40		
Fair Presentation	78, 125f., 168, 171	Führung Wertschriftenkonto, Einstandswerte	110, 115f.
Fair Value	92, 183, 352f.		
Fälligkeitsprinzip	37	Führung Wertschriftenkonto, Endbeträge der Bankabrechnungen	110, 112f.
FIFO-Verfahren	76f., 353		

Führung Wertschriften-
konto, reine Kurswerte   110, 113ff.

G

Geldfluss (Cash Flow)   127ff., 349
Geldflussrechnung   19, 127ff., 354
Geldflussrechnung, Aufbau   130f.
Geldflussrechnung,
direkte Methode   133f.
Geldflussrechnung,
Erstellung   132ff., 278ff.
Geldflussrechnung, Gliederung   131
Geldflussrechnung, indirekte
Methode   133f.
Gemeinkosten   104, 349
Gesamtkapitalrendite
(Return on Assets)   150ff., 152
Gewinn   49
Gewinn pro Aktie
(Earnings per Share)   159
Gewinnausschüttung   165f.
Gewinnrendite
(Earnings Yield)   160
Gewinnverteilung   67f., 306ff.
Going Concern   42, 92f., 168f., 354
Goldene Bilanzregel   156
Grundsätze ordnungs-
mässiger Rechnungs-
legung   163, 168ff.

H

Haben-Seite   21, 354
Handelsmarge   151
Handelsrecht   37, 161ff.

Hauptbuch   59ff.
Herstellungskosten   92f., 355
Historical Cost   92f.
Historischer Wert   92
Hypotheken   31, 118f.

I

IFRS   182ff.
Immaterielle Anlagen   40, 355
Immobilien   29, 40, 118
Immobilienaufwand   119ff.
Immobilienerfolgskonten   119
Immobilienertrag   121
Imparitätsprinzip   172f., 355
Implizite Verträge   24f.
Intensität des Anlagevermögens   154
Intensität des Umlaufvermögens   154
International Accounting
Standards (IAS)   182
International Accounting
Standards Board (IASB)   176, 182
International Accounting
Standards Committee (IASC)   182
International Accounting
Standards Committee
Foundation (IASCF)   182
International Financial Reporting
Interpretations Committee
(IFRIC)   183
Inventar   76ff.
Investitionsverhältnis   154f.

J

Jahresabschluss	66ff., 162f.
Journal	59ff.

K

Kapitalmarkt	159f.
Kapitalstruktur	157ff.
Kapitalumschlag	151f., 155
Kasse	27, 29, 187f.
Kaufmännische Buchführung	161, 163
Kennzahlen	145ff., 290ff.
Kennzahlenanalyse	145ff., 290ff.
Kern-FER	179
Klarheit	163, 171f.
Konto	20ff.
Kontenführung	59ff.
Kontenmässige Darstellung	23
Kontenrahmen KMU	341ff.
Kontierungsregeln	28ff.
Kontoform	52f.
Konzernrechnung	162f., 168, 180
Kreditoren	30f., 40, 191f., 356
Kreditorenfrist	155f.
Kreditorenumschlag	155
Kumulierte Abschreibungen	102
Kurs-Cash-Flow-Verhältnis	160
Kurs-Gewinn-Verhältnis (Price Earnings Ratio)	159f.
Kurswert	163

L

Latente Steueraktiven	40
LIFO-Verfahren	76, 78, 356
Liquidität	152ff., 356
Liquidität, dispositive	152f.
Liquidität, strukturelle	153
Liquiditätsnachweis	132
Liquiditätsprinzip	37

M

Marchzinsen	112, 356
Marktrenditen (Market Comparables)	159f.
Maschinen	27, 29, 40, 358
Mindestgliederung	37, 164f.
Mindestgliederungsvorschriften	164
Minus-Aktivkonto	96, 103

N

Net Cash	158
Net Debt	158
Nettoerlös der verkauften Waren	74
Netto-Finanzsituation	158
Nettogewinn	356
Nettomarge	151
Nettoverkaufserlös	73
Neutraler Aufwand	357
Neutraler Bereich	50f., 55
Neutraler Erfolg	357
Neutraler Ertrag	357
Niederstwertprinzip	94, 357

Norwalk-Agreement 176

O

Obligationen 39, 357
Obligationenrecht 161ff.
Ordentliche Revision 167

P

Partizipationsscheinkapital 41
Passive Rechnungs-
abgrenzung 40, 85ff., 357
Passiven 27ff., 57, 357
Passiventausch 35, 58
Passivkonten 27ff., 57
Periodenabgrenzung 81ff.
Praktiker-Methode 71f., 221ff.
Price Earnings Ratio 159
Probebilanz 66f.

Q

Quick Ratio
(Liquiditätsgrad II) 152

R

Rahmenkonzept
(Framework) 183
Realisationsprinzip 55f., 172, 357
Realisierte Verluste/
Gewinne 116
Rechenschaftsablage 17
Reingewinn 358
Rentabilität 149ff.
Reserven 31, 41, 358

Return on Assets 150
Return on Equity 150
Return on Sales 151
Revision des Aktien- und
Rechnungslegungsrecht 166ff.
Richtigkeit 171
Rückstellungen 28, 31, 41, 237, 358

S

Saldo 45ff., 358
Saldobilanz 66f., 247
Sarbanes-Oxley Act (SOX) 176
Schweizerisches
Aktienrecht 162ff., 301ff.
Securities and Exchange
Commission (SEC) 176, 358
Selbstfinanzierungsgrad 157f.
Soll-Seite 21, 358
Staffelform 52
Staffelmässige Darstellung 23f.
Stetigkeit 56, 170
Stichtagbezogen 81
Stille Reserven 124ff., 258f., 260f., 359
Strategieanalyse 145
Substance over Form 169, 359
Superdividenden 166
Swiss GAAP FER 176ff.
SWX 178, 185
Systematik der Buchführung 59ff.

T

Tageswert	92, 94
Tantiemen	166, 359
Times Interest Earned	159
Transitorische Aktiven	39, 82ff., 359
Transitorische Konten	88f.
Transitorische Passiven	40, 85ff., 359
True and Fair View	171, 183

U

Umlaufvermögen	37ff., 359
Umsatzerlös	54
Umsatzrendite (Return on Sales)	151
Umschlagskennzahlen	155f.
Unrealisierte Verluste/Gewinne	117
Unternehmensbewertung	145, 159
US GAAP	175

V

Vergleichbarkeit	170
Verlässlichkeit	106
Verlust	49
Vermögensstruktur	154ff.
Verrechnungssteuer	112
Verschuldungsfaktor	158
Verschuldungsgrad	158
Verschuldungskennzahlen	158f.
Vollständigkeit	172
Vorsichtsprinzip	173, 360

W

Warenaufwand	69ff., 360
Wareneinkauf	69ff., 360
Warenertrag	69ff.
Warenlager	29, 39, 69ff.
Warenlagerdauer	155f., 299
Warenlagerumschlag	155f., 299
Wertberichtigung	102f., 360
Wertschriften	29, 39, 109, 360
Wertschriftenaufwand	109ff., 249ff.
Wertschriftenbestandeskonten	110, 249ff.
Wertschriftenerfolgskonten	110, 249ff.
Wertschriftenertrag	109ff., 249ff.
Wesentlichkeit	169f.
Willkürreserven	126
Wirtschaftlichkeit	170

Z

Zahlungsfrist	94
Zeitraumbezogen	57, 81
Zinsdeckungsfaktor (Times Interest Earned)	158f.

Vom gleichen Autor

- **Konzernrechnung, Einführung in die Systematik des konsolidierten Abschlusses**

Das Lehrbuch richtet sich an Studentinnen und Studenten sowie Praktiker, welche am Verständnis von konsolidierten Abschlüssen interessiert sind. Im Zentrum der methodisch-didaktisch klar aufgebauten Publikation steht eine Einführung in die zentralen Fragen des konsolidierten Abschlusses. Dazu gehören der Zweck der Konsolidierung, die wesentlichen Grundsätze bei der Erarbeitung von Konzernabschlüssen und die Illustration des Vorgehens bei unterschiedlicher Beteiligungsintensität (Fusion, Vollkonsolidierung, Quotenkonsolidierung, Equity Accounting).

Schriftenreihe Treuhand-Kammer, Band 178, Verlag SKV, Zürich 2006

- **Konzernrechnung, Aussagekräftige konsolidierte Abschlüsse unter Beachtung nationaler und internationaler Accountingstandards**

Das Lehrbuch richtet sich an Vertreterinnen, und Vertreter des Accounting, Wirtschaftsprüferinnen und Wirtschaftsprüfer, Studierende von Universitäten, Fachhochschulen und Berufsausbildungen sowie an weitere Praktikerinnen und Praktiker, die am Verständnis konsolidierter Abschlüsse interessiert sind. Im Zentrum des Lehrbuchs steht die theorie- und praxisgerechte Behandlung eines ganzheitlichen, logischen Konzepts unter starker Beachtung methodisch-didaktischer Aspekte. Für alle relevanten Themenbereiche der Konsolidierung werden zunächst mögliche Lösungen auf der Basis aktueller Accounting-Erkenntnisse gezeigt. Anschliessend folgen Illustrationen mit Beispielen sowie eine Übersicht zu den jeweiligen Regeln in den Accountingstandards Swiss GAAP FER, IFRS und US GAAP. Ergänzt wird die Publikation durch 19 Fallstudien zu den einzelnen Themen sowie zwei umfangreiche Gesamtfallstudien.

Schriftenreihe Treuhand-Kammer, Band 179, Verlag SKV, Zürich 2007

- **Abschlussanalyse und Unternehmensbewertung**

Zum Lehrwerk, das zusammen mit Luzi Hail verfasst wurde, gehören drei Bände:

- *Framework zur Analyse von Rechnungswesendaten* gibt eine kompakte Übersicht zu den wichtigsten theoretischen Grundlagen und Konzepten der Abschlussanalyse.
- *Fallstudien zum finanziellen Rechnungswesen* zeigt den Lehr- und Lernansatz von Fallstudien und enthält sechs ausgewählte Praxisfälle aus der Schweiz, die alle ein umfassendes Thema wiedergeben.
- *Lösungsvorschläge* enthält Lösungsskizzen, theoretische Grundlagen, Argumentationshilfen sowie Illustrationsbeispiele für die einzelnen Fälle.

Verlag SKV, 2. Auflage, Zürich 2006

Kennzahlen

Rentabilität

- Eigenkapitalrendite (ROE) $\quad \dfrac{\text{Reingewinn}}{\varnothing \text{ Eigenkapital}} * 100\%$

- Gesamtkapitalrendite (ROA) (auf Basis EBI) $\quad \dfrac{\text{Reingewinn} + \text{Zinsen}}{\varnothing \text{ Gesamtkapital}} * 100\%$

- Bruttomarge (Handelsmarge) $\quad \dfrac{\text{Bruttogewinn}}{\text{Nettoerlös}} * 100\%$

- Bruttogewinnzuschlag $\quad \dfrac{\text{Bruttogewinn}}{\text{Warenaufwand}} * 100\%$

- EBI-Marge $\quad \dfrac{\text{Reingewinn} + \text{Zinsen}}{\text{Nettoerlös}} * 100\%$

- Nettomarge/Umsatzrendite (ROS) $\quad \dfrac{\text{Reingewinn}}{\text{Nettoerlös}} * 100\%$

Liquidität

- Cash Ratio (Liquiditätsgrad I) $\quad \dfrac{\text{flüssige Mittel}}{\text{kurzfristige Verbindlichkeiten}} * 100\%$

- Quick Ratio (Liquiditätsgrad II) $\quad \dfrac{\text{flüssige Mittel} + \text{kurzfristige Forderungen}}{\text{kurzfristige Verbindlichkeiten}} * 100\%$

- Current Ratio (Liquiditätsgrad III) $\quad \dfrac{\text{Umlaufvermögen}}{\text{kurzfristige Verbindlichkeiten}} * 100\%$

- Cash Flow Ratio $\quad \dfrac{\text{Cash Flow aus Betriebstätigkeit}}{\text{kurzfristige Verbindlichkeiten}} * 100\%$

Vermögensstruktur

- Intensität des Umlaufvermögens $\quad \dfrac{\text{Umlaufvermögen}}{\text{Gesamtkapital}} * 100\%$

- Intensität des Anlagevermögens $\quad \dfrac{\text{Anlagevermögen}}{\text{Gesamtkapital}} * 100\%$

- Investitionsverhältnis $\quad \dfrac{\text{Umlaufvermögen}}{\text{Anlagevermögen}} * 100\%$

- Kapitalumschlag $\quad \dfrac{\text{Nettoerlös}}{\varnothing \text{ Gesamtkapital}}$

- Debitorenumschlag $\quad \dfrac{\text{Umsatz gegen Rechnung}}{\varnothing \text{ Debitorenbestand}}$